བོད་ལྗོངས་སློབ་གྲྭ་ཆེན་མོའི་སློབ་གཞི།
བོད་རང་སྐྱོང་ལྗོངས་སློབ་གཞི་ཞིབ་བཤེར་ཨུ་ལྷན་གྱིས་ཞིབ་བཤེར་མཛད།

༄། །གྲུབ་མཐའ། །

宗教学概论

ཇོམ་སྒྲིག་པ་མཁྱེན་རབ་དབང་ཕྱུག

庆热旺久 编著

བོད་ལྗོངས་མི་དམངས་དཔེ་སྐྲུན་ཁང་།

图书在版编目(CIP)数据

宗教学概论:藏文/庆热旺久编著.—拉萨:西藏人民出版社,2009.7(2020.10重印)

ISBN 978-7-223-02686-4

Ⅰ.宗… Ⅱ.庆… Ⅲ.喇嘛教—研究—藏语 Ⅳ.B946.6

中国版本图书馆CIP数据核字(2009)第099961号

宗教学概论

编　　著　庆热旺久
责任编辑　刚组
封面设计　李峰
录入排版　边次
出版发行　西藏人民出版社(拉萨市林廓北路20号)
印　　刷　拉萨市明鑫印刷有限公司
开　　本　850×1168　1/32
印　　张　6
字　　数　101千
版　　次　2009年7月第1版
印　　次　2020年10月第7次印刷
印　　数　21,501-26,500
书　　号　ISBN 978-7-223-02686-4
定　　价　11.00元

(如有印装质量问题,请与出版社发行部联系调换)

发行部联系电话(传真):0891-6826115

རྩོམ་སྒྲིག་གསལ་བཤད།

གཅིག ཐེངས་འདིའི་བོད་ཡིག་ཆེད་ལས་སློབ་གཞི་ནི“བསམ་པའི་དཔལ་ཡོན་འཛུགས་སྐྲུན”གྱི་དགོངས་དོན་བཞིན་རྩོམ་སྒྲིག་བྱས་པ་ཡིན་ཞིང་། ཐེངས་འདིར་རྩོམ་སྒྲིག་བྱས་པའི་སློབ་གཞིའི་ནང་《བོད་ཀྱི་རྩོམ་རིག་ལོ་རྒྱུས》དང་《རྩོམ་རིག་རྣམ་བཤད》《བརྡ་སྤྲོད་རྣམ་བཤད》《རྩོམ་རིག་གཞིབ་བསྡུར་རིག་པ》《དམངས་ཁྲོད་རྩོམ་རིག་རྣམ་བཤད》《བོད་ཀྱི་བར་རྩོམ་གཅེས་བསྒྲིགས》《ཉེ་རྩོམ་གཅེས་བསྒྲིགས》《དེང་རྩོམ་གཅེས་བསྒྲིགས》《གྲུབ་མཐའ》《ལེགས་སྦྱར་བརྡ་སྤྲོད་འཇུག་སྒོ》《སློབ་འབྲིང་བོད་ཡིག་སློབ་ཐབས》བཅས་སློབ་གཞི་བཅུ་གཅིག་ཡོད།

གཉིས། ཐེངས་འདིའི་སློབ་གཞི་རྩོམ་སྒྲིག་བྱེད་སྐབས་ནང་དོན་དང་རྣམ་པའི་ཐད་བོད་ཀྱི་སྲོལ་རྒྱུན་རིག་གནས་ཀྱི་སྙིང་བཅུད་ལེན་གང་ཐུབ་བྱ་བའི་རྨང་གཞིའི་ཐོག་རྒྱལ་ཁབ་ཕྱི་ནང་གི་སྔོན་ཐོན་ཉམས་མྱོང་དང་། ལེགས་ཆ་ལེན་གང་ཐུབ་བྱས་ཏེ་སྲོལ་རྒྱུན་དང་། དེང་རབས་ཀྱི་འབྲེལ་བ་མཐོན་གང་ཐུབ་དང་། སློབ་གཞིའི་ཚན་རིག་རང་བཞིན་དང་། བེད་སྤྱོད་རང་བཞིན། དུས་རབས་རང་བཞིན་མཐོན་གང་ཐུབ་བྱས་ཡོད་པས་སློབ་གཞི་འདི་དག་མཐོ་རིམ་སློབ་གྲྭ་ཁག་གི་བོད་སྐད་ཡིག་རྩོམ་རིག་ཆེད་ལས་དང་ཐད་ཀར་འབྲེལ་བ་ཡོད་པའི་ཆེད་ལས་དང་། རིག་ཚན་ཁག་ནང་སྤྱོད་ཆོག་པ་མ་ཟད། ཡིག་སྦྱིང་སློབ་ཁྲིད་དང་། རང་སྦྱོང་རྒྱུགས་ལེན་གྱི་སློབ་གཞིར་ཡང་སྤྱོད་ཆོག

གསུམ། ཐེངས་འདིའི་སློབ་གཞི་རྩོམ་སྒྲིག་བྱེད་སྐབས་མར་ལེ་རིང་ལུགས་ཀྱི་མཛུབ་ཁྲིད་འོག་ཆེད་ལས་ཀྱི་རྨང་གཞིའི་གཞུང་ལུགས་དང་། རྨང་གཞིའི་ཤེས་བྱ། རྨང་གཞིའི་རྩལ་ནུས་བཅས་གཙོ་གནད་དུ་བཟུང་སྟེ་སློབ་གཞིའི་ནང་ལྷ་བ་ཡང་དག་པ་དང་། དཔྱད་གཞི་ཅུང་ཕུན་སུམ་ཚོགས་པ་རྒྱས་བཤད་ཁག་བསྡུས་ཤིང་གནད་ལ་འཁེལ་བ། གསོ་སྐྱོང་གི་དམིགས་ཡུལ་དང་ཁ་མི་འགྲལ་བ་བཅས་ཀྱི་བླང་བྱ་བཏོན་ཡོད། འོན་ཀྱང་སྒྲིག་པ་པོའི་ཆུ་ཚད་མི་ལྡེང་བའམ། ཡང་ན་ཐོག་མའི་འདུན་པ་བཞིན་མ་བྱུང་བའི་ཞན་ཆ་དང་ཆད་ལུས་མི་ཉུང་བ་ཞིག་ཡོད་སྲིད་པས་སློབ་ཆེན་སློབ་གཞིའི་སྤུས་ཚད་དང་། ཡང་སྨོས་བོད་སྐད་ཡིག་གི་སློབ་གཞིའི་འཛུགས་སྐྲུན་ཡག་པོ་ཡོང་ཕྱིར་རྒྱ་ཆེའི་མཁས་དབང་དང་ལྗོག་པ་པོ་ནས་རྩ་ཆེའི་དགོངས་འཆར་ལྷུག་སྩོལ་ཡོང་བར་རེ་སྐོན་ཞུ་བཞིན་ཡོད།

བཞི། སློབ་གཞི་རྩོམ་སྒྲིག་བྱེད་སྐབས་སློབ་གཞི་དང་། རིག་ཚན་སོ་སོའི་ཁྱད་ཆོས་གཙོ་བོར་བཞག་པ་ལས། རྩོམ་སྒྲིག་གི་རྣམ་པ་གཅིག་གྱུར་ཡོང་རྒྱུར་བླང་བྱ་བཏོན་མེད།

ལྔ། སློབ་གཞི་འདི་དག་ནི་བོད་ལྗོངས་སློབ་གྲྭ་ཆེན་མོའི་བོད་རིག་པའི་ཚན་ཁག་དང་སྒྱུ་རྩལ་ཚན་ཁག་གཉིས་ནས་རྩོམ་སྒྲིག་འགན་ཁུར་བཞེས་པ་དང་། སློབ་གྲྭ་ཆེད་མངགས་སྤྲོལ་རྒྱུན་སློབ་གཞིའི་རྩོམ་སྒྲིག་ཨུ་ལྷན་བཙུགས་ཏེ་མཛུབ་ཁྲིད་དང་། ཞིབ་བཤེར་གྱི་འགན་ཁུར་བ་དང་ཆབས་གཅིག་གོང་འོག་མཐུན་འགྲིག་གི་ལས་དོན་གྲུབ་ཡོད།

དྲུག སློབ་གཞིའི་སྤུས་ཚད་འགན་ལེན་ཡོང་ཆེད་ཚན་ཁག་དང་། སློབ་གྲྭས་སྔ་རྗེས་སུ་ཞིབ་བཤེར་བཟོ་བཅོས་བྱས་རྗེས་སློབ་གཞི་འཛུགས་སྐྲུན་གྱི་

དགོས་འདུན་བཞིན་ལྗོངས་དང་ཞིང་ཆེན་རིམ་པའི་སློབ་གཞིའི་ཞིབ་བཤེར་བྱས་ཏེ་རིག་པའི་ལྟ་བ་དང་། གཞུང་ལུགས་ཀྱི་སྤུས་ཚད་འགན་ལེན་ཡོང་གང་ཐུབ་བྱས་ཡོད།

བདུན། ཐེངས་འདིའི་སློབ་གཞི་རྩོམ་སྒྲིག་གི་ལས་དོན་ནང་བོད་ཀྱི་སློབ་གསོ་དང་། ཞིབ་འཇུག་ལས་རིགས་ཁག་གི་བོད་རིག་པའི་མཁས་དབང་རྣམ་པའི་ཤུགས་ཆེའི་རྒྱབ་སྐྱོར་དང་། སློབ་གྲྭའི་ཏང་ཨུའི་དབུ་ཁྲིད་ལྷན་རྒྱས་ཀྱིས་ཐུགས་ཁུར་དང་སྐུལ་ལྕག་གནང་བར་སྙིང་དབུས་ནས་ཐུགས་རྗེ་ཆེ་ཞུ་རྒྱུ་དང་། བོད་ལྗོངས་སློབ་གྲྭ་ཆེན་མོའི་རྒྱལ་ཁབ་རིམ་པའི་བོད་སྐད་ཡིག་རྩོམ་རིག་སློབ་ཁྲིད་ཚོགས་པའི་འཛུགས་སྐྲུན་རྣམ་གྲངས་ནས་རྒྱབ་སྐྱོར་གནང་བར་ཐུགས་རྗེ་ཆེ་ཞུ།

སྔོན་འགྲོའི་གཏམ།

བོད་དར་སངས་རྒྱས་ཆོས་ལུགས་ཀྱི་རིགས་པའི་གཞུང་ལུགས་རྣམས་ནི་ནང་དོན་རྒྱ་ཆེ་ལ་གཏིང་ཟབ་པ། ལོ་རྒྱུས་ཡུན་རིང་བ། བོད་ཀྱི་སྲོལ་རྒྱུན་རིག་གནས་མཐའ་དག་ལ་ཤན་ཆེན་པོ་ཞུགས་པ་དང་། སྲོལ་རྒྱུན་རིག་གནས་ཡོངས་ཀྱི་རྩ་བ་ལྟ་བུ་ཞིག་ཡིན་ལ། ཆེས་གལ་ཆེ་བའི་རྨང་གཞིའི་རིག་ཚན་ཞིག་ཀྱང་ཡིན། བོད་ཀྱི་སྲོལ་རྒྱུན་རིག་གནས་ཁག་ལ་ཅུང་གཏིང་ཟབ་ཙམ་ཞིག་སློབ་སྦྱོང་དང་ཞིབ་འཇུག་བྱེད་འདོད་ན། རྩོད་སྒྲུབ་དངོས་གཙོ་རིང་ལུགས་དང་ལོ་རྒྱུས་དངོས་གཙོ་རིང་ལུགས་ཀྱི་ལྟ་བའི་ཐོག་ནས་རིག་ཚན་འདི་ཉིད་ཀྱི་སློབ་ཁྲིད་ལེགས་པོ་ཞིག་བྱེད་རྒྱུ་ནི་ཤིན་ཏུ་ནས་གལ་གནད་ཆེ་ཞིང་དེ་ལྟར་བྱུང་ན་སློབ་མ་རྣམས་རིག་ཚན་གཞན་དང་ཤེས་ཡོན་གསར་པ་སློབ་སྦྱོང་བྱེད་རྒྱུར་ཕན་འབྲས་ཆེན་པོ་ཐོན་ངེས་རེད་ལ། དེ་དག་གི་ཉེར་ལེན་ལས་རང་རྫོངས་ཀྱི་དངོས་པོ་དང་བསམ་པའི་དཔལ་ཡོན་དར་སྤེལ་ཡོང་རྒྱུར་སྐུལ་འདེད་དང་། མི་རིགས་འདི་ཉིད་ཀྱི་རྩ་བའི་རིག་གནས་ཕུལ་བྱུང་རྣམས་ཉམས་པ་སོར་ཆུད། མི་ཉམས་གོང་འཕེལ་ཡོང་རྒྱུ་མ་ཟད། འཛམ་གླིང་ཐོག་རྒྱལ་ཁབ་དང་ས་ཁུལ་མི་ཉུང་བ་ཞིག་གིས་བོད་རིག་པར་ཞིབ་འཇུག་བྱེད་པའི་མཐོ་རླབས་ཀྱི་ཁྲོད་དུ་སྔོན་ཐོན་གྱི་ནུས་པ་ཐོན་ངེས་རེད། དགོས་པ་གང་མང་ལ་གཞིགས་ཏེ་དེང་སྐབས་རྒྱལ་ནང་གི་བོད་ཡིག་ཆེད་ལས་འཛུགས་གཉེར་བྱེད་མུས་ཀྱི་སློབ་གྲྭ་ཆེན་མོ་ཚང་མའི་ནང་དུ་ཡང་བོད་དར་ནང་པ་སངས་རྒྱས་ཀྱི་ཆོས་ལུགས་སློབ་ཁྲིད་བྱེད་རྒྱུ་ནི་སྲོལ་རྒྱུན་རིག་གནས་རྒྱུད་འཛིན་དང་དར་སྤེལ་བྱེད་རྒྱུའི་གལ་ཆེའི་གནད་དོན་ཞིག་ཏུ་འཛིན་ནས་སློབ་ཁྲིད་དང་ཞིབ་འཇུག་བྱེད་དང་བྱེད་མུས་སུ

མཆིས། རང་རེའི་བོད་ལྗོངས་སློབ་གྲྭ་ཆེན་མོའི་རིག་གཞུང་སློབ་གླིང་གི་བོད་རིག་པའི་ཚན་ཁག་འདི་རང་རྒྱལ་ཙམ་དུ་མ་ཟད། འཛམ་གླིང་ཐོག་བོད་རིག་པར་ཞིབ་འཇུག་དང་མི་སྣ་གསོ་སྐྱོང་བྱེད་རྒྱུའི་ལྟེ་གནས་ཤིག་ཏུ་འགྱུར་རྒྱུའི་ཕྱོགས་རེ་དེར་བལྟས་ཀྱང་རིག་ཚན་འདི་ཉིད་སློབ་ཁྲིད་བྱེད་རྒྱུ་ནི་གལ་གནད་ཆེན་པོ་ཞིག་ཏུ་མངོན། དེས་ན་ཆུ་འགོ་གངས་ལ་ཐུག་པ་བཞིན་དུ་བོད་དར་ནང་པ་སངས་རྒྱས་པའི་ཆོས་ལུགས་དེ་ཡང་རྩ་བ་སངས་རྒྱས་ཀྱི་གྲུབ་མཐའ་ཆེན་མོ་བཞི་ལས་མ་འདས་པས། འདིར་ཡང་བརྗོད་བྱ་གཙོ་བོ་ཕྱི་རོལ་པའི་གྲུབ་མཐའི་དབྱེ་བ་དང་འདོད་ཚུལ་ཙུང་བསྡུས་ཙམ་ཞིག་དང་། ནང་པ་སངས་རྒྱས་པའི་གྲུབ་མཐའ་ཆེན་མོ་བཞིའི་བྱུང་ཚུལ་དང་གཞི་ལམ་འབྲས་གསུམ་གྱི་རྣམ་གཞག་ཙུང་རྒྱས་ཙམ་ཞིག བོད་དར་གྲུབ་མཐའ་ཁག་གི་བྱུང་བ་རགས་ཙམ་ཞིག་བཅས་བོད་ལྗོངས་སློབ་གྲྭ་ཆེན་མོའི་སློབ་ཁྲིད་ཀྱི་དགོས་མཁོ་དང་སློབ་ཕྲུག་གི་སེམས་ཁམས་ལ་གཞིགས་ཏེ་སློབ་གཞིར་སྒྲིག་པ་ཡིན། འོན་ཀྱང་སློབ་དུས་གཅིག་གི་སློབ་ཡུན་ནང་ནང་དོན་ཆེས་གཏིང་ཟབ་ཅིང་རྒྱ་ཆེ་བའི་ཕྱི་ནང་གི་གྲུབ་མཐའི་ཤེས་བྱ་དང་བོད་དར་གྲུབ་མཐའ་ཁག་གི་ཤེས་བྱ་རྣམས་ཆ་ཚང་བར་སློབ་མ་ལ་རྒྱུད་སྤྲོད་བྱ་རྒྱུ་ནི་ཤིན་ཏུ་ནས་དཀའ་བའི་གནས་སུ་གྱུར་བས། ད་ཐེངས་འཁྲིད་བྱའི་ནང་དོན་ལ་གཞིགས་ཏེ་འཆད་ཁྲིད་དང་། ལྟ་ཀློག་གི་སྡེ་ཚན་གཉིས་སུ་དབྱེ་བ་ལས། ཕྱི་རོལ་པའི་གྲུབ་མཐའི་འདོད་ཚུལ་དང་། ནང་པ་སངས་རྒྱས་པའི་གྲུབ་མཐའ་ཆེན་མོ་བཞིའི་གཞི་ལམ་འབྲས་གསུམ་གྱི་རྣམ་གཞག་རྣམས་ངེས་པར་དུ་འཁྲིད་རྒྱུའི་འཆད་ཁྲིད་ཀྱི་སློབ་གཞི་དང་། བོད་དར་གྲུབ་མཐའ་ཁག་གི་བྱུང་བ་མདོ་ཙམ་བརྗོད་པ་ནི་ལྟ་ཀློག་གི་སློབ་གཞི་ཡིན་པས་སློབ་ཁྲིད་ཀྱི་དགོས་མཁོ་དང་དུས་ཚོད་ཀྱི་ཁོམ་པ་ལ་

གཞིགས་ཏེ་ཁྲིད་དགོས།

སློབ་གཞིའི་བསམ་བློའི་མཛུབ་ཁྲིད་དང་རེ་བ།

༡. སློབ་གཞི་འདི་གཙོ་བོ་མར་ཁེ་སི་རིང་ལུགས་དང་མའོ་ཙེ་ཏུང་གི་རྩོད་སྒྲུབ་དངོས་གཙོ་རིང་ལུགས་དང་ལོ་རྒྱུས་དངོས་གཙོ་རིང་ལུགས་ཀྱི་ལྟ་བའི་ཐོག་ནས་སངས་རྒྱས་ཆོས་ལུགས་ཀྱི་འདོད་ཚུལ་ཁག་ལ་དབྱེ་ཞིབ་དང་གསལ་རྟོགས་ཡོང་བ་བྱ་རྒྱུ་དང་། སྤྱི་ཚོགས་རིང་ལུགས་ཀྱི་སློབ་གྲྭ་འཛུགས་གཉེར་གྱི་ཁ་ཕྱོགས་གསལ་སྟོན་གྱིས་སློབ་མ་རྣམས་ཕྱུགས་བསམ་ལྡན་པ་དང་། སྤྱོད་བཟང་ལྡན་པ། རིག་གནས་ལྡན་པ། སྒྲིག་ལམ་ལྡན་པའི་མེས་རྒྱལ་གྱི་རྗེས་ཤུལ་མཁན་མིང་དོན་མཚུངས་པ་ཞིག་གསོ་སྐྱོང་བྱ་རྒྱུ་ཡིན།

༢. སློབ་གཞི་འདི་གཙོ་བོ་བོད་རིག་པའི་ཚན་ཁག་གི་དངོས་གཞིའི་སློབ་མ་དང་། ཞིབ་འཇུག་སློབ་མ་རྣམས་ལ་བཀོད་སྒྲིག་གིས་ཚད་མའི་སློབ་ཁྲིད་ཀྱི་བློ་རིག་མཇུག་སྒྲིལ་མཚམས་སུ་འཛིན་གྲྭ་གང་དེར་སློབ་དུས་གཅིག་གི་སློབ་ཡུན་ནང་འཆད་ཁྲིད་ཀྱི་ནང་དོན་རྣམས་ཁྲིད་ཚར་བ་བྱ་རྒྱུ་ཡིན།

༣. རིག་ཚན་འདི་ཉིད་ཀྱི་སློབ་ཁྲིད་བྱས་པ་བརྒྱུད་སློབ་མ་རྣམས་བདེན་རྫུན་ཤན་འབྱེད་པའི་ཡང་དག་པའི་ལྟ་བའི་ཐོག་ནས་སངས་རྒྱས་ཆོས་ལུགས་ཀྱི་ལྟ་སྒོམ་སྤྱོད་གསུམ་དང་གཞི་ལམ་འབྲས་གསུམ་གྱི་རྣམ་གཞག་ཁག་ཤེས་རྟོགས་དང་། གོམ་པ་རིམ་བགྲོས་ཀྱིས་སློབ་མའི་བསམ་གཞིགས་ཀྱི་ནུས་པ་དང་དབྱེ་ཞིབ་ཀྱི་ནུས་པ། གནད་དོན་ཐག་གཅོད་བྱེད་པའི་ནུས་པ་གསོ་སྐྱོང་གིས་ནུས་པའི་འཛིན་ཐང་མཐོ་རུ་འགྲོ་བ་བྱ་དགོས།

༤. འཆད་ཁྲིད་སློབ་གཞི་ཁག་གི་མཇུག་ཏུ་དཀའ་གནད་ཚིག་ཁག

གཅིག་ལ་ཚིག་འགྲེལ་སྐབས་བདེ་རེ་བྱས་ཡོད། ཞིབ་པར་གཟིགས་འདོད་ན་ཁོ་བོས་བྲིས་པའི་《གྲུབ་མཐའ་རིན་ཆེན་ཕྲེང་བའི་ཚིག་འགྲེལ་ཐོར་བུ》ཡི་སྐབས་བབས་སོ་སོར་གཟིགས་པར་འཚལ།

མདོར་ན་སློབ་གཞི་འདི་ཧང་གི་སློབ་གསོའི་མཛད་ཕྱོགས་ཀྱི་རྩ་དོན་རྒྱུན་འཁྱོངས་བྱེད་རྒྱུ་གཙོ་བོར་བཟུང་ནས། བོད་ཀྱི་སྲོལ་རྒྱུན་རིག་གནས་གྲུབ་མཐའི་རིག་པའི་གཞུང་ལུགས་དང་ལོ་རྒྱུས་རྣམས་མདོར་བསྡུས་ཤིང་གནད་ཟིན་པ། སླ་བ་ནས་དཀའ་བ། བསྡུས་པ་ནས་རྒྱས་པའི་རིམ་པ་ལྟར་སློབ་ཕྲུག་གིས་སྦྱོང་བདེ་བ་དང་། དགེ་རྒན་གྱིས་འཁྲིད་བདེ་བའི་སློབ་གཞི་ཞིག་རྩོམ་སྒྲིག་ཞུས་པ་ཡིན། ལོ་ཤས་རིང་བོད་ལྗོངས་སློབ་གྲྭ་ཆེན་མོའི་བོད་རིག་པའི་ཚན་ཁག་གི་ཆེད་ལས་དང་དངོས་གཞིའི་འཛིན་གྲྭ་ཁག་གི་ནང་ཚོད་ལྟའི་སློབ་གཞི་བྱས་ནས་སློབ་ཁྲིད་ཞུས་རིམ་ནང་དགེ་སློབ་ཡོངས་ཀྱི་ཚད་མཐོའི་གདེང་འཇོག་དང་། བློ་གཟུ་བོར་གནས་པའི་དགོངས་འཆར་གང་དག་ཅིག་གནང་བྱུང་བས། སྙིང་དབུས་ནས་ཐུགས་རྗེ་ཆེ་ཞུ་རྒྱུ་དང་འབྲེལ་རང་ཉིད་ཆབ་སྲིད་བསམ་བློའི་བྱང་ཚད་དང་། ལོ་རྒྱུས་རིག་གནས་ཀྱི་ཤེས་བྱ། ཆོས་ལུགས་ཀྱི་རྟོགས་པ་སོགས་གང་སྤྱིའི་ཐད་ནས་ཆུ་ཚད་དམན་པས། སློབ་ཁྲིད་དམིགས་ཚད་དང་ནང་དོན་བཀོད་སྒྲིག་སོགས་ལ་མི་ལྡེང་བའི་ཆ་དང་ནོར་འཛོལ་ཡོང་ངེས་པས་མཁས་དབང་རྣམ་པ་ནས་ལེགས་སྤེལ་ཉེས་འགོག་གི་བཀའ་སློབ་ཡོད་པ་ཞུ།

མཁྱེན་རབ་དབང་ཕྱུག་ནས།
༢༠༠༥ལོའི་ཟླ་༩ཚེས་༨ཉིན།

དཀར་ཆག

ལེའུ་དང་པོ།

ལེའུ་གཉིས་པ།

ས་བཅད་དང་པོ།

ས་བཅད་གཉིས་པ།

ལེའུ་གསུམ་པ།

ས་བཅད་དང་པོ།

ས་བཅད་གཉིས་པ།

ས་བཅད་གསུམ་པ།

ལེའུ་དང་པོ། ཕྱི་རོལ་པ་དང་ནང་པ་སངས་རྒྱས་པའི་གྲུབ་མཐའི་རྣམ་གཞག་སྤྱིར་བསྟན་པ།

སྤྱིར་གྲུབ་མཐའ་ཞེས་པའི་ཐ་སྙད་དེ་སངས་རྒྱས་ཀྱི་ལུང་ལས་གསུངས་ཤིང་། ཇི་སྐད་དུ་ལང་ཀར་གཤེགས་པའི་མདོ་ལས། ང་ཡི་ཚོས་ཚུལ་རྣམ་གཉིས་ཏེ། །བསྟན་པ་དང་ནི་གྲུབ་མཐའོ། །བྱིས་པ་རྣམས་ལ་བསྟན་པ་བཤད། །རྣལ་འབྱོར་པ་ལ་གྲུབ་མཐའོ། །ཞེས་གསུངས་པ་ལྟར་རོ། །གྲུབ་མཐའ་ཞེས་པའི་སྐད་དོད་ལ། སིདྡྷཱནྟ་ཟེར་ཞིང་དེ་དོན་མང་པོར་འཇུག་ཀྱང་སྐབས་འདིར་ནི་སིདྡྷ་གྲུབ་པ་དང་ཨནྟ་མཐའ་ལ་གོ་དགོས་པས་དེ་གཉིས་མཚམས་སྦྱར་བས་གྲུབ་མཐའ་ཞེས་པ་ཡིན་ཏེ། གྲུབ་མཐའི་སྒྲ་བཤད་ཀྱང་། 《འགྲེལ་བཤད་ཚིག་གསལ》ལས་གྲུབ་པའི་མཐའ་སྟེ། རིགས་པའི་ལུང་གིས་རབ་ཏུ་བསྟན་པར་རང་གི་འདོད་པ་གྲུབ་པ་ནི། དེ་ལས་ཕར་ཡང་འགྲོ་བ་མེད་པས་ན་མཐའོ། །ཞེས་གསུངས་པ་ལྟར། ལུང་རིགས་གང་རུང་ལ་བརྟེན་ནས་རྣམ་རྟོག་གི་སྒྲོ་བཏགས་པའི་ཆ་གཞན་བཀག་སྟེ་རང་གི་བློ་ངོར་ཡང་དག་པར་འཐད་པའི་དོན་དེ་ཉིད་གྲུབ་པའམ་དམ་བཅས་ཏེ་འཛིན་པའི་ཚུལ་དེ་ལས་གཞན་དུ་མེད་དོ་སྙམ་ནས་ཐག་བཅད་པའི་ཆ་དེ་ལ་གྲུབ་མཐའ་ཞེས་བྱ་བ་དང་། ཐག་བཅད་པ་དེ་གཞན་ལ་སྨྲ་བས་ན་གྲུབ་མཐའ་སྨྲ་བ་ཞེས་ཟེར།

དེ་ཡང་གང་ཟག་ལ་དབྱེ་ན། གྲུབ་མཐས་བློ་མ་བསྒྱུར་བ་དང་གྲུབ་མཐས་བློ་བསྒྱུར་བའོ། །དང་པོ་ནི། ཤེས་བྱའི་གནས་ཚུལ་དང་འཇིག་རྟེན་ཕྱི་མ་ཕན་ཆད་ལ་རྟོག་དཔྱོད་གང་ཡང་མི་བྱེད་པར་རང་དགར་ཚེ་འདི་ཁོ་ནའི་བདེ་བ་ཙམ་དོན་དུ་གཉེར་བ་ལ་ཟེར་ཞིང་། གཉིས་པ་ནི། ཚེ་འདིའི་བདེ་བ

ཙམ་གྱིས་མི་ཆོག་པར་གཞུང་ལུགས་ལ་སྦྱངས་ཏེ་རང་གི་བློ་ངོར་འཐད་པའི་གཞུང་ལུགས་ལ་བརྟེན་ནས་ཤེས་བྱའི་གནས་ཚུལ་ལ་བླང་དོར་བྱེད་པ་རྣམས་ལ་ཟེར། གྲུབ་མཐའ་སྨྲ་བ་རྣམས་ཀྱི་ཐ་ཤལ་རྒྱང་འཕེན་པས་ཀྱང་རང་གི་རིག་པ་ལྟར་སྣང་གིས་སྐྱེ་བ་སྔ་ཕྱི་དང་རྒྱུ་འབྲས་སོགས་ཡོད་མེད་ལ་དཔྱད་པ་བྱས་ནས་རང་གི་གཞུང་སྨྲ་བའི་ཕྱིར་རོ། །

གྲུབ་མཐའ་ལ་དབྱེ་ན་གཉིས་ཏེ། ཕྱི་རོལ་པའི་གྲུབ་མཐའ་དང་ནང་པའི་གྲུབ་མཐའ་གཉིས་སོ། །དེ་ཡང་ཕྱི་པ་དང་ནང་པ་ཙམ་གྱི་ཁྱད་པར་ནི་དཀོན་མཆོག་གསུམ་སྐྱབས་གནས་ཡང་དག་ཏུ་ཁས་ལེན་མི་ལེན་གྱིས་འབྱེད་པ་ཡིན་ཏེ། ཇོ་བོ་རྗེས། ཕྱི་པ་ནང་པ་སྐྱབས་འགྲོའི་ཁྱད། །ཅེས་གསུངས་པ་ལྟར་སྙིང་ཐག་པ་ནས་དཀོན་མཆོག་གསུམ་ལ་སྐྱབས་སུ་འགྲོ་བའི་གང་ཟག་དེ་ནང་པ་དང་། དཀོན་མཆོག་གསུམ་ལ་བློ་མི་གཏོད་པར་འཇིག་རྟེན་པའི་ལྷ་ལ་སྙིང་ཐག་པ་ནས་སྐྱབས་སུ་འགྲོ་བའི་གང་ཟག་དེ་ཕྱི་རོལ་པ་ཡིན་པའི་ཕྱིར། འོན་ཀྱང་ཕྱི་ནང་གི་གྲུབ་མཐའ་སྨྲ་བའི་ཁྱད་པར་ནི། སྟོན་པ། བསྟན་པ། ལྟ་བ་གསུམ་གྱི་སྒོ་ནས་འབྱེད་པའི་ཕྱིར། དེ་ཡང་ཡིན་ཏེ། ནང་པ་སངས་རྒྱས་པ་རྣམས་ནི་སྟོན་པ་སྐྱོན་ཀུན་ཟད་ཅིང་ཡོན་ཏན་ཀུན་རྫོགས་པ་དང་། བསྟན་པ་སེམས་ཅན་ལ་འཚེ་བ་མེད་པ་དང་། ལྟ་བ་རྟག་གཅིག་རང་དབང་ཅན་གྱི་བདག་གིས་སྟོང་པར་འདོད་པའི་ཁྱད་པར་གསུམ་དང་ལྡན་ཞིང་ཕྱི་རོལ་པ་རྣམས་ནི་དེ་ལས་བཟློག་སྟེ་སྟོན་པ་སྐྱོན་དང་བཅས་ཤིང་ཡོན་ཏན་མ་རྫོགས་པ་དང་བསྟན་པ་སེམས་ཅན་ལ་གནོད་ཅིང་འཚེ་བ་དང་། ལྟ་བ་རྟག་གཅིག་རང་དབང་ཅན་གྱི་བདག་ཏུ་གྲུབ་པར་ཁས་ལེན་པའི་ཁྱད་པར་གསུམ་དང་ལྡན་པའི་ཕྱིར། དེ་ལྟར་གསུངས་ཀྱང་ཕྱི་ནང་གི་གྲུབ་མཐའ་སྨྲ་བའི་ཁྱད་པར་གཙོ་བོ་ལྟ་བའི་སྒོ་ནས་འབྱེད་པ་ཡིན་ནོ། །

ཚིག་འགྲེལ།

《ལང་ཀར་གཤེགས་པའི་མདོ་》འཕགས་པ་ལང་ཀར་གཤེགས་པ་ཐེག་པ་ཆེན་པོའི་མདོའི་བརྗོད་བྱ་ནི་ཤའི་ཉེས་དམིགས་བསྟན་ཡོད། སངས་རྒྱས་ལང་ཀའི་ཡུལ་ཏེ་དེང་གི་སིང་ག་ལའི་ཡུལ་དུ་ཕྱིན་ནས་གསུངས་པའི་ཆོས་བམ་པོ་དགུ་དང་ལེའུ་ཉེར་བརྒྱད་པ། བོད་ཀྱི་ལོ་ཙཱ་བ་འགོས་ཆོས་འགྲུབ་ཀྱིས་རྒྱ་དཀར་ནག་གི་དཔེ་ལས་བསྒྱུར་བ་ཞིག་ཡིན།

བསྟན་པ། རྫོགས་པའི་སངས་རྒྱས་བཅོམ་ལྡན་འདས་ཀྱིས་གདུལ་བར་བྱ་བ་རྣམས་ལ་བསྟན་པའི་ལུང་དང་རྟོགས་པའི་བདག་ཉིད་ཅན་གྱི་དམ་པའི་ཆོས། ཞིབ་པར《གྲུབ་མཐའ་རིན་ཆེན་ཕྲེང་བའི་ཚིག་འགྲེལ་ཐོར་བུ》ཤོག་གྲངས93ལ་གཟིགས།

ཐྲིས་པ། འདིར་བླང་དོར་ལ་རྨོངས་པའི་སྐྱེ་བོ་སོ་སོ་རྣམས་ལ་གོ་བ་ཡིན།

རྣལ་འབྱོར་པ། རྣལ་ཞེས་པ་ཞི་གནས་ཏེ་ཕྱི་རོལ་ཡུལ་ལ་སེམས་གཡེང་བ་ཞི་བར་བྱས་ནས་རང་གི་སྒོམ་བྱའི་དམིགས་པ་ལ་སེམས་རྩེ་གཅིག་ཏུ་གནས་པར་བྱེད་པའོ། །འབྱོར་ཞེས་པ་ལྷག་མཐོང་སྟེ། ཞི་གནས་ལ་བརྟེན་ནས་སོ་སོར་རྟོག་པའི་ཤེས་རབ་ཀྱིས་ཤེས་བྱའི་གནས་ལུགས་ཡང་དག་པའམ་ལྷག་པར་དུ་མཐོང་བའོ། །དེ་ལྟར་ཐབས་དང་ཤེས་རབ་ཀྱི་བདག་ཉིད་ཅན་དེ་ལ་རྣལ་འབྱོར་པ་ཞེས་པའོ། །

《འགྲེལ་བཤད་ཚིག་གསལ་》དབུ་མ་རྩ་བ་ཤེས་རབ་ཀྱི་འགྲེལ་པ་ཚིག་གསལ་བ་བའི་བསྟན་བཅོས་དེ་ཡིན། དེ་ནི་འཕགས་པ་ཀླུ་སྒྲུབ་ཀྱི་དགོངས་པ་གསལ་བར་མཛད་པའི་སློབ་དཔོན་དཔལ་ལྡན་ཟླ་བ་གྲགས་པ་ཞབས་དེས་མཛད་ཅིང་། གཙོ་བོ་ཆོས་རྣམས་ཀྱི་གནས་ལུགས་སྟོང་པ་ཉིད་རིག་པ

བརྒྱ་ཕྲག་གི་སྔོ་ནས་གདན་ལ་འབེབས་པའི་གཞུང་ཞིག་ཡིན། བསྟན་བཅོས་འདི་དང་སློབ་དཔོན་འདིས་མཛད་པའི་《གསང་བ་འདུས་པའི་རྩ་རྒྱུད་ཀྱི་འགྲེལ་པ་སྒྲོན་གསལ》གཉིས་ལ་སྔོན་གྱི་མཁས་པ་རྣམས་ཀྱིས་མཁའ་ལ་ཉི་ཟླ་རྣམ་གཉིས་ས་ལ་གསལ་བ་རྣམ་གཉིས་ཞེས་སའི་སྙིང་ན་འགྲན་ཟླ་མེད་པའི་བསྟན་བཅོས་སུ་བསྔགས་སོ། །《འགྲེལ་པ་ཚིག་གསལ》འདི་ནི་རྒྱ་གར་གྱི་མཁན་པོ་རྟོག་གེ་པ་ཆེན་པོ་མ་ཧཱ་སུ་མ་ཏི་དང་། བོད་ཀྱི་ལོ་ཙཱ་བ་པ་ཚབ་ཉི་མ་གྲགས་ཀྱིས་ཁ་ཆེའི་དཔེ་དང་མཐུན་པར་བསྒྱུར་བ་ཡིན་ཞིང་། གཞུང་ཆེན་བཀའ་པོད་ལྔའི་དབུ་མའི་ཁོངས་སུ་གཏོགས།

ཇོ་བོ་རྗེ། ཇོ་བོ་རྗེ་དཔལ་ལྡན་ཨ་ཏི་ཤ་ཞུ་བ་དེ་ཡིན། ཨ་ཏི་ཤ་ནི་ཕུལ་དུ་བྱུང་བའི་དོན་ཡིན། སྤྱི་ལོ982ལོར་རྒྱ་གར་ཤར་ཕྱོགས་བྷང་ག་ལ་དེང་སང་རྒྱ་སྐད་དུ་མང་ཙ་ལ་ཟེར་བ་དེར་འཁྲུངས། སྤྱི་ལོ1054ལོར་སྙེ་ཐང་དུ་སྐུ་གཤེགས། ལྷ་བླ་མ་ཡེ་ཤེས་འོད་ཀྱིས་རང་གི་སྐུ་སྲོག་ལ་མ་འཛེམ་པར་ཞལ་ཆེམས་གནང་བ་ལྟར་ལྷ་བླ་མ་བྱང་ཆུབ་འོད་ཀྱིས་སླར་ཡང་ནག་ཚོ་ལོ་ཙཱ་བ་ཚུལ་ཁྲིམས་རྒྱལ་བ་མངགས་ནས་སྤྱི་ལོ1040ལོར་བལ་ཡུལ་བརྒྱུད་ནས་མངའ་རིས་སུ་ཕེབས། 《བྱང་ཆུབ་ལམ་གྱི་སྒྲོན་མེ》སོགས་མཛད་པས་དེ་སྔོན་བོད་དུ་ཆོས་ལོག་པ་སྣ་ཚོགས་པ་བྱུང་བ་རྣམས་རང་ཤུགས་ཀྱིས་ཡལ། མདོ་སྔགས་གཉིས་འགལ་མེད་དུ་ཉམས་སུ་ལེན་ཤེས་པ་བྱུང་། བཀའ་གདམས་པའི་གྲུབ་མཐའི་སྲོལ་ཕྱེ། ཁུ་རྔོག་འབྲོམ་གསུམ་ལ་སོགས་སློབ་མ་མཁས་པ་མང་དུ་བྱུང་།

འཇིག་རྟེན་པའི་ལྷ། ཕྱི་རོལ་མུ་སྟེགས་པས་བསྟེན་པའི་ལྷ་དབང་ཕྱུག་དང་། ཁྱབ་འཇུག་ལ་སོགས་པ་དང་གཞན་ཡང་ཡུལ་ལྷ་དང་གཞི་བདག་ལ་སོགས་འཇིག་རྟེན་གྱི་ལྷ་འདྲེ་མཐུ་བོ་ཆེ་རྣམས་ཡིན། དེ་རྣམས་མཐར་ཐུག་གི་སྐྱབས་གནས་མ་ཡིན་ཏེ། ཕུགས་ཀྱི་སྐྱབས་གནས་ལ་རང་ཉིད་འཇིགས་པ

ལས་གྲོལ། གཞན་འཇིགས་པ་ལས་སྒྲོལ་བའི་ཐབས་ལ་མཁས་པ་ཞིག་དགོས་པ་ལས་ལྷ་དེ་རྣམས་ཀྱིས་གཞན་འཁོར་བའི་འཇིགས་པ་ལས་སྐྱོབ་རྒྱུ་ལྟ་ཞོག་རང་ཡང་འཁོར་བའི་འཇིགས་པ་ལས་གྲོལ་བ་ཞིག་བྱུང་མེད། ཇུལ་ཆུ་རྒྱལ་སྲས་ཐོགས་མེད་བཟང་པོས། རང་ཡང་འཁོར་བའི་བཙོན་རར་བཅིངས་པ་ཡི། །འཇིག་རྟེན་ལྷ་ཡིས་སུ་ཞིག་སྐྱོབ་པར་ནུས། །དེ་ཕྱིར་གང་ལ་བསྐྱབ་ན་མི་བསླུ་བའི། །དཀོན་མཆོག་སྐྱབས་འགྲོ་རྒྱལ་སྲས་ལག་ལེན་ཡིན། །ཞེས་གསུངས་པ་བཞིན་ནོ། །

རྟག་གཅིག་རང་དབང་ཅན། ཕྱི་རོལ་མུ་སྟེགས་པའི་ལྟ་བའི་གཙོ་བོ་རྟག་གཅིག་རང་དབང་ཅན་གྱི་བདག་དུ་གྲུབ་པར་འདོད་པ་དེ་ཡིན། དེ་ཡང་སྐྱེ་འཇིག་མེད་པའི་ཆ་ནས་རྟག་པ། ཆ་ཤས་ལ་མ་ལྟོས་པའི་ཆ་ནས་གཅིག་པུ། རང་སྐྱ་བར་གྲུབ་པའི་ཆ་ནས་རང་དབང་ཅན་ཞེས་ཁྱད་པར་གསུམ་དུ་གྲུབ་པར་འདོད་དོ། །ཁྱད་ཆོས་གསུམ་ལྡན་གྱི་བདག་ཅེས་ཀྱང་ཟེར།

བསམ་གཞིགས་དྲི་བ།

༡. གྲུབ་མཐའ་ཞེས་པའི་ཐ་སྙད་དེ་སངས་རྒྱས་ཀྱི་ལུང་གང་ལས་གསུངས་པ་ཡིན་ནམ།

༢. གྲུབ་མཐའི་སྒྲ་བཤད་ཇི་ལྟར་བྱེད་དམ།

༣. གྲུབ་མཐས་བློ་བསྒྱུར་བ་དང་གྲུབ་མཐས་བློ་མ་བསྒྱུར་བའི་གང་ཟག་གཉིས་ཀྱི་ཁྱད་པར་འབྱེད་དགོས།

༤. ཕྱི་པ་དང་ནང་པ་ཅམ་གྱི་ཁྱད་པར་གང་གིས་འབྱེད་དམ།

༥. ཕྱི་ནང་གི་གྲུབ་མཐའ་སྨྲ་བའི་ཁྱད་པར་གང་གིས་འབྱེད་དམ།

ལེའུ་གཉིས་པ། ཕྱི་རོལ་པ་དང་ནང་པ་སངས་རྒྱས་པའི་གྲུབ་མཐའི་རྣམ་གཞག་ཕྱེ་བྲག་ཏུ་བཤད་པ།

དེ་ལ་གཉིས་ཏེ། ཕྱི་རོལ་པའི་གྲུབ་མཐའི་རྣམ་གཞག་མདོར་བསྡུས་ཏེ་བཤད་པ་དང་། ནང་པ་སངས་རྒྱས་པའི་གྲུབ་མཐའི་རྣམ་གཞག་ཅུང་ཟད་ཕྱེ་སྟེ་བཤད་པའོ། །

ས་བཅད་དང་པོ། ཕྱི་རོལ་པའི་གྲུབ་མཐའི་རྣམ་གཞག་མདོར་བསྡུས་ཏེ་བཤད་པ།

དེ་ལ་ཕྱི་རོལ་མུ་སྟེགས་པའི་གྲུབ་མཐའི་བྱུང་ཚུལ་དང་། དེའི་མཚན་ཉིད། མིང་གི་རྣམ་གྲངས། དབྱེ་བ། སོ་སོའི་རྣམ་གཞག་བཤད་པ། དེ་དག་གི་དོན་བསྡུ་བ་དང་དྲུག་གོ། །དང་པོ་ནི་བསྐལ་པ་ཐོ་མ་མེད་པར་གྱུར་པའི་འོག་ཏུ་སྟོང་བསྐལ་བར་བསྐལ་ནི་ཤུའི་ཡུན་འདས་ནས་འཇིག་རྟེན་གྱི་ཁམས་གསར་པ་འདི་ཐོག་མར་ཆགས་ཏེ་འཇིག་རྟེན་ཐོག་མི་དང་པོ་བྱུང་ནས་དུས་ཚོད་ཧ་ཅང་རིང་པོ་ཞིག་གི་ནང་མི་རྣམས་རང་བཞིན་གྱིས་དགེ་བར་བརྟེན་ཞིང་ཀུན་སྤྱོད་བཟང་པོ་དང་ལྡན་པས། གཞན་གྱི་སྲོག་གཅོད་པ་དང་། མི་ཚངས་སྤྱོད་པ། མ་བྱིན་ལེན་པ། རྫུན་སྨྲ་པ་སོགས་རྩ་བ་ནས་སྤངས་པའི་རྐྱེན་གྱིས་མི་རྣམས་བསྐལ་པ་རྫོགས་ལྡན་གྱི་བདེ་སྐྱིད་དཔལ་ལ་རོལ། དེ་རྗེས་རྩ་བ་བཞི་ལས་རིམ་གྱིས་ཉམས་ནས་བསྐལ་པ་གསུམ་ལྡན་དང་། བསྐལ་པ་གཉིས་ལྡན། ད་ལྟ་མི་དགེ་བའི་ལས་ལམ་བག་མེད་དུ་སྤྱོད་པའི་རྩོད་ལྡན་བར་ལ་ཐུག དེ་ཡང་འོད་གསལ་གྱི་ལྷ་ནས་འཛམ་གླིང་དུ་མི་དང་པོ་བྱུང་བའི་མི་རྣམས་ནི་རྫུ་འཕྲུལ་གྱིས་ནམ་མཁའ་ལ་འགྲོ་བ། རང་ལུས་འོད་ཀྱིས་སྣང་

བར་བྱེད་པ། ཛུས་སྐྱེས། བསམ་གཏན་གྱི་ཟས་ཀྱིས་འཚོ་བ་ཡིན། དེ་རྗེས་ཟས་རགས་པར་ལོངས་སྤྱད་པས་ལུས་ཀྱི་འོད་ནུབ་ཅིང་མུན་པ་བྱུང་བས་སེམས་ཅན་སྤྱི་མཐུན་གྱི་ལས་ལས་ཉི་ཟླ་དང་སྐར་འོད་ཀྱིས་ཉིན་མཚན་དབྱེ་བ་འབྱེད། དེ་ནས་རིམ་གྱིས་མ་རྨོས་པའི་ལོ་ཏོག་ལོངས་སྤྱོད་པ་བྱུང་བའི་རྐྱེན་གྱིས་ཕོ་མོའི་དབང་པོ་ཐ་དད་པ་བྱུང་སྟེ་འདོད་པ་ལོག་པར་ཞུགས་པ་བྱུང་། དེ་ནས་དུས་གང་ཙམ་ཞིག་གི་ཚེ་མི་ལེ་ལོ་ཅན་ཞིག་གིས་ནངས་དགོང་གི་ས་ལུ་ཅིག་ཅར་བླངས་ཏེ་གསོག་འཇོག་བྱས་པས་བཏབས་པ་མ་སྐྱེས་པར་གྱུར་ནས་སོ་ནམ་བྱེད་དགོས་པ་བྱུང་། དེ་ལ་བརྟེན་ནས་སྲེད་པ་ཅན་འགའ་ཞིག་གིས་མ་བྱིན་པར་བླངས་པས་འཇིག་རྟེན་ན་རྐུ་བ་བྱུང་། དེ་ནས་གཞན་གྱིས་ཕྱིན་ཆད་དེ་ལྟར་མ་བྱེད་ཅེས་སྨྲས་ཀྱང་མི་ཉན་པར་བརྐུས་པས་ན། མི་རྣམས་འདུས་ནས། བདག་ཅག་གི་ནང་ནས་མི་སེམས་རྒྱུད་དྲང་པོར་གནས་པ་ཞིག་ཞལ་ལྕེ་གཅོད་པའི་དཔོན་ལ་བསྐོས་ནས་ཆད་པ་གཅོད་འོས་པར་ཆད་པ་གཅོད་ཅིང་། ཕན་པར་འོས་པ་ཕན་འདོགས་པར་བྱེད་པའི་བདག་པོ་ཞིག་བསྐོས་པས། རྒྱལ་རིགས་བྱུང་བའི་ཐོག་མ་མང་པོས་བཀུར་བའི་རྒྱལ་པོ་ཞེས་བྱ་བ་བྱུང་། དེ་ཚེའི་མི་ཁ་ཅིག་གིས། འཛིན་པའི་ཉེས་དམིགས་མཐོང་བ་དང་། རྒྱལ་པོས་མི་ཉེས་པ་ཅན་འགའ་ཞིག་ལ་ཆད་པས་ཚར་གཅོད་པ་མཐོང་ནས་སྐྱོ་བ་སྐྱེས་ཏེ་ནགས་གསེབ་དབེན་པར་ཡལ་ག་དང་ལོ་མའི་སྤྱིལ་བུ་བྱས་བསྡད་པས་བྲམ་ཟེ་ཞེས་བྱ་བ་བྱུང་། དེ་ལས་ཀྱང་འགའ་ཞིག་གིས་དབེན་པར་འདོད་ཆུང་ཚོག་ཤེས་བྱས་ནས་གཅིག་པུར་སྡོད་པ་དང་བསམ་གཏན་བསྒོམ་པ་ལ་བརྟེན་ནས་ཞི་གནས་ཐོབ། དེ་ལ་བརྟེན་ནས་མངོན་ཤེས་དང་རྫུ་འཕྲུལ་ཡོད་པ་བྱུང་བ་ལ་དྲང་སྲོང་ཞེས་བཏགས། དེ་དག་ལས་མངོན་ཤེས་ཐོབ་པ་དང་རྟོག་གེ་ལ་བྱང་བ་དུ་མས་རང་རང་གི་བློས་དཔྱད་ནས་ཐར་པ་དང་མཐོ་རིས་ཐོབ་བྱེད་ཀྱི་ལམ་གྱི་རྣམ་

གཞིག་དང་། དེ་སྒྲུབ་བྱེད་ཀྱི་གཏན་ཚིགས་ཀྱི་རིག་པ་བཀོད་པའི་གཞུང་སྣ་ཚོགས་བརྩམས་པ་ལ་བརྟེན་ནས་ཕྱི་རོལ་མུ་སྟེགས་པའི་གྲུབ་མཐའ་ཐོག་མར་དར་བར་བྱས་སོ། །དེ་ཡང་ཁྱད་པར་འཕགས་བསྟོད་ཀྱི་འགྲེལ་པ་ནས་བྱུང་བ་ལྟར་ན། མི་རྣམས་ཀྱི་ཚེ་ལོ་དཔག་མེད་ཀྱི་དུས་སུ་དྲང་སྲོང་སེར་སྐྱ་ཞེས་བྱ་བ་དེས་བསྟི་གནས་སུ་བསྒོམ་པས་མངོན་ཤེས་ལྔ་དང་ལྡན་པར་གྱུར། དེས་རང་གི་ཤེས་རབ་ལ་བརྟེན་ནས་ཕྱི་རོལ་གྲངས་ཅན་གྱི་གཞུང་མང་པོ་བརྩམས་པ་དེ་མུ་སྟེགས་པའི་གྲུབ་མཐའ་ཐམས་ཅད་ཀྱི་ཐོག་མར་གསུངས་ཤིང་། དེའི་བདག་གི་འདོད་ཚུལ་ལ་བསྟེན་འཕྲིའི་དབྱེ་བ་ཅུང་ཟད་མི་འདྲ་ལ་བརྟེན་ནས་མུ་སྟེགས་ཅན་གྱི་ལུགས་མང་པོར་གྱེས་ཞེས་གྲགས།

གཉིས་པ་ཕྱི་རོལ་མུ་སྟེགས་པའི་གྲུབ་མཐའི་མཚན་ཉིད་ནི། གྲུབ་མཐའ་སྨྲ་བའི་ནང་ཚན་གང་ཞིག དཀོན་མཆོག་གསུམ་ལ་སྐྱབས་སུ་མི་འགྲོ་ཞིང་། དེ་ལས་གཞན་པའི་སྟོན་པ་ཡོད་པར་ཁས་ལེན་པའི་གང་ཟག་དེ། ཕྱི་རོལ་པའི་གྲུབ་མཐའ་སྨྲ་བའི་མཚན་ཉིད།

གསུམ་པ་མིང་གི་རྣམ་གྲངས་ལ། ཕྱི་རོལ་པ། གཞན་སྡེ། མུ་སྟེགས་པ་སོགས་ཡོད། སྒྲ་བཤད་ནི་ནང་པ་སངས་རྒྱས་པའི་བསྟན་པ་འདི་ལས་རྒྱབ་ཏུ་ཕྱོགས་ཏེ་འཇིག་རྟེན་པའི་ཤེས་རབ་ཀྱིས་དངོས་པོའི་གནས་ལ་དཔྱོད་ཀྱང་ལུགས་མཐུན་གྱི་ཐར་པའི་རྗེས་སུ་མཐུན་པའི་ལམ་མེད་པས་ན་ཕྱི་རོལ་པ་དང་། ནང་པ་སངས་རྒྱས་པ་ལས་གཞན་གྱི་སྡེ་ཡིན་པས་ན་གཞན་སྡེ་དང་། ཐར་པ་དང་མཐོ་རིས་ཀྱི་མུའམ་མཐའ་ལ་བརྟེན་ཞིང་རྟག་ཆད་ཀྱི་ལྟ་བ་ངན་པའི་ལམ་ལ་སྟེགས་འཆའ་བས་ན་མུ་སྟེགས་པ་ཞེས་སོ། །དེ་ཡང་མུ་སྟེགས་པ་ལ་སོགས་པའི་ཐ་སྙད་དེ་རྣམས་དང་ཕྱིས་སུ་ཡོང་རྒྱུའི་རྒྱང་འཕེན་པ་དང་གྲངས་ཅན་པ་ལ་སོགས་པའི་ཐ་སྙད་དེ་རྣམས་ཕལ་ཆེར་ནང་པ་སངས་རྒྱས་པ་རང་གིས་ཕར

བཏགས་པ་ཙམ་ལས་རང་རང་གི་ཐ་སྙད་དེ་ལྟར་མི་བྱེད་དོ། །

བཞི་པ་དེ་ལ་དབྱེ་ན། དབྱེ་བ་མཐའ་ཡས་ཀྱང་དེ་དག་ཐམས་ཅད་ཀྱི་རྩ་བ་ནི་གྲངས་ཅན་པ་དང་གཞན་རྣམས་དེ་ལས་གྱེས་པ་ཡིན་ཏེ། དབུ་མ་འཇུག་པ་ལས། དེ་དབྱེ་ཅུང་ཟད་ཅུང་ཟད་ལ་བརྟེན་ནས། །མུ་སྟེགས་ཅན་རྣམས་ལུགས་ནི་ཐ་དད་འགྱུར། །ཞེས་གསུངས་པར་ལྟར་གྲགས་ཅན་པས་བཏགས་པའི་བདག་དེའི་ཁྱད་པར་ལས་ཅུང་ཟད་ཅུང་ཟད་བསྒོན་འབྲིའི་ཚུལ་མི་འདྲ་བ་ལ་བརྟེན་ནས་མུ་སྟེགས་ཅན་རྣམས་ཀྱི་ལུགས་ཕན་ཚུན་ཐ་དད་པར་འགྱུར་རོ། །དེས་ན་ཕྱི་རོལ་པའི་གྲུབ་མཐའ་ལ་དབྱེ་བ་འབྱེད་ལུགས་མང་དུ་ཡོད་ལ་ལྟ་བ་ངན་པ་ཡང་བགྲང་གིས་མི་ལང་བ་ཞིག་ཡོད་དེ། དཔལ་ལྡན་ཆོས་ཀྱིས་གྲགས་པས། ལོག་པའི་ལམ་ལ་མུ་མེད་ཕྱིར། ཞེས་གསུངས་པ་ལྟར་ཕྱིར་ལོག་རྟོག་གི་ལྟ་བ་ངན་པ་ལ་འདི་ཕྱུང་དང་འདི་མི་འབྱུང་ཞེས་ཁ་ཚོན་གཅོད་དཀའ་བས་ཕྱི་རོལ་པ་ལ་མཐའ་གཅིག་ཏུ་གྲངས་ངེས་བཟུང་བར་མི་རིགས་ཀྱང་བོད་ཀྱི་མཁས་པ་སྤྱ་མ་ཕལ་ཆེ་བའི་གཞུང་ལས། གྲངས་ཅན་པ། ཅེ་བྲག་པ། རིག་པ་ཅན། དཔྱོད་པ་བ། གཅེར་བུ་བ། རྒྱང་འཕེན་པ་རྣམས་ལ་རྩ་བའི་སྡེ་དྲུག་ཅེས་གསུངས་ལ། མུ་སྟེགས་པ་ཀུན་དེའི་ནང་དུ་འདུས་ཤིང་། དེ་ཡང་བསྡུན་རྟག་ཆད་ཀྱི་སྡེ་གཉིས་སུ་མ་འདུས་པ་མེད་དོ། །དེ་དག་ལས་དང་པོ་ལྔ་ནི་རྟག་པར་ལྟ་བ་དང་ཕྱི་མ་ནི་ཆད་པར་ལྟ་བ་ཡིན་ནོ། །

ཚིག་འགྲེལ།

བསྐལ་པ་རྫོགས་ལྡན། 《མངོན་པ་མཛོད་》ཀྱི་ལེའུ་གསུམ་པ་ནས་གསུངས་པ་ལྟར་ན། བསྐལ་པ་དང་པོའི་མི་རྣམས་རང་བཞིན་གྱིས་སྲོག་གཅོད་པ་དང་། མ་བྱིན་ལེན་པ། མི་ཚངས་སྤྱོད་པ། རྫུན་སྨྲ་བ་བཅས་རྩ་བ

བཞི་སྤྱངས་ནས་མི་རྣམས་བདེ་སྐྱིད་ཞི་བདེའི་དཔལ་ལ་རོལ་བའི་དུས་དེར་བསྐལ་པ་རྫོགས་ལྡན་ཞེས་བརྗོད། དེའི་ཡུན་ཚད་ལ《དུས་འཁོར་》ལས་སྟོང་པ་སྟོང་པ་མཁའ་ཀླུ་ལག་པ་ཐུབ་པ་རི་བོང་ཅན་ནི་རྫོགས་ལྡན་དུས་ཀྱི་ཚད་ཡིན་ནོ་ཞེས་པ་ལྟར་མི་ལོ1728000ཡོད། དེའི་དུས་སངས་རྒྱས་སྟོང་གི་དང་པོ་རྣམ་འདྲེན་འཁོར་བ་འཇིག་བྱོན།

བསྐལ་པ་གསུམ་ལྡན། གོང་དུ་བཤད་པའི་རྩ་བ་ཞི་ལས་གསུམ་ཙམ་རང་བཞིན་གྱིས་སྤྱངས་པས་ན་དེ་ལྟར་བརྗོད། 《དུས་འཁོར་》ལས། མཁའ་མཁའ་སྟོང་པ་རོ་དང་དགུ་ལག་པ་ཉིན་མོར་བྱེད་པ་གསུམ་ལྡན་ལོ་ཡི་གྲངས་སུ་བསྒྲགས་ཞེས་པ་ལྟར་མི་ལོ1296000ཡོད། དེའི་དུས་རྣམ་འདྲེན་གཉིས་པ་གསེར་ཐུབ་བྱོན།

བསྐལ་པ་གཉིས་ལྡན། གོང་དུ་བཤད་པའི་རྩ་བ་བཞི་ལས་གཉིས་ཙམ་རང་བཞིན་གྱིས་སྤྱངས་པས་ན་དེ་ལྟར་བརྗོད《དུས་འཁོར་》ལས། སྟོང་པ་སྟོང་པ་མཁའ་དང་རིག་བྱེད་རོ་སྟོ་འགྲོ་གཉིས་ལྡན་ལོ་ནི་ཡང་དག་གོ་ཞེས་པ་ལྟར་མི་ལོ864000ཡོད། དེ་དུས་རྣམ་འདྲེན་གསུམ་པ་འོད་སྲུངས་བྱོན།

རྩོད་ལྡན། གོང་དུ་བཤད་པའི་རྩ་བ་བཞི་ཉམས་ནས་མི་དགེ་བའི་ལས་ལམ་བག་མེད་དུ་སྤྱོད་པའི་དུས་དེར་བརྗོད་པ་ཡིན། 《དུས་འཁོར་》ལས། སྟོང་པ་ནམ་མཁའ་མཁའ་དང་ལག་པ་དང་ཡོན་ཏན་ཆུ་གཏེར་རྩོད་ལྡན་ལོ་ཡི་གྲངས་ཞེས་པ་ལྟར་མི་ལོ432000ཡོད། དེ་དུས་རྣམ་འདྲེན་བཞི་པ་སངས་རྒྱས་ཤཱཀྱ་ཐུབ་པ་བྱོན།

འཇིག་རྟེན། སྣོད་འཇིག་པའི་ཆོས་ཅན། བཅུད་བརྟེན་པའི་གང་ཟག་གཉིས་འདུས་པར་བརྗོད།

ཞི་གནས། ཕྱི་རོལ་ཡུལ་ལ་སེམས་གཡེང་བ་ཞི་བར་བྱས་ནས་རང་གི་

སྒོམ་བྱའི་ཏིང་ངེ་འཛིན་ལ་སེམས་རྩེ་གཅིག་ཏུ་གནས་པ།

རྟོག་གེ། རྟོག་པས་བརྟགས་པའི་རིག་པ། རྟགས་སམ་རྒྱུ་མཚན་ལ་བརྟེན་ནས་ལྐོག་གྱུར་གྱི་དོན་སྤྱི་ཙམ་ཞིག་རྟོགས་པའི་རིག་པ།

མཐོ་རིས། སྤྱིར་མཐོ་རིས་ཀྱི་སྐད་དོད་དུ་ཧཱུྃ་ཞེས་པ་སྟེ་མཐོན་པོར་བརྟེན་པའི་དོན་གྱིས་ལྷ་དང་མིའི་གོ་འཕང་ངོ། །

《ཁྱད་པར་འཕགས་བསྟོད་》 རྒྱ་གར་གྱི་སློབ་དཔོན་མཐོ་བཙུན་གྲུབ་རྗེས་མཛད་པའི་མུ་སྟེགས་པའི་སྟོན་པ་དང་ལྷ་རྣམས་ལས་ནང་པ་སངས་རྒྱས་པའི་སྟོན་པ་ཁྱད་དུ་འཕགས་པ་དཔེ་དོན་གཉིས་སྦྱར་ནས་བསྟོད་པ་མཛད་པ་ཞིག བསྟན་པ་ཕྱི་དར་གྱི་སྐབས་ལོ་ཙཱ་བ་རྨ་རིན་ཆེན་མཆོག་གིས་བསྒྱུར་བ། བསྟན་འགྱུར་པོད་[ཀ་]བསྟོད་ཚོགས་ཀྱི་འགོར་ཡོད།

མངོན་ཤེས་ལྔ། ལྷའི་མིག་གི་མངོན་ཤེས། ལྷའི་རྣ་བའི་མངོན་ཤེས། སྔོན་གནས་རྗེས་དྲན་གྱི་མངོན་ཤེས། རྫུ་འཕྲུལ་གྱི་མངོན་ཤེས། གཞན་སེམས་ཤེས་པའི་མངོན་ཤེས་རྣམས་སོ། །

《དབུ་མ་འཇུག་པ་》 དབུ་མ་ལ་འཇུག་པ་སྟེ་དབུ་མའི་བསྟན་བཅོས《རྩ་བ་ཤེས་རབ་》ལ་འཇུག་ཚུལ་ཟབ་པ་དང་རྒྱ་ཆེ་བ་གཉིས་ཀྱི་སྒོ་ནས་བསྟན་པ་རྒྱ་གར་གྱི་སློབ་དཔོན་ཆེན་པོ་དཔལ་ལྡན་ཟླ་བ་གྲགས་པས་མཛད་པའི་རྩ་འགྲེལ་གཉིས་ལྡན་གྱི་གཞུང་ཞིག

དཔལ་ལྡན་ཆོས་ཀྱི་གྲགས་པ། རྒྱན་དྲུག་མཆོག་གཉིས་ཀྱི་ཡ་གྱལ་སློབ་དཔོན་ཕྱོགས་ཀྱི་གླང་པོའི་སློབ་མ་སློབ་དཔོན་དབང་ཕྱུག་སྡེའི་དངོས་སློབ་ཡིན། དུས་རབས་དྲུག་པ་བདུན་པ་ཙམ་དུ་རྒྱ་གར་དུ་བྱོན་པའི་ཚད་མ་ལ་ཤིན་ཏུ་མཁས་པའི་སློབ་དཔོན་ཞིག བརྩམས་ཆོས་སུ་བསྟན་བཅོས་མང་པོ་ཡོད་ཀྱང་། ཡོངས་གྲགས་སུ《ཚད་མ་རྣམ་འགྲེལ་》《ཚད་མ་རྣམ་ངེས་》

《རིགས་པའི་ཐིགས་པ་》བཅས་གསུམ་ལ་རྩ་བ་ལུས་ལྟ་བུའི་བསྟན་བཅོས་གསུམ་ཞེས་ཟེར་ཞིང་། 《གཏན་ཚིགས་ཐིགས་པ་》《འབྲེལ་པ་བརྟག་པ་》《རྒྱུད་གཞན་སྒྲུབ་པ་》《རྩོད་པ་རིགས་པ་》བཞི་ལ་འཕྲོས་པ་ཡན་ལག་ལྟ་བུའི་བསྟན་བཅོས་བཞི་ཞེས་ཟེར། དེ་རྣམས་བསྟན་འགྱུར་མདོ་ཕྱོགས་པོད་[ཅེ་]པར་ཡོད།

རྟག་པར་ལྟ་བ། མེད་པ་ཡོད་པར་འཛིན་པའི་རྟག་པར་ལྟ་བའི་མཐའ་དེ་ཡིན། དཔེར་ན། བདག་རྟག་པ་མེད་བཞིན་དུ་ཡོད་པར་འཛིན་པ་ལྟ་བུའོ། །

ཆད་པར་ལྟ་བ། ཡོད་པ་མེད་པར་འཛིན་པའི་ཆད་པར་ལྟ་བའི་མཐའོ། །དཔེར་ན། ཤི་བའི་ཚེ་ན་བདག་རྒྱུན་ཆད་པར་འཛིན་པ་ལྟ་བུའོ། །

བསམ་གཞིགས་དྲི་བ།

༡. ཕྱིར་གྲུབ་མཐའ་ལ་སྨྲ་བའི་གྲུབ་མཐའ་གང་ཡིན་ནམ།

༢. ཕྱི་རོལ་པའི་གྲུབ་མཐའི་མཚན་ཉིད་གང་འདྲ་ཡིན་ནམ།

༣. མུ་སྟེགས་པ་ཞེས་པར་སྒྲ་བཤད་གྱིས་དང་།

༤. དབུ་མ་འཇུག་པ་ལས། དེ་དབྱེ་ཅུང་ཟད་ཅུང་ཟད་ལ་བརྟེན་ནས། །མུ་སྟེགས་ཅན་རྣམས་ལུགས་ནི་ཐ་དད་འགྱུར། །ཞེས་པར་ཚིག་འགྲེལ་སྟབས་བདེ་ཞིག་གྱིས་དང་།

༥. ཕྱི་རོལ་པའི་གྲུབ་མཐར་རྩ་བའི་སྡེ་དྲུག་ཏུ་དབྱེ་བ་དེ་གང་དང་གང་ཡིན་ནམ། དེ་རྣམས་རྟག་ཆད་གཉིས་སུ་འདུ་ཚུལ་ཇི་ལྟར་ཡིན་ནམ།

༡. གྲངས་ཅན་པ།

སྟོན་པ། ཕྱིར་གྲངས་ཅན་པའི་གྲུབ་མཐའ་འདི་ལ་སྟོན་པ་དྲང་སྲོང་སེར་སྐྱ་དང་། སྟོན་པ་ཚུ་ལྷུང་གཉིས་གྲགས་ཆེ་ཞིང་། དྲང་སྲོང་སེར་སྐྱ་ནི། སྔོན་ཚེ་ལོ་དཔག་མེད་ཀྱི་དུས་དྲང་སྲོང་སེར་སྐྱ་ཞེས་བྱ་བ་འདིས་བསྟི་གནས་སུ་བསྒོམས་པས་མངོན་ཤེས་ལྔ་དང་ལྡན་པར་གྱུར་ཏེ་ཤེས་བྱ་ཐམས་ཅད་བདག་དང་གཙོ་བོ་སོགས་ཉེར་ལྔར་གྲངས་ངེས་པར་གོ་ནས་རང་གིས་མཐོང་བའི་དེ་ཉིད་གཞན་ལ་བསྟན་ཕྱིར་གྲངས་ཅན་པའི་བསྟན་བཅོས་བརྩམས་པ་སོགས་སྐྱེས་སྟོབས་ཀྱི་ཤེས་རབ་ལྡན་པ་ཞིག་ཡིན། དེའི་རལ་པ་ཁ་དོག་སེར་སྐྱ་ཡིན་པས་སེར་སྐྱ་ཞེས་བརྗོད། སྟོན་པ་ཚུ་ལྷུང་ནི་གྲངས་ཅན་ཕྱི་མ་རྣམས་ཀྱིས་སྟོན་པར་འཛིན་པ་ཞིག་སྟེ། ལྷ་ཆེན་དབང་ཕྱུག་གིས་རྗེས་སུ་བཟུང་ནས《དབང་ཕྱུག་ནག་པོའི་རྒྱུད་སུམ་ཅུ་པ་དང་དྲུག་ཅུ་པ་》སོགས་བརྩམས་པའོ། །

མིང་གི་རྣམ་གྲངས། གྲངས་ཅན་པ། རང་བཞིན་རྒྱུར་སྨྲ་བ། གཙོ་བོ་པ། སེར་སྐྱ་པ་རྣམས་སོ། །དེ་ཡང་ཤེས་བྱ་ཐམས་ཅད་གྲངས་ཉེར་ལྔར་འདོད་པས་ན་གྲངས་ཅན་པ་དང་། རང་བཞིན་རྒྱུར་སྨྲ་བས་ན་རང་བཞིན་རྒྱུར་སྨྲ་བ་དང་གཙོ་བོ་མཐོང་དཀའ་བ་རྒྱུར་སྨྲ་བས་ན་གཙོ་བོ་པ་དང་། སྟོན་པ་སེར་སྐྱའི་རྗེས་སུ་འབྲངས་ནས་གྲུབ་མཐའ་སྨྲ་བས་ན་སེར་སྐྱ་པ་ཞེས་སོ། །

དབྱེ་བ། གྲངས་ཅན་པར་དབྱེ་ན། གྲངས་ཅན་ལྷ་མེད་པ་དང་གྲངས་ཅན་ལྷར་བཅས་པ་གཉིས་ཡོད། དང་པོ་ནི་དྲང་སྲོང་སེར་སྐྱའི་རྗེས་སུ་འབྲངས་པའི་གྲངས་ཅན་པ་སྔ་མ་རྣམས་ཏེ་འབྲས་བུ་རྣམས་རྒྱུ་དུས་ན་ཡོད་པ་རྐྱེན་གྱིས་མངོན་པར་གསལ་བར་སྨྲ་ཞིང་། དེ་ཡང་གཙོ་བོ་ཙམ་ལས་འབྱུང་

བར་འདོད་པ་ལས་ལྷ་དབང་ཕྱུག་སོགས་ཀྱི་བློ་གཡོ་བ་སྟོན་དུ་སོང་བ་མི་འདོད་པས་གྲངས་ཅན་ལྷ་མེད་པ་དང་། གཉིས་པ་ནི་སྟོན་པ་ཚུ་ཀླུང་གི་རྗེས་སུ་འབྲངས་པའི་གྲངས་ཅན་པ་ཕྱི་མ་རྣམས་ཏེ་རྒྱུ་འབྲས་རང་བཞིན་གཅིག་ཀྱང་རྣམ་འགྱུར་ཐ་དད་དུ་འགྱུར་བ་ནི་ལྷ་ཆེན་དབང་ཕྱུག་གིས་བྱིན་གྱིས་བརླབས་པར་འདོད་པས་གྲངས་ཅན་ལྷར་བཅས་པ་གཉིས་སོ། །འོན་ཀྱང་འདི་གཉིས་ཀྱི་འདོད་ཚུལ་ཕལ་ཆེར་མཐུན་པར་གསུངས་སོ། །

གྲུབ་མཐའི་འདོད་ཚུལ། ཤེས་བྱ་ཐམས་ཅད་ཉི་ཤུ་རྩ་ལྔར་གྲངས་ངེས་པར་འདོད་ལ། དེ་ཡང་བདག་དང་། གཙོ་བོ་དང་། ཆེན་པོ་དང་། ང་རྒྱལ་དང་། དེ་ཙམ་ལྔ་དང་། དབང་པོ་བཅུ་གཅིག་དང་། འབྱུང་བ་ལྔ་སྟེ་ཉི་ཤུ་རྩ་ལྔའོ། །དེ་ལས་གྲངས་ཅན་པས་འདོད་པའི་བཅིངས་འགྲོལ་གྱི་གཞིར་གྱུར་པའི་བདག་དེ་ནི་ཁྱད་པར་དགུ་དང་ལྡན་པའི་ཤེས་བྱ་ཞིག་ལ་འདོད་པ་ཡིན་ཏེ། ༡. དོན་སྙེད་པས་ན་ཤེས་པའི་ངོ་བོ། ༢. རྩོམ་པ་མེད་པའི་ཕྱིར་མི་སྐྱེ་བའི་ཆོས་ཅན། ༣. བདེ་སྡུག་ལ་ལོངས་སྤྱོད་པས་ཟ་བ་པོ། ༤. སྐྱེ་བ་དང་ཉམས་པ་མེད་པས་རྟག་པ། ༥. ས་གསུམ་འགྲོ་བ་ཐམས་ཅད་ལ་ཁྱབ་པས་ཁྱབ་པ། ༦. སྙིང་སྟོབས་སོགས་ཀྱི་མཚན་ཉིད་ཅན་མིན་པས་ཡོན་ཏན་མིན་པ། ༧. ཡུལ་ལ་ལོངས་སྤྱོད་པས་ཡུལ་ཅན། ༨. ཆ་ཤས་མེད་པས་གཅིག་པུ། ༩. ཐོག་མ་དང་ཐ་མ་མེད་པའི་ཕྱིར་མཐའ་མེད་པའི་མཚན་ཉིད་ཅན་སྟེ་ཁྱད་པར་དགུ་དང་ལྡན་པའོ། །དེ་ལྟ་བུའི་བདག་ཡོད་པ་གང་གིས་གྲུབ་ཅེ་ན། སྐྱེ་བུ་ཆོས་ཅན། བདག་ཡིན་ཏེ་བཅིང་ཐར་གྱི་རྟེན་བྱེད་པའི་ཕྱིར་ཞེས་པའི་རྟགས་ལ་བརྟེན་ནས་བདག་ཡོད་པར་གྲུབ་ཅིང་། དེ་འདྲའི་བདག་དེ་འཁོར་འདས་གཉིས་ཀའི་སྐབས་སུ་ཡོད་དེ། བདག་དེ་གྲོལ་བ་མ་ཐོབ་བར་སྲིའི་བློར་གནས་པ་དང་གྲོལ་བ་ཐོབ་ཚེ་ཡན་གར་བར་གནས

པས། བདག་དེ་ཡང་དེ་ལྟར་དབྱེ་བ་གཉིས་སུ་ཕྱེད་པ་ཡོད་དོ། །བདག་དང་། སྐྱེས་བུ་དང་ཤེས་པ་དང་། རིག་པ་བཞི་དོན་གཅིག་མིང་གི་རྣམ་གྲངས་སོ། །གཙོ་བོ་ནི་རྡུལ་མུན་སྙིང་སྟོབས་གསུམ་ཆ་མཉམ་པའི་སྐབས་ཀྱི་མི་གསལ་བའི་ངོ་བོར་གནས་པ་འབྲས་བུ་ཐམས་ཅད་ཀྱི་རྒྱུ་བྱེད་པ་ཞིག་གོ། །དེ་ཡང་ཁྱད་ཆོས་དྲུག་དང་ལྡན་པའི་ཤེས་བྱ་ཞིག་ཏུ་འདོད་པ་ཡིན་ཏེ། ༡.ལས་སོགས་ཀྱི་བྱེད་པ་པོ། ༢.མ་སྐྱེས་པས་རྟག་པ། ༣.ཆ་མེད་པས་གཅིག་པུ། ༤.སེམས་མེད་པས་ཡུལ་ཁོ་ན། ༥.སྟོད་བཅུད་ཐམས་ཅད་ལ་ཁྱབ་པ། ༦.ཡོན་ཏན་གསུམ་ཆ་མཉམ་པའི་ཤེས་བྱ་ཞིག་ལ་འདོད་དོ། །དེ་ལྟ་བུའི་གཙོ་བོ་ཡོད་པ་གང་གིས་གྲུབ་ཅེ་ན་གསལ་བ་རྣམས་ཆོས་ཅན། ཡོན་ཏན་གསུམ་ཆ་མཉམ་པའི་ནུས་པའི་ངོ་བོར་གྲུབ་པའི་གཙོ་བོ་ཡོད་དེ། དངོས་པོ་ཁྱད་པར་བ་རྣམས་ལ་ཚད་ཡོད་པའི་ཕྱིར་དང་། ཕན་ཚུན་རྗེས་སུ་འགྲོ་བའི་ཕྱིར་དང་། ནུས་པའི་སྒོ་ནས་འཇུག་པའི་ཕྱིར་དང་། རྒྱུ་འབྲས་དབྱེར་ཡོད་པའི་ཕྱིར་དང་། རང་བཞིན་སྣ་ཚོགས་དབྱེར་མེད་པའི་ཕྱིར་ཞེས་སྤྱི་གཙོ་བོ་སྒྲུབ་བྱེད་ཀྱི་གཏན་ཚིགས་ལྔ་བཀོད་པ་ཡིན་ཏེ། ཇི་སྐད་དུ། ཁྱད་པར་ཚད་ཕྱིར་རྗེས་འགྲོའི་ཕྱིར། ནུས་པའི་སྒོ་ནས་འཇུག་པའི་ཕྱིར། རྒྱུ་དང་འབྲས་བུ་དབྱེར་ཡོད་ཕྱིར། རང་བཞིན་སྣ་ཚོགས་དབྱེར་མེད་ཕྱིར། མི་གསལ་བ་ཡི་རྒྱུ་ཡོད་དོ། །ཞེས་ཟེར་རོ། །རྩ་བའི་རང་བཞིན་དང་། སྤྱི་དང་། གཙོ་བོ་དང་། སྤྱི་གཙོ་བོ་རྣམས་དོན་གཅིག་མིང་གི་རྣམ་གྲངས་ཡིན། བློ་དང་ཆེན་པོས་ནི་མིང་གི་རྣམ་གྲངས་ཡིན་ལ་དེ་ནི་སེམས་མེད་པའི་བེམ་པོ་ཞིག་སྟེ། བློ་ལ་བེམ་པོ་ཁྱབ་པ་དང་། ཤེས་པ་ཡིན་ན་བདག་ཡིན་དགོས་པར་འདོད་པ་ཡིན། དེ་ནི་ཕྱི་ནས་ཡུལ་དང་། ནང་ནས་སྐྱེས་བུའི་གཟུགས་བརྙན་འཆར་བའི་མེ་ལོང་ངོས་གཉིས་པ་ལྟ་བུ་ཞིག་ལ་འདོད་དོ། །ང་རྒྱལ་ནི། ངར་འཛིན་པའི་རྣམ་པ་ཅན་ཞིག་གོ། །དེ་ལ

དབྱེ་ན་རྣམ་པར་འགྱུར་བ་ཅན་གྱི་ང་རྒྱལ་དང་། སྙིང་སྟོབས་ཅན་གྱི་ང་རྒྱལ་དང་། མུན་པ་ཅན་གྱི་ང་རྒྱལ་ཏེ་གསུམ་མོ། །དེ་ཙམ་ལྔ་ནི། གཟུགས་སྒྲ་དྲི་རོ་རེག་བྱ་ལྔའོ། །དབང་པོ་བཅུ་གཅིག་ནི་བློའི་དབང་པོ་ལྔ་དང་། ལས་ཀྱི་དབང་པོ་ལྔ་དང་། ཡིད་ཀྱི་དབང་པོའོ། །བློའི་དབང་པོ་ལྔ་ནི་མིག་དང་། རྣ་བ་དང་། སྣ་དང་། ལྕེ་དང་། པགས་པའི་དབང་པོ་རྣམས་སོ། །ལས་ཀྱི་དབང་པོ་ལྔ་ནི། ངག་དང་། ལག་པ་དང་། རྐང་པ་དང་། རྐུབ་དང་། འདོམས་རྣམས་སོ། །འབྱུང་བ་ལྔ་ནི་ས་ཆུ་མེ་རླུང་ནམ་མཁའ་རྣམས་སོ། །ཤེས་བྱ་ཉེར་ལྔ་དེ་དག་ཐེམ་ཤེས་གཉིས་སུ་དབྱེ་བ་དང་། བདེན་པ་གཉིས་སུ་དབྱེ་བ་དང་། རྒྱུ་སོགས་མུ་བཞིར་དབྱེ་བ་དང་། སྐྱེ་ཚུལ་བཤད་པ་དང་། འཇིག་པའི་ཚུལ་བཤད་པ་སྟེ་ལྔའོ། །༡. དེ་དག་ལས་སྐྱེས་བུ་ནི་ཤེས་པ་དང་། ལྷག་མ་ཉེར་བཞི་འདུས་བསགས་ཡིན་པས་ཐེམ་པོར་འདོད་དོ། །༢. ཤེས་བྱ་ཉེར་ལྔ་ལས་གཙོ་བོ་དང་། སྐྱེས་བུ་ནི་དོན་དམ་བདེན་པ་དང་བདེན་པར་འདོད་ཅིང་། གཞན་རྣམས་ཀུན་རྫོབ་བདེན་པ་དང་རྫུན་པར་འདོད་དོ། །དེ་ཡང་ཤེས་བྱ་ལ་གསལ་མི་གསལ་གཉིས་སུ་དབྱེ་བ་ལས་མི་གསལ་བའི་ཤེས་བྱ་དོན་དམ་བདེན་པ་དང་། གསལ་བའི་ཤེས་བྱ་ཀུན་རྫོབ་བདེན་པར་གྲུབ་པའམ་ཡང་ན་རང་རྩོམ་བྱེད་ཀྱི་རྒྱུ་ཡོད་མེད་གཉིས་ལས། རང་རྩོམ་བྱེད་ཀྱི་རྒྱུ་མེད་པའི་ཤེས་བྱ་དེ་དོན་དམ་བདེན་པ་དང་། རང་རྩོམ་བྱེད་ཀྱི་རྒྱུ་ཡོད་པ་དེ་ཀུན་རྫོབ་བདེན་པ་ཡིན། ༣. ཤེས་བྱ་ཉེར་ལྔ་པོ་དེ་དག་རྒྱུ་སོགས་མུ་བཞིར་བཤད་པ་ནི། རྒྱུ་ཡིན་ལ་འབྲས་བུ་མ་ཡིན་པ། རྒྱུ་འབྲས་གཉིས་ཀ་ཡིན་པ། འབྲས་བུ་ཡིན་ལ་རྒྱུ་མ་ཡིན་པ། རྒྱུ་འབྲས་གཉིས་ཀ་མ་ཡིན་པའི་མུ་དང་བཞི་ཡོད་དེ། དང་པོ་ནི། སྤྱི་གཙོ་བོ་དང་། གཉིས་པ་ནི། བློ་དང་ང་རྒྱལ། དེ་ཙམ་ལྔ་སྟེ་བདུན་དང་། གསུམ་པ་ནི། དབང་པོ་བཅུ་གཅིག་དང་འབྱུང་བ

ལྷ་སྟེ་བཅུ་དྲུག་དང་། བཞི་པ་ནི། སྐྱེས་བུའོ། །དེ་ཡང་དབང་ཕྱུག་ནག་པོའི་རྒྱུད་ལས། རྩ་བའི་རང་བཞིན་རྣམ་པར་འགྱུར་མིན་ལ། །ཆེན་པོ་སོགས་བདུན་རང་བཞིན་རྣམ་འགྱུར་ཞིང་། །བཅུ་དྲུག་པོ་ནི་རྣམ་པར་འགྱུར་བ་སྟེ། །སྐྱེས་བུ་རང་བཞིན་མ་ཡིན་རྣམ་འགྱུར་མིན། །ཞེས་བཤད་པ་ལྟར་རོ། ། ༩. ལྷག་མ་ཉེར་གསུམ་གྱི་སྐྱེ་ཚུལ་ནི། གང་གི་ཚེ་སྐྱེས་བུ་དེས་སྒྲ་ལ་སོགས་པའི་ཡུལ་ཉེ་བར་ལོངས་སྤྱོད་པའི་འདོད་པ་སྐྱེས་པ་ན། རྩ་བའི་རང་བཞིན་གྱིས་སྒྲ་ལ་སོགས་པའི་རྣམ་འགྱུར་རྣམས་སྤྲུལ་པར་བྱེད་དོ། །དེ་ཡང་གཙོ་བོ་ལས་ཆེན་པོ་དང་། དེ་ལས་ང་རྒྱལ་སྐྱེ་ཞིང་ང་རྒྱལ་ལ་གསུམ་ཡོད་པ་ལས། རྣམ་པར་འགྱུར་བ་ཅན་གྱི་ང་རྒྱལ་ལས། དེ་ཙམ་ལྔ་སྐྱེ་ཞིང་། དེ་ལས་འབྱུང་བ་ལྔ་སྐྱེ་བ་ཡིན་ཏེ་སྒྲ་ལས་ནམ་མཁའོ། །རེག་བྱ་ལས་རླུང་ངོ་། །གཟུགས་ལས་མེའོ། །རོ་ལས་ཆུའོ། །དྲི་ལས་སའོ། །སྙིང་སྟོབས་ཅན་གྱི་ང་རྒྱལ་ལས་དབང་པོ་བཅུ་གཅིག་སྐྱེའོ། །མུན་པ་ཅན་གྱི་ང་རྒྱལ་ནི་ང་རྒྱལ་གཞན་གཉིས་ཀའི་འཇུག་བྱེད་ཡིན་ཟེར་རོ། །དེ་ཡང་དཔེར་ན། བྲམ་ཟེ་ཁྱོ་ཀ་གཅིག་ལ་ཆུང་མ་བྲམ་ཟེ་མོ་ཞིག་དང་དམངས་མོ་ཞིག་སྟེ་གཉིས་ཡོད་ལ། བྲམ་ཟེ་མོ་ལས་བུ་བཅུ་གཅིག་བཙས་ཤིང་། དམངས་མོ་ལས་བུ་ལྔ་བཙས་པ་ལྟ་བུ་སྟེ། དེ་ལས་བྲམ་ཟེ་མོ་ནི་སྙིང་སྟོབས་ཅན་གྱི་ང་རྒྱལ་དང་བུ་བཅུ་གཅིག་ནི་དབང་པོ་བཅུ་གཅིག་ལྟ་བུ་དང་། དམངས་མོ་ནི་རྣམ་པར་འགྱུར་བ་ཅན་གྱི་ང་རྒྱལ་དང་། བུ་ལྔ་ནི་དེ་ཙམ་ལྔ་ལྟ་བུའོ། །བྲམ་ཟེ་ནི་མུན་པ་ཅན་གྱི་ང་རྒྱལ་དང་ཆུང་མ་དེ་གཉིས་ཀྱི་བརྟེན་སའམ་འཇུག་ས་ལྟ་བུ་ཡིན་ཟེར་རོ། དེ་དག་དབང་ཕྱུག་ནག་པོའི་རྒྱུད་ལས། རང་བཞིན་ལས་ཆེན་དེ་ལས་ང་རྒྱལ་ཏེ། དེ་ལས་ཚོགས་ནི་རྣམ་པ་བཅུ་དྲུག་པོ། བཅུ་དྲུག་པོ་ནི་དེ་དག་རྣམས་ལས་ཀྱང་། ལྔ་པོ་རྣམས་ལས་འབྱུང་བ་ཆེན་པོ་ལྔ། ཞེས་བཤད་དོ། ། ༥. འཇིག་པའི

ཚུལ་བཤད་པ་དེ་གཙོ་བོ་གྲངས་ཅན་པའི་ཐར་པ་ཐོབ་ཚུལ་ཏེ། དེ་ཡང་ཡོང་བ་ཀང་ཅན་ལྷ་བུའི་རང་བཞིན་དང་། ཞ་བོ་མིག་ལྡན་ལྷ་བུའི་སྐྱེས་བུ་གཉིས་གཅིག་ཏུ་འབྲེལ་ཏེ། རྣམ་འགྱུར་རྣམས་རྩ་བའི་རང་བཞིན་གྱིས་སྤྲུལ་པའི་ཚུལ་མ་ཤེས་པའི་དབང་གིས་འཁོར་བར་འཁོར་བར་འདོད་དོ། ནམ་ཞིག་བླ་མས་ཉེར་བར་བསྟན་པའི་མན་ངག་ཐོས་པ་ལ་བརྟེན་ནས་རྣམ་འགྱུར་འདི་དག་རྩ་བའི་རང་བཞིན་གྱིས་སྤྲུལ་པ་ཙམ་དུ་ཟད་དོ་ཞེས་ངེས་ཤེས་ལྷག་པར་སྐྱེས་པ་ན། རིམ་གྱིས་ཡུལ་གྱི་ཉེས་དམིགས་མཐོང་ནས་ཡུལ་ལ་ཆགས་པ་དང་བྲལ་བར་གྱུར་པ་དེའི་ཚེ་བསམ་གཏན་བསྒོམ་ཞིང་དེ་ལ་བརྟེན་ནས་ལྷ་ཡི་མིག་གི་མངོན་ཤེས་འཐོབ་པར་འགྱུར་ལ། མངོན་ཤེས་ཀྱིས་གཙོ་བོ་ལ་བལྟས་པ་ན་གཙོ་བོ་དེ་གཞན་གྱི་བུད་མེད་ལྟར་ངོ་ཚ་བས་སྐྱེངས་ཏེ་རྣམ་འགྱུར་གསར་པ་མི་སྤྲུལ་ཞིང་སྙིང་པ་རྣམས་སྐྱེ་བའི་རིམ་པ་ལས་བཟློག་ནས་གཙོ་བོ་ལ་ཐིམས་པའམ་ཞི་བར་གྱུར་བའོ། དེ་ཡང་འབྱུང་བ་རྣམས་དེ་ཙམ་ལ་ཐིམས་སོ། དེ་ཙམ་ནི་ང་རྒྱལ་ལའོ། དབང་པོ་རྣམས་ང་རྒྱལ་ལའོ། ང་རྒྱལ་ནི་བློ་ལའོ། །བློ་ནི་གཙོ་བོ་ལ་ཐིམས་པ་སྟེ། དེ་དང་དེའི་རང་བཞིན་ལ་འཇིག་པའོ། །སླར་མངོན་ཤེས་ཀྱིས་གཙོ་བོ་ལ་ཆེད་བལྟས་བྱས་པས་ན་གཙོ་བོ་དེ་ཡང་སྐྱེངས་པའི་ཚུལ་གྱིས་སྐྱེས་བུ་དང་བྲལ་བར་གྱུར་ལ་སྐྱེས་བུས་ཡུལ་ལ་ལོངས་སྤྱོད་པ་མེད་ཅིང་བྱེད་པ་མེད་པར་བདག་འབའ་ཞིག་ཏུ་གནས་པ་དེའི་ཚེ་ཐར་པ་ཐོབ་པ་ཡིན་ཞེས་འདོད་དོ། །དེ་ཡང་དཔེར་ན། མཚན་མོ་མུན་ནག་གིས་ཁྱབ་པའི་ཁང་པའི་ནང་དུ་སྐྱེས་བུ་འདོད་ཆགས་ཅན་དང་བུད་མེད་མཛེ་ཅན་ཞིག་དགའ་བ་དང་བཅས་པ་ལས་སྐྱེས་བུ་དེར་མཛེ་ནད་བགོས་ཏེ་སྡུག་བསྔལ་མི་བཟོད་པ་མྱོང་བ་བཞིན་དང་། གང་གི་ཚེ་ནམ་ལངས་པ་ན་བུད་མེད་མཛེ་ཅན་ཡིན་པ་ཤེས་པ་དེའི་ཚེ་སྐྱེས་བུ་དེ་ནམ་ཡང་དེ་དང་ལྷན་ཅིག་འདྲིས་པར་མི་བྱེད་ཅིང་།

བྱད་མེད་དེ་ར་ཆེར་བལྟས་བྱས་པས་ངོ་ཚ་བས་སྐྱེངས་ཏེ་འདོད་ཆགས་ཀྱི་རྣམ་འགྱུར་རྣམས་ཉེ་བར་བསྡུས་ནས་བྲོས་པ་བཞིན་ནོ། །དེ་ལྟར་ཡང་གྲངས་ཅན་པའི་གཞུང་ལས། དེ་ཉིད་ནི་ཤུ་རྩ་ལྔ་ལེགས་ཤེས་ན། རལ་པའམ་མགོ་ཟླུམ་ཅོད་པན་ཅན། །གནས་ནི་གང་དང་གང་གནས་ཀྱང་། །གྲོལ་འགྱུར་འདི་ལ་ཐེ་ཚོམ་མེད། །ཅེས་སོ། །

གྲངས་ཅན་པས་ཚད་མ་ལ་མངོན་སུམ་ཚད་མ། རྗེས་དཔག་ཚད་མ། སྒྲ་བྱུང་གི་ཚད་མ་གསུམ་དུ་འདོད་དོ། །

ཚིག་འགྲེལ།

《དབང་ཕྱུག་ནག་པོའི་རྒྱུད་སུམ་ཅུ་པ་དང་དྲུག་ཅུ་པ་》གྲངས་ཅན་ཕྱི་མ་རྣམས་ཀྱིས་ཡིད་ཆེས་པའི་ལུང་གི་ཚད་མར་འདོད་པ་ཞིག་སྟེ། ལྷ་ཆེན་དབང་ཕྱུག་གི་རྗེས་སུ་བཟུང་བའི་དྲང་སྲོང་རྩ་ཀླུང་གིས་བརྩམས་པའོ། །དེས《དབང་ཕྱུག་ནག་པོའི་རྒྱུད་སུམ་ཅུ་པ་དང་དྲུག་ཅུ་པ་》སོགས་བརྩམས་ནས་གྲངས་ཅན་ཕྱི་མ་སྟེ་གྲངས་ཅན་ལྷར་བཅས་པ་རྣམས་ཀྱིས་སྟོན་པར་འཛིན་པའོ། །ནང་དོན་གཙོ་བོ་ནི་རྒྱུ་འབྲས་རང་བཞིན་གཅིག་ཀྱང་རྣམ་འགྱུར་ཐ་དད་དུ་འགྱུར་པ་གཙོ་བོ་ཁོ་ནས་བྱས་པ་མ་ཡིན་ཏེ། གཙོ་བོ་ལ་སེམས་མེད་པའི་ཕྱིར། སེམས་མེད་ན་བྱིན་གྱིས་རློབས་པ་པོ་མེད་ཅིང་། དེ་མེད་ན་འབྲས་བུ་རྫོམ་པར་མི་བྱེད་པའི་ཕྱིར། དེས་ན་དབང་ཕྱུག་ཉིད་གཙོ་བོ་ལ་ལྟོས་ནས་འབྲས་བུ་རྣམས་བྱིན་གྱིས་བརླབས་པར་འདོད་པ་ཡིན་ཟེར།

རང་བཞིན། རང་བཞིན་དང་རྒྱུ་དོན་གཅིག །

རྣམ་འགྱུར། རྣམ་འགྱུར་དང་འབྲས་བུ་དོན་གཅིག །

བསམ་གཏན། སེམས་ཕྱི་རོལ་ཡུལ་ལ་གཡེང་བ་ཞི་བྱས་ནས་རང་གི

སྒོམ་བྱའི་དམིགས་པ་ལ་སེམས་རྩེ་གཅིག་ཏུ་གནས་པའོ། །

ལྷའི་མིག་གི་མངོན་ཤེས། མངོན་ཤེས་དྲུག་གི་ནང་ཚན་ཞིག་སྟེ། རང་གི་བདག་རྐྱེན་དུ་གྱུར་པའི་ལྷའི་མིག་ལ་བརྟེན་ནས་སྐྱེས་ཤིང་འཇིག་རྟེན་ཁམས་ཀྱི་གཟུགས་ཕྲ་རགས་མངོན་སུམ་དུ་མཐོང་བ་ཞིག་གོ། །དཔེར་ན། ཤི་ནས་གར་སྐྱེས་ཀྱི་གཟུགས་ལ་སོགས་པ་ཡུལ་དུས་ཀྱིས་བསྐལ་པའི་ལྐོག་གྱུར་གྱི་གཟུགས་ཀྱང་མཐོང་བའོ། །

བསམ་གཞིགས་དྲི་བ།

༡. གྲངས་ཅན་པའི་སྟོན་པ་སུ་ཡིན་ནམ།

༢. 《དབང་ཕྱུག་ནག་པོའི་རྒྱུད་སུམ་ཅུ་པ་དང་དྲུག་བཅུ་པ་》སུས་བརྩམས་པ་ཡིན་ནམ།

༣. གྲངས་ཅན་པ་དང་རང་བཞིན་རྒྱུར་སྨྲ་བ་ཞེས་པར་སྒྲ་བཤད་བྱེད་དགོས།

༤. གྲངས་ཅན་པར་དབྱེ་ན་གང་དང་གང་ཡོད་དམ།

༥. ཤེས་བྱ་ཉེར་ལྔ་དེ་དག་བེམ་ཤེས་གཉིས་སུ་དབྱེ་ཚུལ་ཇི་ལྟར་ཡིན་ནམ། དེ་ལྟར་དབྱེ་བའི་རྒྱུ་མཚན་གང་ཡིན་ནམ།

༦. ཤེས་བྱ་ཉེར་ལྔ་དེ་དག་བདེན་པ་གཉིས་སུ་དབྱེ་ཚུལ་ཇི་ལྟར་ཡིན་ནམ། དེ་ལྟར་དབྱེ་བའི་རྒྱུ་མཚན་གང་ཡིན་ནམ།

༧. ཤེས་བྱ་ཉེར་ལྔ་དེ་དག་རྒྱུ་སོགས་མུ་བཞིར་དབྱེ་ཚུལ་ཇི་ལྟར་ཡིན་ནམ།

༣. བྱེ་བྲག་པ་དང་རིག་པ་ཅན།

བྱེ་བྲག་པའི་སྟོན་པ། དྲང་སྲོང་འུག་པ་དང་། དྲང་སྲོང་གཟེགས་ཅན་གཉིས་སྟོན་པར་འདོན་ཅིང་དེ་ཡང་འུག་པ་ལྷར་འཁྲུལ་ནས་ཚིག་དོན་དྲུག་ཉིད་པ་ལ་སློམ་པས་ན་དྲང་སྲོང་འུག་པ་དང་། གཞན་གྱིས་བོར་བའི་གཟེགས་མ་ཟ་ཞིང་བརྟུལ་ཞུགས་སྤྱོད་པས་ན་དྲང་སྲོང་གཟེགས་ཟན་ཞེས་བྱའོ། །

མིང་གི་རྣམ་གྲངས། བྱེ་བྲག་པ་དང་། འུག་པ་བ་དང་། འུག་ཕྲུག་པ་དང་། གཟེགས་ཟན་པ་རྣམས་སོ། །དེ་ཡང་བྱེ་བྲག་པ་ཞེས་པར་སྒྲ་བཤད་བྱེད་ཚུལ་གཉིས་ཏེ། ཚིག་དོན་དྲུག་གི་སྤྱི་བྱེ་བྲག་གི་ཁྱད་པར་མང་དུ་སྨྲ་བས་ན་བྱེ་བྲག་པ་དང་། སྟོན་པ་གཟེགས་ཟན་གྱིས་བརྩམས་པའི་《བྱེ་བྲག་གསལ་བའི་མདོའི》རྗེས་སུ་འབྲངས་ནས་གྲུབ་མཐའ་སྨྲ་བས་ན་བྱེ་བྲག་པ་ཞེས་བྱའོ། །འུག་པ་བ་དང་། འུག་ཕྲུག་པ་དང་། གཟེགས་ཟན་པ་རྣམས་ནི་སྟོན་པ་དེ་དང་དེའི་རྗེས་སུ་འབྲངས་ནས་གྲུབ་མཐའ་སྨྲ་བས་ན་དེ་ལྟར་བརྗོད།

རིག་པ་ཅན་པའི་སྟོན་པ། དྲང་སྲོང་རྐང་མིག་པ་སྟེ། ལྷ་ཆེན་དབང་ཕྱུག་གིས་དྲང་སྲོང་མཛེས་པ་ཞེས་བྱ་བ་དེ་རང་གི་བཙུན་མོ་ཨུ་མ་བསྲུང་བར་བཞག་པའི་ཚེ་ཨུ་མ་དེ་ལ་ཆགས་ནས་མདུན་དུ་འདུག་སྟེ་རྣམ་འགྱུར་སྣ་ཚོགས་བསྟན་ཀྱང་དྲང་སྲོང་དེས་མིག་རྐང་པར་ཕབ་སྟེ་བརྟུལ་ཞུགས་སྲུངས་པས་ལྷ་ཆེན་མཉེས་ནས་གཞུང་རྩོམ་པ་ལ་དབང་བསྐུར་བས་དེ་ནས་དྲང་སྲོང་རྐང་མིག་པར་གྲགས།

མིང་གི་རྣམ་གྲངས། རིག་པ་ཅན་དང་། རྐང་མིག་པ་ཞེས་ཟེར། དེ་ཡང་། དྲང་སྲོང་རྐང་མིག་གིས་བྱས་པའི《རིག་པའི་ལྷ་བའི》རྗེས་སུ

འཐྲང་ནས་གྲུབ་མཐའ་སྨྲ་བས་ན་རིག་པ་ཅན་དང་། སྟོན་པ་ཀ་ཎ་ད་ཀི་རྗེས་སུ་འཐྲང་བས་ན་ཀ་ཎ་དའི་པ་ཞེས་ཀྱང་བྱའོ། །

གྲུབ་མཐའི་འདོད་ཚུལ། བྱེ་རིག་གཉིས་ལ་ནང་གསེས་ཀྱི་འདོད་པའི་ཁྱད་པར་མི་མཐུན་པ་ཅུང་ཟད་ཡོད་ཀྱང་གྲུབ་པའི་མཐའ་སྤྱི་ལ་མི་འདྲ་བ་མེད་པས་ཐུན་མོང་དུ་བཤད་པར་བྱའོ། །དེ་ཡང་བྱེ་རིག་གཉིས་ཀྱིས་ཤེས་བྱ་ཐམས་ཅད་ཚིག་དོན་དྲུག་ཏུ་འདུས་པར་འདོད་དེ། རྫས་དང་ཡོན་ཏན་ལས་དང་སྤྱི། །བྱེ་བྲག་འདུ་བ་རྣམ་པ་དྲུག །ཅེས་པ་ལྟར་དྲུག་ལས།

དང་པོ་རྫས་ནི་བྱ་བ་དང་ལྡན་པ། ཡོན་ཏན་དང་ལྡན་པ། འདུ་བའི་རྒྱུར་གྱུར་པ་སྟེ་མཚན་ཉིད་གསུམ་དང་ལྡན་པའོ། །དེ་ལ་དབྱེ་ན་དགུ་སྟེ། འབྱུང་བཞི་ཡིད་མཁའ་ཕྱོགས་བདག་དུས་དགུ་རྫས། །ལྷ་བཞི་མ་ཁྱབ་ཁྱབ་རྫས་བཞི་སོགས་བཞི། །ཞེས་གསུངས་པ་ལྟར་ས་ཆུ་མེ་རླུང་ནམ་མཁའ་དུས་ཕྱོགས་བདག་ཡིད་རྣམས་སོ། །དེ་དག་ལས་འབྱུང་བ་བཞི་དང་ཡིད་ལྔ་ནི་ཐམས་ཅད་དུ་སོང་བ་མ་ཡིན་པའི་རྫས་དང་། བདག་དང་དུས། ཕྱོགས། ནམ་མཁའ་བཞི་ནི་ཐམས་ཅད་དུ་སོང་བའི་རྫས་ཞེས་བྱའོ། །ཅིའི་ཕྱིར་རྫས་ཞེས་བྱ་ཞེ་ན་རང་ཉིད་ཆོས་གཞན་ལ་བརྟེན་མི་དགོས་པར་རང་སྐྱ་བར་གྲུབ་ཅིང་ཡོན་ཏན་སོགས་ཆོས་གཞན་གྱི་རྟེན་རང་ཉིད་ཀྱིས་བྱེད་པས་ན་རྫས་ཞེས་བྱ་བ་ཡིན་ནོ། །

གཉིས་པ་ཡོན་ཏན་ནི། རྫས་ལ་བརྟེན་པ། ཡོན་ཏན་ལ་ཡོན་ཏན་གཉིས་པ་མི་བརྟེན་པ། འདུ་བའི་རྒྱུ་མི་བྱེད་པ། ཚད་མ་དང་རྟགས་ལ་མི་ལྟོས་པའོ། །དབྱེ་ན་ཉི་ཤུ་རྩ་བཞི་སྟེ། གཟུགས་དང་། རོ། དྲི། རེག་བྱ། གྲངས། ཚད། སོ་སོ་བ། ལྡན་པ། རྣམ་པར་དབྱེ་བ། གཞན་དང་གཞན་མ་ཡིན་པ། བློ་རྣམས། བདེ་བ། སྡུག་བསྔལ། འདོད་པ། སྡང་བ།

འབད་པ། ལྡོག་པ། སྡུམ་པ། འདུས་བྱས། ཆོས། ཆོས་མིན་པ། སྒྲ། རྡུ་བ། གཤེར་བ་དང་ཉེ་ཤུ་རྩ་བཞིའོ། །དེ་དག་ལས་གཟུགས་དྲི་རོ་རེག་བྱ་བཞི་ནི་འབྱུང་བ་བཞིའི་ཡོན་ཏན་དང་། སྒྲ་ནི་ནམ་མཁའི་ཡོན་ཏན། གྲངས་ནས་གཞན་མ་ཡིན་པའི་བར་བདུན་ནི་དུས་དང་ཕྱོགས་ཀྱི་ཡོན་ཏན། བློ་ནས་འབད་པའི་བར་དྲུག་དང་། ཆོས་དང་ཆོས་མིན་གཉིས། འདུས་བྱས་དང་དགུ་ནི་བདག་གི་ཡོན་ཏན། འོ་ན་བདག་གི་ངོ་བོ་གང་ཞེ་ན། ཡོན་ཏན་དགུ་པོ་དེ་དག་གི་རྟེན་བྱེད་པ་དང་། རྟག་པ་དང་ཐམས་ཅད་ལ་ཁྱབ་པ། སེམས་མ་ཡིན་པའི་ངོ་བོ་ཞིག་ལ་འདོད་ཅིང་། སྐྱེས་བུ་དང་། གང་ཟག་རྣམས་མིང་གི་རྣམ་གྲངས་སོ། །འོ་ན་དེ་ལྟ་བུའི་བདག་ཡོད་པ་ཅིས་གྲུབ་ཅེ་ན། དེ་ལྟ་བུའི་བདག་མེད་ན་ལས་བྱས་པའི་འབྲས་བུ་རྣམ་སྨིན་སྤྱོད་བ་པོ་མེད་པ་དང་། གཞན་གྱིས་ལས་བྱས་པ་གཞན་གྱིས་སྤྱོད་བ་དང་ལས་བྱས་པ་ཆུད་ཟོས་པ་དང་། ལས་མ་བྱས་པ་དང་ཕྲད་པར་འགྱུར་བས། ལས་བྱེད་པ་པོ་དང་རྣམ་སྨིན་སྤྱོད་བ་པོའི་བདག་རྟག་པ་ཡོད་པ་ཡིན་ནོ། །འོ་ན་བདག་གི་ངོ་བོ་རྟག་པ་ཡིན་ན། དེ་ལས་བྱེད་པ་པོ་དང་རྣམ་སྨིན་སྤྱོད་བ་པོ་ཡིན་པར་འགལ་ལོ་ཞེ་ན། མི་འགལ་ཏེ། བདག་གི་ངོ་བོ་རྟག་པ་ཡིན་ཀྱང་། བདག་ལ་འདུ་བའི་ཤེས་པ་དང་འབད་པ་ལ་སོགས་པས་ལས་བྱེད་པ་ལ་བདག་གིས་ལས་བྱེད་པ་ཞེས་པ་དང་། བདག་ལ་འདུ་བའི་རྣམ་ཤེས་ཀྱིས་བདེ་བ་ལ་སོགས་པ་སྤྱོད་བ་ལ་བདག་གིས་བདེ་བ་སྤྱོད་བར་འཇོག་པའི་ཕྱིར། དཔེར་ན་བདག་ལ་འདུ་བའི་མིག་ཤེས་ཀྱིས་གཟུགས་མཐོང་བ་ལ་བདག་གིས་གཟུགས་མཐོང་བར་འཇོག་པ་བཞིན་ནོ། །གལ་ཏེ་བདག་གི་ངོ་བོ་རྟག་པ་ཡིན་ན་བདག་སྐྱེ་འཆི་བྱེད་པར་འགལ་ལོ་ཞེ་ན། མི་འགལ་ཏེ། བདག་རྟག་ཀྱང་དེ་ལུས་དབང་བློ་སོགས་དང་གསར་དུ་འབྲེལ་བ་ལས་བདག་སྐྱེ་བ་དང་། དེ་དེ་རྣམས་དང་བྲལ་བ་ལས་འཆི་

བར་འཇོག་པའི་ཕྱིར་རོ། །བདག་ཡོད་པ་གང་གིས་གྲུབ་ཅེ་ན། བདག་ཆོས་ཅན། ཡོད་དེ། ཚེ་འདིའི་དགེ་སྡིག་ལས་ཕྱི་མར་འབྲས་བུ་བདེ་སྡུག་ལ་ལོངས་སྤྱོད་པ་ཡོད་པའི་ཕྱིར་ཞེས་པའི་རྟགས་ལ་བརྟེན་ནས་བདག་ཡོད་པར་གྲུབ་བོ། །ཕྱི་སྐུམ་རྡོ་གཤེར་རྣམས་ནི་རིགས་པའི་རྫས་འགའ་ཞིག་གི་ཡོན་ཏན་ནོ། །

གསུམ་པ་ལས་ནི། འདེགས་པ་དང་། འཇོག་པ། བརྐྱངས་པ། བསྐུམས་པ། འགྲོ་བ་དང་ལྔའོ། །

བཞི་པ་སྤྱི་ནི། བྱེ་བྲག་ལ་ཁྱབ་པར་བྱེད་པ་སྟེ། གང་ལ་རང་ཉིད་རྗེས་སུ་འགྲོ་བའི་ཆོས་དེ་ལ་ཐུན་མོང་གི་སྒྲ་བློ་འཇུག་པའི་རྒྱུར་གྱུར་པ་ཞིག་གོ། །དེ་ལ་དབྱེ་ན། ཁྱབ་པའི་སྤྱི་དང་ཉེ་ཚེ་བའི་སྤྱི་གཉིས་སོ། །དང་པོ་ནི་ཡོད་པ་ཉིད་ལྟ་བུ་དང་གཉིས་པ་ནི་བུམ་པ་ལྟ་བུའོ། །དེ་མེད་ན་སྔར་བུམ་པ་ཞིག་ལ་བརྟེན་ནས་ཕྱིས་བུམ་པ་གཞན་ཞིག་མཐོང་བ་ན་ངོ་ཤེས་ཀྱི་བློ་མི་སྐྱེ་བར་འགྱུར་རོ། །

ལྔ་པ་བྱེ་བྲག་ནི། གཞན་ལས་ཁྱད་པར་འབྱེད་བྱེད་དེ། ཆོས་གང་གིས་རང་གི་རྟེན་དེ་གཞན་ལས་ཁྱད་པར་དུ་གོ་བར་བྱེད་པ་ཞིག་ཡིན། དཔེར་ན། དཀར་པོ་ནག་པོ་དང་ཐ་དད་པའི་ཁྱད་པར་བྱེ་བྲག་གིས་འབྱེད་པར་འདོད་དོ། །

དྲུག་པ་འདུ་བ་ནི། འབྲེལ་བ་སྟེ་འདི་ལ་འདི་ཡོད་དོ་སྙམ་པའི་ཤེས་པའི་བཟུང་ཡུལ་དུ་གྱུར་པ་ཞིག་གོ། །དེ་ལ་དབྱེ་ན། རྟེན་དང་བརྟེན་པ་གོ་ས་ཐ་དད་པའི་ལྡན་འབྲེལ་དང་། གོ་ས་ཐ་མི་དད་པའི་འདུ་འབྲེལ་གཉིས་སོ། །

བྱེ་རིག་གཉིས་ཀྱི་ཐར་པ་ཐོབ་བྱེད་ཀྱི་ལམ་ནི་ཁྲུས་དང་། དབང་བསྐུར་

བ་དང་། སྨྱུང་གནས་དང་། ཚངས་པར་སྤྱོད་པ་དང་། མཆོད་སྦྱིན་དང་། སྦྱིན་སྲེག་ལ་སོགས་པ་ཡིན་ཞིང་། དེ་རྣམས་ནི་ཆོས་ཡིན་ལ་དེ་ལས་བཟློག་པ་ནི་ཆོས་མིན་ནོ། །འཁོར་བ་ལ་ཐོག་མའི་མཐའ་མེད་ཀྱང་ཐ་མ་ཡོད་པར་འདོད་དོ། །བདག་གི་ཡོན་ཏན་བདག་ལ་འདུ་བ་དེ་སྲིད་དུ་ཡོན་ཏན་དེ་དག་གིས་བདག་གི་བདེ་བ་སོགས་ཀྱི་ཆེད་དུ་ཆོས་དང་ཆོས་མ་ཡིན་པའི་ལས་བསགས་ནས་ངན་འགྲོ་དང་བདེ་འགྲོར་འཇུག་པར་འགྱུར་པ་ནི་འཁོར་བར་འཁོར་ཚུལ་ཡིན། ཐར་པ་ཐོབ་ཚུལ་ནི། ནམ་ཞིག་བླ་མའི་མན་ངག་ལས་རྣལ་འབྱོར་བསྒོམས་ཏེ། བདག་དབང་སོགས་རྣམས་ལས་དོན་གཞན་དུ་ཤེས་ནས་དེ་ཁོ་ན་ཉིད་མཐོང་ཞིང་ཚིག་གི་དོན་དྲུག་གི་རང་བཞིན་ཁོང་དུ་ཆུད་པ་ན། བདག་ནི་ཁྱབ་པའི་རང་བཞིན་ཡིན་ཡང་བྱེད་པ་མེད་པར་ཤེས་ཏེ་ཆོས་དང་ཆོས་མ་ཡིན་པའི་ལས་གང་ཡང་གསོག་པར་མི་བྱེད། ལས་གསར་པ་མ་བསགས་ཤིང་རྙིང་པ་ཟད་པས་སྔར་བླངས་པའི་ལུས་དང་། དབང་པོ་དང་། བློ་དང་བདེ་སྡུག་དང་། འདོད་སྡང་ལ་སོགས་པ་བདག་དང་བྲལ་ཞིང་གསར་པའི་ལུས་དང་དབང་པོ་མ་བླངས་པས། བུད་ཤིང་ཟད་པའི་མེ་བཞིན་དུ་སྐྱེ་བའི་རྒྱུན་ཆད་དེ་བདག་འབའ་ཞིག་ཏུ་གནས་པ་དེའི་ཚེ་འཁོར་བ་ལས་ཐར་པ་ཡིན་ཞེས་ཟེར་རོ། །

བྱེ་བྲག་པས་ཚད་མ་ལ་མངོན་སུམ་ཚད་མ། རྗེས་དཔག་ཚད་མ། ལུང་གི་ཚད་མ་གསུམ་དུ་འདོད་དོ། །རིག་པ་ཅན་པས་དེ་གསུམ་གྱི་སྟེང་དཔེར་ཉེར་འཇལ་གྱི་ཚད་མ་དང་བཞི་རུ་འདོད་དོ། །

ཚིག་འགྲེལ།

བརྟུལ་ཞུགས། ཐ་མལ་རང་གག་བ་ཅི་འདོད་དུ་བྱེད་པའི་སྤྱོད་པ

བརྟུལ་བའམ་མཇུག་སྒྲིལ་ཏེ་ཐུན་མོང་མ་ཡིན་པའི་སྤྱོད་པའི་གནས་ལ་ཞུགས་པའོ། །

ཁྲུས། བྱེ་རིག་གཉིས་ཀྱིས་འཁྲུས་ལ་སོགས་པ་འཁོར་བ་ལས་གྲོལ་བྱེད་ཀྱི་ཆོས་སུ་འདོད་པ་ཡིན་ཏེ། ཇི་སྐད་དུ། ཆུ་ཡིས་ལུས་པོ་ཁྲུས་པ་ལས། །སྡིག་པ་འདགས་པར་འདོད་པ་ཡིན། །

དབང་བསྐུར་བ། སྐབས་འདིའི་དབང་བསྐུར་བ་ནི་དབང་ཕྱུག་དང་ཁྱབ་འཇུག་ལ་སོགས་པ་རང་གིས་དད་པ་བྱེད་པའི་ལྷ་ཞིག་གིས་གཞུང་ཚོམ་པ་དང་། བྱ་བ་གང་ཞིག་ལ་གཞན་ལས་རྣམ་པར་རྒྱལ་བའི་དབང་ཆ་སྦྱིན་པ་ལ་ཟེར།

མཆོད་སྦྱིན། ཡར་ལྷ་སོགས་ལ་མཆོད་འབུལ་དང་མར་ངན་སློང་ལ་སྦྱིན་པ་གཏོང་བ།

སྦྱིན་སྲེག མེའི་མཆོད་འབུལ་བྱེད་པའི་ཆོ་ག་ཞིག

བླ་མའི་མན་ངག རང་ལ་ལེགས་ཉེས་བླང་དོར་སྟོན་པའི་སློབ་དཔོན་བཀའ་དྲིན་ཅན་ཞིག་གིས་གནད་ཆེ་བའི་ཉམས་མྱོང་ཕྱོགས་བསྡུས་བྱས་པ་ཞིག་ཡིན།

རྣལ་འབྱོར་བསྒོམས། ལམ་ཉམས་སུ་ལེན་པའི་དོན།

བསམ་གཞིགས་རྡྲི་བ།

༡. བྱེ་བྲག་པ་དང་རིག་པ་ཅན་གཉིས་ལ་སྒྲ་བཤད་བྱེད་དགོས།

༢. བྱེ་རིག་གཉིས་ཀྱིས་ཤེས་བྱ་ཐམས་ཅད་ཚིག་དོན་དྲུག་ཏུ་འདུས་པ་དེ་གང་དང་གང་ཡིན་ནམ།

༣. བྱེ་རིག་གཉིས་ཀྱིས་འདོད་པའི་རྫས་ཀྱི་མཚན་གཞི་ཞིག་བཞག་ནས

དེ་རྫས་ཡིན་པའི་རྒྱུ་མཚན་བརྗོད་དགོས།

༤. བྱེ་རིག་གཉིས་ཀྱིས་འདོད་པའི་བདག་གི་ངོ་བོ་གང་ཡིན་ནམ། དེ་ལྟ་བུའི་བདག་ཡོད་པའི་རྒྱུ་མཚན་གང་ཡིན་ནམ།

༥. བདག་གི་ངོ་བོ་རྟག་པ་ཡིན་ན། དེ་ལས་བྱེད་པ་པོ་དང་། རྣམ་སྨིན་སྤྱོད་པ་པོ་ཡིན་པར་འགལ་ལོ་ཞེ་ན། མི་འགལ་བའི་རྒྱུ་མཚན་གང་ཡིན་ནམ།

༦. བདག་གི་ངོ་བོ་རྟག་པ་ཡིན་ན་བདག་སྐྱེ་འཆི་བྱེད་པར་འགལ་ལོ་ཞེས་ན། མི་འགལ་བའི་རྒྱུ་མཚན་གང་ཡིན་ནམ།

༧. བྱེ་རིག་གཉིས་ཀྱི་འཁོར་བར་འཁོར་ཚུལ་ཇི་ལྟར་ཡིན་ནམ།

༣. དཔྱོད་པ་བ།

སྟོན་པ། སྟོན་པ་རྒྱལ་དཔོག་པར་འདོད།

མིང་གི་རྣམ་གྲངས། དཔྱོད་པ་བ་དང་རྒྱལ་དཔོག་པ་ཡང་ཟེར།

གྲུབ་མཐའི་འདོད་ཚུལ། དཔྱོད་པ་བའི་གཞིའི་རྣམ་གཞག་ལ་གཉིས་ཏེ། བདག་གི་ཁྱད་པར་དང་ཆོས་ཀྱི་ཁྱད་པར་རོ། །

དང་པོ་ནི། བདག་ཅེས་པ། གྲངས་ཅན་པ་ལྟར་མ་ཡིན་པར་སྣོའི་ངོ་བོ་དང་སེམས་པ་ཅན། དབང་ཕྱུག་པ་དང་བྱེ་བྲག་པ་ལྟར་བེམ་པོ་མ་ཡིན་པར་ཤེས་རིག་གི་རང་བཞིན་ཅན། སངས་རྒྱས་པ་ལྟར་མི་རྟག་པ་མ་ཡིན་པར་རྟག་པའི་ངོ་བོ། རྒྱང་འཕེན་པ་ལྟར་ལུས་སེམས་དབྱེར་མེད་མ་ཡིན་པར་ལུས་ལས་ཡན་གར་བའི་རྫས་ཡོད། རིག་པ་ཅན་པ་ལྟར་རྗེས་སུ་འགྲོ་ལྡོག་མ་ཡིན་པར་བདེ་སྡུག་སོགས་མྱོང་བའི་རྣམ་པ་ཅན་ཞིག་ཏུ་འདོད་དོ། །བདག་ཡོད་པར་སྒྲུབ་བྱེད་ཀྱི་རིགས་པ་ནི། བདག་ཡོད་དེ། ངོ་ཤེས་པ་ཡོད་པའི་ཕྱིར་ཏེ། དྲན་པ་ཡོད་པའི་ཕྱིར་ཞེས་ཟེར་རོ། །

གཉིས་པ་ནི། རིག་བྱེད་སྐྱེས་བུས་མ་བྱས་པས་ན་བདེན་པའི་དོན་ཅན་དང་ཚད་མར་འདོད་ཅིང་། དེ་ལ་གང་སྣང་བ་ནི་རང་བྱུང་ཡིན་ཏེ། དེ་ནི་དེ་ཁོ་ན་ཉིད་ཡིན་ནོ། །སྐྱེས་བུས་བྱས་པའི་ངག་ནི་རྫུན་ཡིན་ཏེ། ཉེས་པ་ཐམས་ཅད་སྐྱེས་བུ་ལ་བརྟེན་པའི་ཕྱིར། ཇི་སྐད་དུ། ཆགས་སོགས་རྐྱེན་གྱིས་ཉམས་པའི་ཕྱིར། །སྐྱེས་བུའི་ཚིག་ནི་བརྫུན་ཉིད་ཡིན། །རིག་བྱེད་སྐྱེས་བུས་མ་བྱས་ཕྱིར། །དེས་ན་ཚད་མར་བཟུང་བར་བྱ། །ཞེས་ཟེར་རོ། །རིག་བྱེད་ཀྱི་གཞུང་ལ་རིག་པས་བརྟགས་ན་འཐད་པར་དཀའ་བར་མཐོང་ཡང་སུན་དབྱུང་བར་མི་བྱ་སྟེ། དེ་ལྟར་བྱས་ན་རང་ཉིད་ཉམས་པའི་རྒྱུ་ཡིན་ཏེ། ཇི་

སྐད་དུ། གནང་བའི་གྲུབ་པ་བཞི་པོ་ནི། གཏན་ཚིགས་དག་གིས་གཞིག་མི་བྱ། །
ཡོང་བ་རྐང་པའི་ཚོད་དཔགས་ཀྱིས། །མྱུ་ངམ་ལམ་དུ་རྒྱུགས་པ་ལྟར། །
རྗེས་སུ་དཔག་པ་གཙོར་འཛིན་རྣམས། །ལྷུང་བར་དཀའ་བ་མ་ཡིན་ནོ། །
ཞེས་ཟེར་རོ། །ལྗོན་ཤིང་སེམས་ལྡན་དུ་འདོད་ཚུལ་གཅེར་བུ་བ་དང་མཚུངས་པས་དེའི་སྐབས་སུ་ཤེས་པར་བྱའོ། །དཔྱོད་པ་བའི་ལམ་དང་འབྲས་བུའི་འདོད་ཚུལ་ནི། མཆོད་སྦྱིན་ལ་སོགས་པ་འབའ་ཞིག་གིས་ཚངས་པ་ལྷ་བུའི་མཐོ་རིས་ཀྱི་གོ་འཕང་ཐོབ་པ་ལ་ཐར་པའམ་གྲོལ་བར་སྨྲ་ལ། དེ་ནི་ངན་སོང་ལས་གྲོལ་བའི་ཐར་པ་ཙམ་ཁས་ལེན་ནོ། །འོན་ཀྱང་སྡུག་བསྔལ་ཉེ་བར་ཞི་བའི་ཐར་པ་ནི་མེད་དེ། དྲི་མ་སེམས་ཀྱི་རང་བཞིན་ལ་ཞུགས་པའི་ཕྱིར་དང་། ཐམས་ཅད་མཁྱེན་པ་ཡང་མེད་དེ། ཤེས་བྱ་མཐའ་ཡས་པའི་ཕྱིར། ཤེས་བྱེད་གཞན་ཡོད་ན་ཐུག་མེད་དུ་འགྱུར་བ་སོགས་ཀྱི་ཕྱིར་ན་ཀུན་མཁྱེན་མེད་དོ། །ཇི་སྐད་དུ། ཤེས་བྱ་མཐའ་ཡས་ཀུན་མཁྱེན་མིན། །ཤེས་བྱེད་གཞན་ཡོད་ཐུག་པ་མེད། །ཅེས་ཟེར་རོ། །གཞན་ཡང་ཐུབ་པ་ཆོས་ཅན། ཐམས་ཅད་མཁྱེན་པ་མ་ཡིན་ཏེ། ངག་སྨྲ་བའི་ཕྱིར། སྐྱོན་རྣམས་ཟད་པ་མ་ཡིན་ཏེ། ལུས་དང་ངག་དང་དབང་པོ་དང་ལྡན་པའི་ཕྱིར་དང་། རིག་བྱེད་བཞི་མ་བརྩམས་པའི་ཕྱིར། དེ་ནས་བཤད་པ་སུན་འབྱིན་པའི་ཕྱིར་ཞེས་སོགས་ཀྱི་གཏན་ཚིགས་དུ་མ་ཞིག་བཀོད་ནས་ཐམས་ཅད་མཁྱེན་པ་མེད་པར་བསྒྲུབས་སོ། །བདེན་པའི་ངག་ཀྱང་མེད་དེ་སྐྱེས་བུས་བྱས་པའི་ཕྱིར། སྐྱེས་བུས་བྱས་པའི་ངག་ནི་རྫུན་ཡིན་ཏེ། ཉེས་པ་ཐམས་ཅད་སྐྱེས་བུ་ལ་བརྟེན་པའི་ཕྱིར། དེའི་གཞུང་ལས། སངས་རྒྱས་གསུང་ཡང་ཚད་མ་མིན། །བྱས་པའི་ཕྱིར་ན་གཞན་ཡིན་ནོ། །རྫོགས་པའི་སངས་རྒྱས་ཀུན་མཁྱེན་ན། །སྐྱེས་བུ་ཡིན་ཕྱིར་གཞན་ཡིན་ནོ། །ཞེས་སྨྲའོ། །

དཔྱོད་པ་བས་ཚད་མ་ལ་མངོན་སུམ་ཚད་མ། རྗེས་དཔག སྒྲ་ལས་བྱུང་བ། དཔེ་ཉེར་འཇལ། དོན་གྱིས་གོ་བ། དངོས་པོ་མེད་པའི་ཚད་མ་སྟེ་དྲུག་ཏུ་འདོད་དོ། །

ཚིག་འགྲེལ།

དབང་ཕྱུག་པ། ལྷ་ཆེན་དབང་ཕྱུག་སྟོན་པར་འཛིན་པའི་ཕྱི་རོལ་མུ་སྟེགས་པའི་གྲུབ་མཐའ་སྨྲ་བ་ཞིག དེས་སྣོད་བཅུད་ཀྱི་འཇིག་རྟེན་ཐམས་ཅད་ལྷ་ཆེན་དབང་ཕྱུག་གི་བློ་ཡི་གཡོ་བ་སྔོན་དུ་སོང་སྟེ་གྲུབ་པར་འདོད་པ་ཡིན།

རིག་བྱེད། སྐབས་འདིའི་རིག་བྱེད་ནི《རིག་བྱེད་ཀྱི་མདོ་》སྲིད་སྲུང་དང་། མཆོད་སྦྱིན་དང་། སྙན་ཚིག་དང་། ངེས་བརྗོད་བཅས་རིག་བྱེད་བཞི་ལ་གོ་བ་ཡིན།

དེ་ཁོ་ན་ཉིད། སྐབས་འདིར་དཔྱོད་པ་བས་རིག་བྱེད་བཞི་པོ་དེ་དེ་ཁོ་ན་ཉིད་དུ་འདོད་པ་ཡིན་ཏེ། དེ་ནི་ཤེས་བྱའི་གནས་ལུགས་མཐར་ཕྱིན་པ་ཡིན་པར་འདོད་པའོ། །

མཆོད་སྦྱིན། སྐབས་འདིའི་མཆོད་སྦྱིན་ནི། དཔྱོད་པ་བས་མཐོ་རིས་དང་ཚངས་པ་ལྷ་བུ་ངན་སོང་ལས་གྲོལ་བའི་ཐར་པ་ཙམ་ཞིག་བསྒྲུབ་པའི་ཐབས་སུ་རིག་བྱེད་གཞུང་ལས་བཤད་པའི་ཕྱུགས་ཀྱི་མཆོད་སྦྱིན་དང་ཁྲུར་བས་མཆོད་སྦྱིན་བྱས་པ་སོགས་ཡིན།

ཚངས་པ། བསམ་གཏན་དང་པོའི་གནས་རིས་ཤིག

ངན་སོང་། སྤྱིར་རང་རྒྱུ་མི་དགེ་བའི་ལས་ལམ་ཆེས་ཆེར་བསགས་པ་ལས་འབྲས་བུ་ངན་པ་ཆེས་ཆེར་སྨྱོང་བར་སོང་བས་ན་ངན་སོང་སྟེ། དམྱལ་བ།

ཡི་དྭགས། དུད་འགྲོ་གསུམ་མོ། །

ཏྲི་མ། འདོད་ཆགས་དང་ཞེ་སྡང་ལ་སོགས་པའི་ཉོན་མོངས་པའི་དྲི་མ་རྣམས་སོ། །

བསམ་གཞིགས་དྲི་བ།

༡. དཔྱོད་པ་བའི་སྟོན་པ་སུ་ཡིན་ནམ།

༢. དཔྱོད་པ་བས་འདོད་པའི་བདག་དེ་གྲངས་ཅན་པ་ལྟར་མ་ཡིན་པའི་རྒྱུ་མཚན་གང་ཡིན་ནམ།

༣. སངས་རྒྱས་པ་ལྟར་མ་ཡིན་པའི་རྒྱུ་མཚན་གང་ཡིན་ནམ།

༤. རྒྱང་འཕེན་པ་ལྟར་མ་ཡིན་པའི་རྒྱུ་མཚན་གང་ཡིན་ནམ།

༥. རིག་པ་ཅན་པ་ལྟར་མ་ཡིན་པའི་རྒྱུ་མཚན་གང་ཡིན་ནམ།

༦. དེའི་ལུགས་ལ་བདེན་པའི་ངག་མེད་ཟེར་བ་དེ་རྒྱུ་མཚན་གང་ཡིན་ནམ།

༧. དེའི་ལུགས་ལ་སྡུག་བསྔལ་ཉེ་བར་ཞི་བའི་ཐར་པ་མི་འདོད་པའི་རྒྱུ་མཚན་གང་ཡིན་ནམ།

༩. གཅེར་བུ་བ།

སྟོན་པ། གཅེར་བུ་བའི་སྟོན་པ་ནི། རྒྱལ་བ་དམ་པ་དང་། དྲང་སྲོང་མཆོད་འོས་དང་། ཁྱུ་མཆོག་དང་། འཕེལ་བ་སོགས་སྟོན་པ་ཉི་ཤུ་རྩ་ལྔ་ཡོད་པར་གསུངས་སོ། །

མིང་གི་རྣམ་གྲངས། མཆོད་འོས་པ་དང་། གཅེར་བུ་བ། ཐར་བྱེད་པ། ཕྱོགས་ཀྱི་གོས་ཅན་དང་། མཁའ་ཡི་གོས་ཅན། ཀུན་ཏུ་རྒྱུ། འཚོ་བ་པ། འཛེམ་མེད་པའམ་ཐལ་བ་པ་སོགས་སོ། །དེ་རྣམས་ཀྱི་སྒྲ་བཤད་བྱེད་ཚུལ་ནི་ དྲང་སྲོང་ མཆོད་ འོས་ སྟོན་ པར་ འཛིན་ པས་ ན་ མཆོད་ འོས་ པ་ དང་། འདོམས་དཀྲིས་ཙམ་ཡང་མེད་པས་ན་གཅེར་བུ་བ། རང་གི་སྒྲ་ཉིན་རེ་བཞིན་ཐར་པར་ཕྱིས་པས་ཐར་པ་ཐོབ་པར་འདོད་པས་སམ་དཀའ་ཐུབ་ཀྱིས་སྡིག་པ་ཐར་པར་བྱེད་པས་ན་ཐར་བྱེད་པ། ཕྱོགས་དང་ནམ་མཁའ་ལས་གོས་གཞན་མེད་པས་ན་ཕྱོགས་ཀྱི་གོས་ཅན་ནམ་མཁའ་ཡི་གོས་ཅན་ནོ། །ཕྱོགས་སུ་ལྡོམ་བུ་བྱེད་ པས་ ན་ ཀུན་ ཏུ་ རྒྱུ། སྲོག་ བདག་ ཏུ་ སྨྲ་ བས་ སམ་ ཡང་ ན་ ལུས་ འཚོ་ བ་ཙམ་ལས་ཡོ་བྱད་ལ་སོགས་པའི་དངོས་པོ་གང་ཡང་མི་འཛིན་པས་ན་འཚོ་བ་པ། ངོ་ཚར་ མི་ འཛེམ་ པས་ ན་ འཛེམ་ མེད་ པའམ་ ཐལ་ བ་ པ་ ཞེས་ བརྗོད་ པ་ ཡིན། གཅེར་བུ་ བའི་ རྩ་ བའི་ ལུང་ གི་ བསྟན་ བཅོས་ ནི་《རྒྱས་ བྱེད་ སྐར་ མའི་ བསྟན་ བཅོས་》བྱ་བ་དེ་ཡིན།

གྲུབ་མཐའི་འདོད་ཚུལ། གཅེར་ བུ་ བས་ ཤེས་ བྱ་ ཐམས་ ཅད་ ཚིག་ དོན་དགུར་འདུས་པར་འདོད་པ་ནི། སྲོག་དང་ཟག་པ་སྡོམ་པ་དང་། ངེས་པར་རྒ་བ་འཆིང་བ་ལས། སྡིག་པ་བསོད་ནམས་ཐར་པ་ཞེས། ཚིག་དོན་དགུ་རུ་གཅེར་ བུས་ འདོད། ཞེས་ གསུངས་ སོ། །དེ་ དག་ ལས་ དང་ པོ་ སྲོག་ ནི་

བདག་ཡིན་ལ། དེ་ཡང་སྐྱེས་བུའི་ལུས་ཀྱི་ཚད་ཇི་ལྟ་བ་བཞིན་ཡོད་པ། ངོ་བོ་རྟག་ལ་གནས་སྐབས་མི་རྟག་པའི་སེམས་པའི་བདག་ཉིད་ཅན་ཞིག་ཏུ་འདོད་དེ། ལུས་ཇི་ཙམ་དུ་ཆེ་བ་དེ་ཙམ་དུ་སྲོག་ཆེ་བ་དང་ལུས་ཇི་ཙམ་ཆུང་དུར་སོང་ན་སྲོག་ཀྱང་ཆུང་དུར་འགྱུར་བར་འདོད་དེ། 《ཁྱད་པར་འཕགས་བསྟོད》ལས། གཅེར་བུས་ལུས་ཀྱི་ཚད་བཞིན་དུ། །སྲོག་ནི་ཕྲུམ་དང་རྒྱས་པར་སྨྲ། །ཞེས་སོ། །ལུགས་འདིས་མཚན་གཞི་ཙམ་ཞིག་མཚོན་ཆེད་དུ་སྲོག་ཅན་སྡེ་དགུར་དབྱེ་བ་སྟེ། ས་ཆུ་ཤིང་དང་མེ་དང་རླུང་། །སྲིན་བུ་གྲོག་མ་བུང་བ་མི། །དབང་པོ་གཅིག་ནས་ལྔ་དང་ལྡན། །ཞེས་ཟེར་རོ། །སྲོག་དང་། འཆིང་བ་དང་། གང་ཟག་དང་། སྐྱེས་བུ་རྣམས་དོན་གཅིག་མིང་གི་རྣམ་གྲངས་སོ། །ཟག་པ་ནི། དགེ་བ་དང་མི་དགེ་བའི་ལས་རྣམས་ཡིན་ཏེ། དེའི་དབང་གིས་འཁོར་བར་ཟག་པར་བྱེད་པའི་ཕྱིར། སྡོམ་པ་ནི་ཟག་པ་འགོག་པར་བྱེད་པ་སྟེ། ལས་གསར་དུ་མི་གསོག་པའི་ཕྱིར་རོ། །ངེས་པར་རྒ་བ་ནི་ཟས་མི་ཟ་བ་དང་། སྨྲ་མི་འཕྲུང་བ་དང་། ལུས་གདུང་བ་ལ་སོགས་པའི་དཀའ་ཐུབ་ཀྱི་སྒོ་ནས་སྔོན་བསགས་པའི་ལས་རྣམས་ཟད་པར་བྱེད་པའོ། །འཆིང་བ་ནི། ཐར་པ་ཐོབ་བྱེད་ལ་བགེགས་བྱེད་པའི་ཉེས་པའམ་ལོག་པར་ལྟ་བའོ། །ལས་ནི་རྣམ་པ་བཞི་སྟེ། ཕྱིས་སྨྱོང་བར་འགྱུར་བ་དང་། མིང་དང་། རུས་དང་། ཚེའོ། །སྡིག་པ་ནི་ཆོས་མ་ཡིན་པའོ། །བསོད་ནམས་ནི་ཆོས་སོ། །ཐར་པ་ནི། འཇིག་རྟེན་འདུས་པ་ཞེས་བྱ་བ་སྲོག་ཡོད་པས་དངོས་པོ་ཡིན་ལ་འཁོར་བ་ལས་གྲོལ་བས་དངོས་པོ་མེད་པ་ཡང་ཡིན་པ་དེར་འགྲོ་སྟེ། གནས་དེ་ལ་ནི་ཐར་པ་ཞེས་བྱའོ། །ལམ་དང་འབྲས་བུའི་འདོད་ཚུལ་ནི། ལུས་གཅེར་བུར་སྡོད་པ་དང་ངག་མི་སྨྲ་བ་ལ་སོགས་པའི་སྡོམ་པ་ལྔ་དང་། མི་འཚེ་བ་དང་བདེན་སྨྲ་སོགས་ཀྱི་བརྟུལ་ཞུགས་ལྔ་དང་། བློ་གྲོས་དང་ཐོས་པ

སོགས་ཡེ་ཤེས་དང་། མི་ལྷ་ལ་བརྟེན་པ་ལ་སོགས་པའི་ལུས་ཀྱི་དཀའ་ཐུབ་དྲག་པོ་སྤྱོད་པ་དང་། སྙོམ་བརྩོན་དམ་པོས་ལས་གསར་པ་ནི་བར་མི་བསགས་པས། ལུས་ཀྱི་རྒྱུད་ལ་ཡོད་པའི་ལས་ཟད་པས་སྐྱེ་བ་ཟད་ལ། སྐྱེ་བ་ཟད་པས་སྡུག་བསྔལ་ཟད་པས་འཇིག་རྟེན་ཐམས་ཅད་ཀྱི་སྟེང་ན་འདུག་པའི་གནས། འཇིག་རྟེན་འདུས་པ་ཞེས་བྱ་བ་གདུགས་དཀར་པོ་ཀྱིན་ལ་བསླངས་པ་ལྟ་བུ་ཞོའམ་ཀུ་མུད་ཏ་ལྟར་དཀར་བ། ཚད་དཔག་ཚད་འབུམ་ཕྲག་ཞེ་ལྔ་ཡོད་པ། སྒྲིག་ཡོད་པས་དངོས་པོ་ཡིན་ཅིང་། འཁོར་བ་ལས་གྲོལ་བས་དངོས་པོ་མེད་པ་ཡང་ཡིན་པ་དེར་འགྲོ་སྟེ། གནས་དེ་ལ་ནི་ཐར་པ་ཞེས་བྱའོ། །དེ་སྐད་དུ་རྒྱལ་བ་དམ་པས། ཁ་བ་རྒྱ་སྤྲོས་མེ་ཏོག་དང་། །བ་ཞོ་བ་མོ་མུ་ཏིག་མདོག །གདུགས་དཀར་བཟུང་བའི་དབྱིབས་འདྲ་བ། །ཐར་པ་ཡིན་པར་རྒྱལ་བས་བཤད། །ཅེས་འབྱུང་ངོ་། །གཅེར་བུ་བའི་ཚད་མའི་འདོད་ཚུལ་དཔྱོད་པ་བ་དང་མཚུངས་སོ། །

གཞན་ཡང་ལྗོན་ཤིང་སེམས་ལྡན་དུ་གྲུབ་ཚུལ་གཅེར་བུ་བ་དང་དཔྱོད་པ་བ་མཚུངས་ཤིང་། དེ་ཡང་ལྗོན་ཤིང་ཆོས་ཅན། སེམས་ཡོད་དེ། མཐུན་པ་ལས་སྐྱེས་པའི་ཕྱིར། དཔེར་ན་རྟ་ལས་རྟ་སྐྱེས་ལ་བ་ལང་མི་སྐྱེ་བ་བཞིན་ནོ། །ལྗོན་ཤིང་ཆོས་ཅན། སེམས་ཡོད་དོ། །རིམ་གྱིས་འཕེལ་བའི་ཕྱིར། དཔེར་ན་རྟེའུ་དང་གཞོན་ནུ་དང་། རྒས་པའི་གནས་སྐབས་ལྟར་ལྗོན་ཤིང་ཡང་མྱུ་གུ་དང་། སྡོང་པོ་སོགས་ལས་རིམ་གྱིས་འཕེལ་བའི་ཕྱིར། ལྗོན་ཤིང་ཆོས་ཅན། སེམས་ཡོད་དོ། །དུས་སུ་ལྡན་པ་ལས་སྐྱེས་པའི་ཕྱིར། དཔེར་ན། རྟ་སོགས་དཔྱིད་དུས་སྐྱེ་བ་ལ་ཁྲི་སོགས་སྟོན་ཀར་སྐྱེ་བ་བཞིན། ལྗོན་ཤིང་ཡང་དཔྱིད་དང་དབྱར་ལ་སྐྱེ་བ་ཡིན་ནོ། །ཡང་ལྗོན་ཤིང་ཆོས་ཅན། སེམས་ཡོད་དོ། །དགུན་དུས་གཉིད་ལོག་པའི་ཕྱིར་དེ་ལས་དབྱར་དུས་སྒྲོ་བའི་ཕྱིར། ཇི

ལྟར་རྒྱང་ལ་སོགས་པ་བཞིན་ནོ། །གཞན་ཡང་ སྟོན་ཤིང་ཅི་ཙམ་ཞིག་ སེམས་ཡོད་པ་དང་དབང་པོ་ཡོད་པའི་སྐྱབ་བྱེད་མང་དུ་སྨྲས་སོ། །

ཚིག་འགྲེལ།

ཀླུམ་བུ། སར་ཕྱོགས་ངེས་མེད་དུ་ཕྱིན་ནས་སློང་བ་བྱེད་མཁན།

མིང་། མིང་གྲགས་དང་མཚན་སྙན་གྱི་ཆེད་དུ་བསགས་པའི་ལས་སམ་ཡང་ན་ཚེ་འདིའི་མཚན་སྙན་མཐོ་དམའི་ཁྱད་པར་གང་བསྒྲུབ་དེ་ཡང་ལས་ཡིན་པར་འདོད།

རུས། རུས་རྒྱུད་ལ་ཆགས་ཞེན་གྱིས་བསགས་པའི་ལས་སམ་ཡང་ན་ཚེ་འདིའི་རུས་རྒྱུད་བཟང་ངན་གང་དུ་སྐྱེས་པ་དེ་ཡང་ལས་ཡིན་པར་འདོད་པ་ཡིན།

ཚེ། ཚེ་སྲུང་བའི་ཆེད་དུ་བསགས་པའི་ལས་སམ་ཡང་ན་ཚེ་འདིའི་ཚེ་རིང་ཐུང་གང་འཚོ་རྣམས་ཀྱང་ལས་ཡིན་པར་འདོད་པ་ཡིན།

ཀླུམ་པ་ལྔ། ཟས་མི་ཟ་བ་དང་། སྐོམ་མི་འཐུང་བ། ལུས་གཅེར་བུར་སྡོད་པ། ངག་མི་སྨྲ་བ། མེ་ལྔ་བརྟེན་པ་བཅས་སོ། །

བརྟུལ་ཞུགས་ལྔ། མི་འཚེ་བ་དང་། བདེན་སྨྲ། སྦྱིན་པ། ཚངས་པར་སྤྱོད་པ། དངོས་པོ་ཀུན་ཡོངས་སུ་གཏོང་བ་བཅས་སོ། །

མེ་ལྔ་བརྟེན་པ། རང་གི་ལུས་པོའི་ཕྱོགས་བཞི་དང་། མགོ་བོའི་སྟེང་དུ་མེ་བཞག་ནས་དཀའ་ཐུབ་སྤྱོད་པ་ཞིག་ཡོད།

བསམ་གཞིགས་དྲི་བ།

༡. གཅེར་བུ་བ་དང་ཟད་བྱེད་པ་ཞེས་པར་སྨྲ་བཤད་བྱེད་དགོས།

༢. གཅེར་བུ་བའི་རྩ་བའི་ལུང་གི་བསྟན་བཅོས་གང་ཡིན་ནམ།

༣. གཅེར་བུ་བས་ཤེས་བྱ་ཐམས་ཅད་ཚིག་དོན་དགུར་འདུས་པ་དེ་གང་དང་གང་ཡིན་ནམ།

༤. དེའི་ལུགས་ལ་འཁོར་བ་ལས་གྲོལ་ཚུལ་ཇི་ལྟར་ཡིན་ནམ།

༥. གཅེར་བུ་བས་ཐར་པ་ཞེས་པ་དེ་གང་འདྲ་ཞིག་ལ་འདོད་པ་ཡིན་ནམ།

༦. གཅེར་བུ་བ་དང་དཔྱོད་པ་བའི་ལུགས་ཀྱི་སྐྱོན་ཤེང་སེམས་ལྡན་དུ་གྲུབ་ཚུལ་གྱི་རིག་པ་གཅིག་བཀོད་དང་།

༥. རྒྱང་འཕེན་པ།

སྟོན་པ། ཕུར་བུའམ་ལྷའི་བླ་མ་དང་། འཇིག་རྟེན་མིག འཇུག་སྟོབས། ལྷ་བ་ཅན་དང་ར་མཆོག་སོགས་སྟོན་པ་བཅོ་བརྒྱད་ཡོད་པ་གསུངས།

ཕུར་བུའམ་ལྷའི་བླ་མ་ནི། སྔོན་གྱི་ཚེ་ལྷ་དང་ལྷ་མིན་འཐབ་པ་ན་ལྷ་རྣམས་རང་བཞིན་དགེ་བས་འཐབ་རྩོད་ལ་སྤྲོ་བར་མི་འགྱུར་པས་གཡུལ་ཕམ་པར་ཉེ་བ་ན། དྲང་སྲོང་ཕུར་བུས་ལྷ་རྣམས་འཐབ་མོ་ལ་ཞུགས་པའི་ཆེད་དུ་ཚད་པར་ལྟ་བའི་གཞུང་བརྩམས་ཏེ་བསྟན་པས་ཡིད་ཆེས་ཏེ་ལྷ་རྣམས་གཡུལ་ལས་རྒྱལ། ཕྱིས་ཕུར་བུས་ལྷ་ངན་ལྷའི་ཡུལ་དུ་དར་བར་དོགས་ཏེ་གླེགས་བམ་གང་གའི་ཆུ་ལ་བསྐུར་བ་དྲང་སྲོང་ཞིག་གིས་རྙེད་ནས་འཕགས་ཡུལ་དུ་དར་བས་ཕུར་བུ་སྟོན་པར་འཛིན་པ་ཡིན།

འཇིག་རྟེན་མིག་ནི། རྟོག་གེ་ལ་ཤིན་ཏུ་བྱང་བ་ཞིག་བྱུང་། དེས་རང་གི་བུ་མོ་མཛེས་མ་ཞིག་ཡོད་པ་དེ་ལ་ཤིན་ཏུ་ཆགས་ཏེ་འདོད་པ་སྤྱོད་པའི་ཕྱིར་སྐྱེ་བ་སྔ་ཕྱི་མེད་པར་སྨྲས་ཏེ། དགེ་བ་ལ་ཕན་ཡོན་དང་། སྡིག་པ་ལ་ཉེས་དམིགས་མེད་པར་སྟོན་པའི་གཞུང་སྔར་ཕུར་བུས་བྱས་པའི་བསྟན་བཅོས་དེ་ལས་བཏུས་ཏེ་གཞུང་ལུགས་འབུམ་ཕྲག་གཅིག་བརྩམས། རྩ་བ་དེ་ལ་འཇུག་སྟོབས་ཀྱིས་འགྲེལ་པ་བྱས་པས་དེའི་རྗེས་འབྲངས་རྣམས་ལ་མུ་སྟེགས་རྒྱང་འཕེན་པ་བྱ་བའི་ཤིན་ཏུ་ཐ་ཚད་དེ་བྱུང་བ་ཡིན།

མིང་གི་རྣམ་གྲངས། ཚུ་རོལ་མཛེས་པ་དང་། ཆད་སྨྲ་བ། མེད་སྨྲ་བ། ཕུར་བུ་བའམ་ལྷའི་བླ་མ། ངོ་བོ་ཉིད་སྨྲ་བའམ་རང་བཞིན་སྨྲ་བ། རྒྱང་འཕེན་པ་རྣམས་སོ། །དེ་ཡང་ཚེ་འདི་ལ་གང་ལེགས་ཙམ་གྱིས་ཆོག་པར་སྨྲ་བས་ཚུ་རོལ་མཛེས་པ་དང་། ཤི་བའི་རྗེས་སུ་བདག་རྒྱུན་ཆད་པར་སྨྲ་བས་ཆད་

སྨྲ་བ། སྐྱེ་བ་སྔ་ཕྱི་དང་ལས་རྒྱུ་འབྲས་སོགས་ཅི་རིགས་མེད་པར་སྨྲ་བས་ན་མེད་སྨྲ་བ། ཕུར་བུ་བའམ་ལྷའི་བླམ་སྟོན་པར་འཛིན་པས་ཕུར་བུ་དང་ལྷ་ཡི་བླམ། དངོས་པོ་རྣམས་རྒྱུ་མེད་པར་ངོ་བོ་ཉིད་ལས་བྱུང་བར་སྨྲ་བས་ངོ་བོ་ཉིད་སྨྲ་བའམ་རང་བཞིན་སྨྲ་བ། འཇིག་རྟེན་པའི་ཡང་དག་པའི་ལྟ་བ་ལས་རྒྱང་རིང་དུ་སོང་བས་ན་རྒྱང་འཕེན་པ་ཞེས་ཟེར།

དབྱེ་བ། རྒྱང་འཕེན་པ་ལ་དབྱེ་ན། འཇིག་རྟེན་ཕ་རོལ་དང་ལྷ་སོགས་འདོད་པའི་ཚད་སྨྲ་གཅིག་དང་། འགྲོ་བ་ཙམ་འདོད་ཀྱི་རྒྱུ་འབྲས་གཏན་ནས་མི་འདོད་པའི་ཚད་སྨྲ་དང་གཉིས་ཡོད།

གྲུབ་མཐའི་འདོད་ཚུལ། རྒྱང་འཕེན་པའི་འདོད་ཚུལ་ནི་འདི་ལྟ་སྟེ། མཐོང་མིན་རྗེས་འགྲོ་མེད་པས་རྒྱུ་འབྲས་མེད། །ལུས་སེམས་ཙམ་བདག་ཞིག་ཕྱིར་སྔ་ཕྱི་མེད། །སེམས་ལུས་ཐ་དད་ལ་བརྟེན་རྒྱུད་གཅིག་མིན། །འབྱུང་ལས་སེམས་སྐྱེས་མྱུང་འདས་དངོས་པོ་མེད། །མངོན་སུམ་ཚད་མ་རྗེས་དཔག་ཚད་མིན་འཁྲུལ། །ཞེས་པ་སྟེ།

༡. འབྲས་བུ་བདེ་བ་དང་སྡུག་བསྔལ་ལ་སོགས་པ་རྣམས་རྒྱུ་དགེ་བ་དང་མི་དགེ་བ་སོགས་ཀྱི་རྗེས་སུ་འགྲོ་བ་རྟོག་གེ་བ་དག་གིས་མངོན་སུམ་གྱིས་མ་མཐོང་བ་གང་ཞིག སྙོམས་འཇུག་པ་དག་གིས་མངོན་ཤེས་ཀྱིས་ཀྱང་མ་མཐོང་བའི་ཕྱིར་ན་རྒྱུ་འབྲས་མེད་ཅེས་ཟེར། དེ་ཡང་དངོས་པོ་ཐམས་ཅད་རྒྱུ་མེད་པར་ངོ་བོ་ཉིད་ལས་བྱུང་བར་འདོད་དེ་སྲན་མ་ཟླུམ་པ་དང་ཚེར་མ་རྣོ་བ་དང་། རྨ་བྱའི་མདོངས་ཀྱི་རྣམ་པ་སྣ་ཚོགས་པ་དག་སུས་ཀྱང་འབད་ནས་བྱེད་པར་མ་མཐོང་བས་དངོས་པོ་འདི་དག་ནི་རང་གི་ངོ་བོའམ་རང་བཞིན་ཉིད་ལས་འབྱུང་བ་ཡིན་གྱི་རྒྱུ་ལ་སོགས་པ་མ་མཐོང་བས་མེད་པའོ་ཞེས་ཟེར་ཏེ། འཇིག་རྟེན་མིག་གིས། ཉི་ཤར་ཆུ་བོ་ཐུར་དུ་འབབ་པ་དང་། །སྲན་ཟླུམ་ཚེར་མ་གཟེང་

རིང་རྡོ་བ་དང་། །རྒྱ་བུའི་མདོངས་ལ་སོགས་པའི་ཆོས་རྣམས་ཀུན། །སུས་ཀྱང་མ་བྱས་ངོ་བོ་ཉིད་ལས་འབྱུང་། །ཞེས་སོ། །གཞན་ཡང་ཚེ་གང་ལ་སྦྱིན་པ་གཏོང་བ་ཁ་ཅིག་དབུལ་བ་དང་། སྲོག་མི་གཅོད་པ་ཁ་ཅིག་ཚེ་ཐུང་བ་དང་། ཡང་སེར་སྣ་ཅན་ཁ་ཅིག་ཕྱུག་པ་དང་། སྲོག་གཅོད་པ་ཁ་ཅིག་ཚེ་རིང་བ་མཐོང་ནས་ལས་བཟང་ངན་གྱིས་འབྲས་བུ་འཚོལ་བའམ་ལས་བཟང་ངན་ལ་འབྲས་བུ་བཟང་ངན་རྗེས་སུ་འགྲོ་ལྡོག་མེད་པས་ལེགས་པར་སྤྱད་པ་མེད་དོ། །ཉེས་པར་སྤྱད་པ་མེད་དོ། །ལས་འབྲས་མེད་དོ་ཞེས་ཟེར་རོ། །

༢. དཔྱ་མིག་གི་དབང་པོའི་སྤྱོད་ཡུལ་དུ་གྱུར་པའི་ལུས་སེམས་གཉིས་ཙམ་སྐྱེས་བུའམ་བདག་ཏུ་འདོད་དེ། འཇིག་རྟེན་མིག་གིས། ཇི་ཙམ་དབང་པོའི་སྤྱོད་ཡུལ་ལ། །སྐྱེས་བུ་དེ་ཙམ་ཁོ་ནར་ཟད། །ཅེས་ཟེར། ལུས་སེམས་ཟས་གཅིག་ཏུ་འདོད་པས་འཆི་བའི་ཚེ་ཡང་ལུས་འབྱུང་བ་ཆེན་པོ་བཞི་དང་། མིག་ལ་སོགས་པའི་དབང་པོ་རྣམས་ནི་ནམ་མཁའི་བག་ལ་ཞ་བར་གྱུར་ཏེ་ལུས་འཇིག་པ་ན་སེམས་ཀྱང་འཇིག་སྟེ་བདག་རྒྱུན་ཆད་པས་འཇིག་རྟེན་ཕ་རོལ་ལམ་སྐྱེ་བ་ཕྱི་མར་འགྲོ་བ་མེད་དོ། །ཇི་སྐད་དུ། མ་ཤི་བར་དུ་བདེ་བར་འཚོ། །ཤི་ནས་དེ་ཡི་སྤྱོད་ཡུལ་མེད། །ལུས་ཀྱང་ཐལ་བ་བཞིན་སོང་ནས། །སླར་འཚོ་བ་ནི་ག་ལ་འགྱུར། །དེ་ཕྱིར་སྔ་ཕྱི་ཡོད་མ་ཡིན། །ཞེས་སོ། །

༣. ནང་པ་ལྟར་སྐྱེ་བ་སྔ་ཕྱི་རྒྱུད་གཅིག་མིན་པར། སྐྱེ་བ་སྔ་མའི་ལྟ་དང་སྐྱེ་བ་ཕྱི་མའི་མི་གཉིས་རྒྱུད་གཅིག་མི་རུང་སྟེ། སེམས་དེ་ལུས་ཐ་དད་ལ་བརྟེན་པའི་ཕྱིར། ཇི་སྐད་དུ། རྫོད་པའི་གཞིར་གྱུར་སེམས་དག་ནི། །ཐ་དད་ལུས་ལ་གནས་པའི་ཕྱིར། །རྒྱུ་འབྲས་ཉིད་ནི་ཡོད་མ་ཡིན། །བ་ལང་རྟ་ཡི་ཤེས་པ་བཞིན། །ཞེས་སོ། །

༤. ཅིས་པ་སྐྱེས་མ་ཐག་པའི་སེམས་ཀྱི་ཉེར་ལེན་གང་ཡིན་ཞེ་ན།

འབྱུང་བ་ཆེན་པོ་སེམས་མེད་རྣམས་ལས་སྐྱེས་པ་ཡིན་ཏེ། སྐྱེ་བ་ཅན་ཡིན་པའི་ཕྱིར། དཔེར་ན་ཚང་ལས་སྦྱོས་མཐུ་དང་། མེ་ཤེལ་ལས་མེ། འོ་མ་ལས་ཞོ་སོགས་རྒྱུ་འབྲས་མི་མཐུན་པ་དག་འབྱུང་བ་བཞིན་ནོ། །ཇི་སྐད་དུ། འབྱུང་བ་སེམས་མེད་རྣམས་ལས་ནི། །ཤེས་པ་ཡོད་པ་ཉིད་སྐྱེ་སྟེ། །སྐྱེ་ཅན་ཡིན་ཕྱིར་སྦྱོས་མཐུ་དང་། །མེ་ཤེལ་ལས་ནི་མེ་བཞིན་ནོ། །ཞེས་གསུངས་པ་ལྟར་སྐྱེ་བ་སྔ་མ་ཞེས་པ་སུས་ཀྱང་མ་མཐོང་བའི་ཕྱིར། བློ་ནི་ལུས་ལ་ཁྱད་པར་གསུམ་གྱི་སྒོ་ནས་བརྟེན་པ་ཡིན་ཏེ། དཔེར་ན་ཆང་དང་སྦྱོས་བྱེད་ཀྱི་ནུས་པ་བཞིན་ལུས་ཀྱི་བདག་ཉིད་དུ་གྱུར་པ་དང་། མར་མེ་དང་དེའི་འོད་བཞིན་དུ་ལུས་ཀྱི་འབྲས་བུར་གྱུར་པ་དང་། རྩིག་པ་དང་དེའི་རི་མོ་བཞིན་དུ་ལུས་ཀྱི་ཡོན་ཏན་དུ་གྱུར་པའི་སྒོ་ནས་བརྟེན་པར་འདོད་དོ། །དེས་ན་སྐྱེ་བ་སྔ་ཕྱི་མེད་པར་འདོད་པས་ན། སྐྱེ་བ་དུ་མར་ལམ་གོམས་པར་བྱེད་པ་མེད་ཅིང་ཐར་པ་དང་ཐམས་ཅད་མཁྱེན་པ་ཡང་མེད་པར་འདོད་དོ། །

༥. ལུགས་འདིས་ཚད་མ་ལ་མངོན་སུམ་ཚད་མ་གཅིག་པུས་ཁྱབ་པར་འདོད་པ་ལས། རྗེས་དཔག་ཚད་མ་ཁས་མི་ལེན་ཏེ། ཚད་མ་ལ་རང་མཚན་དངོས་སུ་འཛིན་དགོས་པ་ལས་དེ་མི་འཛིན་པའི་ཕྱིར་དང་གཏན་ཚིགས་རྣམས་ཀྱང་འཁྲུལ་བའི་ཕྱིར་རྗེས་དཔག་འཁྲུལ་བར་འདོད་དོ། །དེས་ན་གཞལ་བྱ་ལ་ཡང་རང་མཚན་ལས་སྤྱི་མཚན་ཁས་མི་ལེན་ནོ། །

དྲུག་པ། དེ་དག་གི་དོན་བསྡུ་བ་ལ། མུ་སྟེགས་པ་དེ་དག་རྣམས་ཀྱིས་སྡུག་བསྔལ་རྒྱུ་མེད་པར་འཛིན་པ་དང་། རྒྱུ་ཡོད་ཀྱང་གཙོ་བོ་དང་དབང་ཕྱུག་ལ་སོགས་པ་མི་མཐུན་པའི་རྒྱུ་ལས་བྱུང་བར་འཛིན་པ་དང་དོན་མ་ཡིན་པའི་དཀའ་ཐུབ་དང་དབང་ཕྱུག་གིས་དབང་བསྐུར་བ་ལ་སོགས་ལམ་མ་ཡིན་པ་ལམ་དུ་འཛིན་པ་དང་ཐར་པ་མ་ཡིན་པ་ཐར་པར་འཛིན་པ་སོགས་འདོད་ཅིང་། དེ་

དག་ཐུབ་མོང་དུ་བདག་རྟག་པ་དང་རང་དབང་ཅན། གཅིག་པུ་བ་སོགས་ཁས་ལེན་ལ། དེ་ལྟ་བུའི་བདག་དེ་བཅིངས་འགྲོལ་གྱི་གཞིར་ཡང་འདོད་པའོ། །རྒྱང་འཕེན་པ་མ་གཏོགས་མུ་སྟེགས་གཞན་རྣམས་སྐྱེ་བ་སྔ་ཕྱི་དང་ལས་འབྲས་ཁས་ལེན་ལ། དཔྱོད་པ་བ་དང་རྒྱང་འཕེན་པ་ཕུད་པའི་མུ་སྟེགས་གཞན་རྣམས་ཐར་པ་འདོད་པ་ཤ་སྟག་ཡིན་ནོ། །

ཚིག་འགྲེལ།

རྟོག་གེ་བ། སྐབས་འདིར་མདོན་སུམ་གཙོ་བོར་བཟུང་ནས་རྒྱང་འཕེན་པའི་ལྟ་བ་སྨྲ་མཁན་ཞིག་ཡིན།

རྩོམས་འཇུག་པ། སྐབས་འདིར་མངོན་ཤེས་གཙོ་བོར་བཟུང་ནས་རྒྱང་འཕེན་པའི་ལྟ་བ་སྨྲ་མཁན་ཞིག་ཡིན།

ཉེར་ལེན། རང་གི་རྫས་རྒྱུན་ཕྱི་མ་རང་གི་རྫས་སུ་གཙོ་བོར་སྐྱེད་བྱེད་ཀྱི་རྒྱུ་དེ་ཡིན།

དབང་ཕྱུག འཇིག་རྟེན་སྟོད་བཙུད་ཀྱི་བྱེད་པོར་གྲགས་པའི་དབང་ཕྱུག་ཆེན་པོའམ་ལྷ་ཆེན་མ་ཧ་དེ་ཝ་ཞེས་པ་དེ་ཡིན། རང་ལྗོངས་ཀྱི་གངས་རི་ཆེན་པོ་ཏི་སེ་ན་བཙུན་མོ་ཨུ་མ་དང་སྲས་ཚོགས་བདག་དང་གདོང་དྲུག་སོགས་འཁོར་གྱི་ཚོགས་སྟོང་གིས་བསྐོར་ནས་བཞུགས་པར་བཤད།

བསམ་གཞིགས་དྲི་བ།

༡. རྒྱང་འཕེན་པ། ཚུ་རོལ་མཛེས་པ། རང་བཞིན་སྨྲ་བ་བཅས་ལ་སྒྲ་བཤད་བྱེད་དགོས།

༢. མཐོང་མིན་རྗེས་འགྲོ་མེད་པས་རྒྱུ་འབྲས་མེད། །ཅེས་པར་འགྲེལ་

བཤད་བྱེད་དགོས།

༣. ལུས་སེམས་ཙམ་བདག་ཞིག་ཕྱིར་སྐྱ་ཕྱི་མེད། །ཅེས་པར་འགྲེལ་བཤད་བྱེད་དགོས།

༤. མངོན་སུམ་ཚད་མ་རྗེས་དཔག་ཚད་མིན་འཁྲུལ། །ཞེས་པར་འགྲེལ་བཤད་བྱེད་དགོས།

༥. རློ་ལུས་ལ་བརྟེན་པའི་ཁྱད་པར་གསུམ་པོ་དེ་གང་དང་གང་ཡིན་ནམ།

༦. ཕྱི་རོལ་པ་རྣམས་ཀྱིས་ཐུན་མོང་དུ་འདོད་པའི་ཁྱད་ཆོས་གསུམ་ལྡན་གྱི་བདག་ཅེས་པའི་ཁྱད་ཆོས་གསུམ་པོ་དེ་གང་དང་གང་ཡིན། དེ་གསུམ་ལ་འགྲེལ་བཤད་སྐབས་བདེ་རེ་བྱེད་དགོས།

ས་བཅད་གཉིས་པ། ནང་པ་སངས་རྒྱས་པའི་གྲུབ་མཐའི་རྣམ་གཞག་ཅུང་ཟད་ཕྱེ་སྟེ་བཤད་པ།

ནང་པ་སངས་རྒྱས་པའི་གྲུབ་མཐའི་རྣམ་གཞག་ཅུང་ཟད་ཕྱེ་སྟེ་བཤད་པ་ལ་གཉིས། སྤྱིར་བསྟན་པ་དང་། ཅེ་བྲག་ཏུ་བཤད་པའོ། །དང་པོ་སྤྱིར་བསྟན་པ་ལ་ནང་པ་སངས་རྒྱས་པའི་གྲུབ་མཐའི་བྱུང་ཚུལ་དང་། དེའི་མཚན་ཉིད། དབྱེ་བ་བཅས་བཤད་པར་བྱའོ། །

དང་པོ་ནི། སྤྱིར་སངས་རྒྱས་འཇིག་རྟེན་དུ་བྱུང་བའི་བསྐལ་པ་ལ་སྒྲོན་བསྐལ་དང་། དེ་མི་འབྱུང་བའི་བསྐལ་པ་ལ་མུན་བསྐལ་ཟེར། བསྐལ་པ་འདི་སངས་རྒྱས་སྟོང་བྱུང་བས་སྒྲོན་མེའི་བསྐལ་པ་བཟང་པོ་ཞེས་བྱ། དེ་ཡང་འཛམ་བུ་གླིང་པའི་མི་རྣམས་ཚེ་ལོ་དཔག་མེད་ནས་འགྲིབ་སྟེ་ཚེ་ལོ་བཞི་ཁྲིའི་དུས་སུ་སངས་རྒྱས་སྟོང་གི་དང་པོ་འཁོར་བ་འཇིག་ཕྱིན་ནས་ཆོས་ཀྱི་འཁོར་ལོ་བསྐོར། དེ་ནས་ཚེ་ལོ་སུམ་ཁྲིའི་དུས་སུ་སངས་རྒྱས་གསེར་ཐུབ་ཕྱིན་ནས་ཆོས་ཀྱི་འཁོར་ལོ་བསྐོར། ཉི་ཁྲིའི་དུས་སུ་སངས་རྒྱས་འོད་སྲུང་ཕྱིན་ནས་ཆོས་འཁོར་བསྐོར། ཚེ་ལོ་བརྒྱ་པ་སྙིགས་མ་ལྔ་བདོ་བའི་ཚེ་རྣམ་འདྲེན་བཞི་པ་སངས་རྒྱས་ཤཱཀྱ་ཐུབ་པ་འཇིག་རྟེན་དུ་ཕྱིན། དེ་ཡང་སྟོན་པ་མཉམ་མེད་ཤཱཀྱའི་རྒྱལ་པོ་དེ་ཉིད་ཀྱིས་དང་པོར་བྱང་ཆུབ་མཆོག་ཏུ་ཐུགས་བསྐྱེད། བར་དུ་བསྐལ་ཆེན་གྲངས་མེད་གསུམ་དུ་ཚོགས་བསགས། མཐར་རྡོ་རྗེ་གདན་གྱི་སྤྱིལ་མངོན་པར་རྫོགས་པར་སངས་རྒྱས་ཏེ་ཡུལ་ཝཱ་ར་ཎ་སིར་འཁོར་ལྔ་སྡེ་བཟང་པོ་ལ་ཆོས་ཀྱི་ཐོག་མ་བདེན་པ་བཞིའི་ཆོས་ཀྱི་འཁོར་ལོ་བསྐོར། དེ་ནས་བྱ་རྒོད་ཕུང་པོའི་རིར་བྱང་ཆུབ་སེམས་དཔའ་དང་། ཉན་ཐོས་དང་། ལྷ

དང་མིའི་འཁོར་དཔག་ཏུ་མེད་པ་ལ་ཆོས་ཐམས་ཅད་ངོ་བོ་ཉིད་མེད་པ་བཀའ་བར་པ་མཚན་ཉིད་མེད་པའི་ཆོས་ཀྱི་འཁོར་ལོ་བསྐོར། དེའི་རྗེས་སུ་གནས་ཡངས་པ་ཅན་ལ་སོགས་པར་འཁོར་ཐུ་མ་དང་འདྲ་བ་ལ་མཚན་ཉིད་གསུམ་ལ་བདེན་པ་རྣམ་པར་གྲུབ་མ་གྲུབ་ཀྱི་ཁྱད་པར་ལེགས་པར་ཕྱེ་ནས་སྟོན་པའི་ལེགས་ཕྱེའི་ཆོས་འཁོར་བསྐོར་ཏེ་མུ་སྟེགས་ཀྱི་སྟོན་པ་དྲུག་ལ་སོགས་པའི་སྨྲ་བ་ངན་པ་ཐམས་ཅད་ཟིལ་གྱིས་མནན་ནས་ཕན་བདེའི་འབྱུང་གནས་སངས་རྒྱས་ཀྱི་བསྟན་པ་རིན་པོ་ཆེ་དར་ཞིང་རྒྱས་པར་མཛད། སློབ་དཔོན་ཀླུ་སྒྲུབ་ཀྱིས། དང་པོར་བྱང་ཆུབ་མཆོག་ཏུ་ཐུགས་བསྐྱེད་དེ། །བསྐལ་པ་གྲངས་མེད་གསུམ་དུ་ཚོགས་བསགས་ཤིང་། །བར་དུ་གཅོད་པའི་བདུད་རྣམས་འཇོམས་པར་མཛད། །བཅོམ་ལྡན་སེང་གེ་དེ་ལ་ཕྱག་འཚལ་ལོ། །ཞེས་གསུངས་སོ། །དེ་ལྟར་བཅོམ་ལྡན་འདས་ཀྱིས་ཆོས་ཀྱི་འཁོར་ལོ་བསྐོར་བའི་མཛད་པ་ཟིན་ནས་འོད་སྲུང་ཆེན་པོ་ལ་བསྟན་པ་གཏད་དེ་ཡུལ་རྩ་མཆོག་གྲོང་དུ་རེ་ཞིག་སྐུ་དངོས་ཀྱི་གདུལ་བྱ་རྣམས་རྫོགས་པ་དང་། རྟག་འཛིན་ཅན་རྣམས་ཆོས་ལ་སྐུལ་བའི་ཆེད་དུ་མཛད་པ་ཐ་མ་བསྟན་ཏོ། །དེའི་འོག་ཏུ་འགྲེལ་བྱེད་རྣམས་ཀྱིས་འཁོར་ལོ་གསུམ་གྱི་དགོངས་པ་སོ་སོར་བཀྲལ་བ་ལ་བརྟེན་ནས་གྲུབ་མཐའ་སྨྲ་བ་བཞི་བྱུང་སྟེ། དེ་དག་ལས་དོན་སྨྲ་སྡེ་གཉིས་ཀྱིས་འཁོར་ལོ་དང་པོ་དང་། ངོ་བོ་ཉིད་མེད་པར་སྨྲ་བས་འཁོར་ལོ་བར་པ་དང་། རྣལ་འབྱོར་སྤྱོད་པ་རྣམས་ཀྱིས་འཁོར་ལོ་ཐ་མའི་རྗེས་སུ་འབྲངས་ནས་གཞི་ལམ་འབྲས་གསུམ་གྱི་རྣམ་གཞག་དམ་བཅའ་བར་བྱེད་དོ། །

གཉིས་པ་མཚན་ཉིད་ནི། དཀོན་མཆོག་གསུམ་སྐྱབས་གནས་ཡང་དག་ཏུ་ཁས་ལེན་པ་མ་ཟད། ལྟ་བ་བཀའ་བཏགས་ཕྱག་རྒྱ་བཞི་ཁས་ལེན་པའི་གང་ཟག་དེ་ནང་པ་སངས་རྒྱས་པའི་གྲུབ་མཐའ་སྨྲ་བའི་མཚན་ཉིད་ཡིན།

ཕྱག་རྒྱ་བཞི་ཡོད་དེ། འདུས་བྱས་ཐམས་ཅད་མི་རྟག་པ། ཟག་བཅས་ཐམས་ཅད་སྡུག་བསྔལ་བ། ཆོས་ཐམས་ཅད་སྟོང་ཞིང་བདག་མེད་པ། མྱ་ངན་ལས་འདས་པ་ཞི་བའོ། །འདི་ནི་དེ་བཞིན་གཤེགས་པའི་གསུང་གི་ཐ་མའོ། །གལ་ཏེ་གནས་མ་བུ་བས་བརྗོད་དུ་མེད་པའི་གང་ཟག་གི་བདག་ཁས་བླངས་པས་ནང་པའི་གྲུབ་མཐའ་སྨྲ་བ་མ་ཡིན་པར་འགྱུར་རོ་ཞེ་ན། སྐྱོན་མེད་དེ། །དེས་བདག་ཕུང་པོ་ལས་ངོ་བོ་ཐ་དད་དུ་བརྗོད་ན་མུ་སྟེགས་པས་འདོད་པའི་བདག་ལྟར་ཐལ་འགྱུར་བ་དང་། དེ་གཉིས་གཅིག་ཏུ་བརྗོད་ནའང་སངས་རྒྱས་ཀྱི་མདོ་དང་འགལ་བར་མཐོང་སྟེ། ལས་འབྲས་ཀྱི་རྟེན་དུ་གྱུར་པའི་གང་ཟག་རང་རྐྱ་ཐུབ་པའི་རྫས་ཡོད་ཀྱི་བདག་ཞིག་ཁས་ལེན་པ་ཡིན། འོན་ཀྱང་ཕྱག་རྒྱ་བཞིའི་ནང་གི་བདག་མེད་ནི། རྟག་གཅིག་རང་དབང་ཅན་གྱིས་སྟོང་པའི་བདག་མེད་ལ་བྱེད་ཅིང་། དེ་ནི་གནས་མ་བུ་བས་ཀྱང་ཁས་ལེན་ཞིང་བདག་མེད་པར་འདོད་པས་ཐུབ་པའི་ལུགས་གཅེས་པར་འཛིན་པ་ཡིན་ནོ། །

གསུམ་པ་དབྱེ་བ་ནི། ནང་པའི་སྟོན་པའི་རྗེས་སུ་འབྲངས་པའི་གྲུབ་མཐའ་སྨྲ་བ་ལ་བྱེ་བྲག་སྨྲ་བ་དང་། མདོ་སྡེ་པ་དང་། སེམས་ཙམ་པ་དང་། དབུ་མ་པ་བཅས་བཞིར་གྲངས་ངེས་པ་དང་། ཐེག་པ་ལ་ཉན་ཐོས་དང་རང་རྒྱལ་དང་། ཐེག་ཆེན་གསུམ་དུ་གྲངས་ངེས་པ་ཡིན་ཏེ། དེ་དག་ལས་ལོགས་སུ་གྱུར་པའི་གྲུབ་མཐའ་ལྔ་པ་དང་། ཐེག་པ་གསུམ་ལས་ལོགས་སུ་གྱུར་པའི་ཐེག་པ་བཞི་པ་མེད་པར་གསུངས་པའི་ཕྱིར་རོ། །རྡོ་རྗེ་སྙིང་འགྲེལ་ལས། སངས་རྒྱས་པ་ལ་བཞི་པ་དང་། །ལྔ་པ་ཐུབ་པའི་དགོངས་པ་མིན། །ཞེས་པ་ལྟར་རོ། །ནང་པའི་གྲུབ་མཐའ་བཞི་པོ་འདི་ཐེག་པའི་དབང་དུ་བྱས་ན། བྱེ་མདོ་གཉིས་ཐེག་དམན་དང་། དབུ་སེམས་གཉིས་ཐེག་ཆེན་དུ་བསྡུས་པ་ཡིན། ཐེག་དམན་ནི་སྟོན་པ་བཅོམ་ལྡན་འདས་སྐུ་མྱ་ངན་ལས་འདས་ནས་ཕལ་ཆེར

མ་ཉམས་པར་གནས། ཐེག་པ་ཆེན་པོའི་གྲུབ་མཐའ་ནི་སྟོན་པ་སངས་རྒྱས་མྱ་ངན་ལས་འདས་ནས་རིང་པོར་མ་སོང་བར་མི་ཡུལ་དུ་ཉམས་ནས་ཡུན་རིང་པོའི་བར་མ་དར། ཐེག་ཆེན་གྱི་མདོ་སྡེ་རྣམས་ལྷ་ཀླུའི་ཡུལ་སོགས་སུ་དྲངས་ནས་དེ་དག་གི་མཆོད་གནས་སུ་གྱུར། འཛམ་བུ་གླིང་དུ་ཡོད་པ་རྣམས་ལའང་དགྲ་ལན་མང་པོ་བྱུང་སྟེ་ཕལ་ཆེར་ནུབ། ཕྱིས་ཀླུ་སྒྲུབ་ཞབས་ཀྱིས་ཆོས་ཀྱི་བདག་མེད་གཏན་ལ་ཕབ་སྟེ། ཐེག་པ་ཆེན་པོའི་བཀའ་ཡོད་པ་དང་། ཐར་པ་ཙམ་ཐོབ་པ་ལའང་སྟོང་ཉིད་རྟོགས་དགོས་པས། ཆོས་ཐམས་ཅད་བདེན་པར་མ་གྲུབ་པ་འཁོར་ལོ་བར་པའི་དགོངས་པ་མཐར་ཐུག་ཏུ་བཀྲལ། དེ་ནས་སློབ་དཔོན་ཐོགས་མེད་བྱོན་ཏེ་ཐེག་པ་ཆེན་པོ་དབུ་མ་པའི་ལུགས་ནི་མགོན་པོ་ཀླུ་སྒྲུབ་ཀྱིས་གསལ་བར་སྤེལ་ཟིན་ཡང་། ད་དུང་ཐེག་པ་ཆེན་པོ་སེམས་ཙམ་པའི་ལུགས་གསོ་བར་དགོངས་ཏེ་བྱམས་པ་ཡིད་དམ་དུ་སྒྲུབ་ཏེ་སེམས་ཙམ་པའི་ལུགས་འཁོར་ལོ་ཐ་མའི་དགོངས་དོན་བཀྲལ། མགོན་པོ་ཀླུ་སྒྲུབ་དང་སློབ་དཔོན་ཐོགས་མེད་གཉིས་ལ་ཤིང་རྟའི་སྲོལ་འབྱེད་རྣམ་པ་གཉིས་ཞེས་ཞུ་དགོས་དོན་ཡང་འདི་ཡིན་ནོ། །

གཉིས་པ་བྱེ་བྲག་ཏུ་བཤད་པ་ལ། བྱེ་བྲག་སྨྲ་བ། མདོ་སྡེ་པ། སེམས་ཙམ་པ། དབུ་མ་པའི་གྲུབ་མཐའ་དང་བཞིའོ། །

ཚིག་འགྲེལ།

འཛམ་བུ་གླིང་། གླིང་བཞིའི་ནང་ཚན་གྱི་འཛམ་བུ་གླིང་ནི《མངོན་པ་མཛོད》ཀྱི་གསུངས་ཚུལ་ལྟར་ན། གངས་རི་ཆེན་པོ་ཏི་སེའི་ཤར་ཕྱོགས་སུ་མཚོ་མ་དྲོས་པ་ཞེས་པ་ཡོད་པ་དེའི་འགྲམ་གཡས་རོལ་ན་འཛམ་བུ་ཏྲི་ཀྵའི་སྡོང་པོ་ཡོད་པར་གྲགས་པ་དེ་ལས་འཛམ་བུའི་འབྲས་བུ་མཚོ་ནང་དུ་ལྷུང་སྐབས

“འཛམ་བུ” ཞེས་པའི་སྒྲ་ཐོན་པ་ལས་གླིང་འདི་ལ་འཛམ་བུའི་གླིང་ཞེས་མིང་ཐོགས་པ་ཡིན་གསུངས།

སྙིགས་མ་ལྔ། སྙིགས་མ་ནི་གང་སྙིགས་ཏེ་སེམས་ཅན་སྙིགས་མ། ཉོན་མོངས་སྙིགས་མ། དུས་སྙིགས་མ། ཚེ་སྙིགས་མ། ལྟ་བ་སྙིགས་མ་བཅས་སོ། །ཤཱཀྱ་ཐུབ་པ་སྐུ་མྱ་ངན་ལས་འདས་ནས་ལོ་ཆིག་སྟོང་ལྔ་བརྒྱ་སོང་བ་ན་སྙིགས་མ་ལྔ་དར་བའི་དུས་སྐབས་འགོ་ཚུགས་པ་ཡིན་གསུངས།

བྱང་ཆུབ་མཆོག་ཏུ་ཐུགས་བསྐྱེད། ཐེག་པ་ཆེན་པོའི་ལམ་གྱི་གསུང་སྒྲོལ་ཞིག་སྟེ་རང་ཉིད་གཅིག་པུ་ཐར་པ་དོན་གཉེར་གྱི་བསམ་པ་སྤངས་ནས་འགྲོ་བ་རིགས་དྲུག་སེམས་ཅན་ཐམས་ཅད་ཀྱི་དོན་དུ་སངས་རྒྱས་ཐོབ་པར་བྱེད་པའི་བསམ་པ་ཐོག་མར་བསྐྱེད་པ་ཞིག་སྟོན་པ་ཤཱཀྱ་ཐུབ་པ་བྱང་ཆུབ་མཆོག་ཏུ་ཐུགས་བསྐྱེད་ཚུལ་ལ་ཐེག་པ་ཆེ་ཆུང་གི་གསུང་ཚུལ་མི་འདྲ་བ་མང་པོ་ཡོད།

བསྐལ་ཆེན། བསྐལ་ཆེན་གཅིག་ལ་ཆགས་པའི་བསྐལ་པ། གནས་པའི་བསྐལ་པ། །འཇིག་པའི་བསྐལ་པ། སྟོང་པའི་བསྐལ་པ་སྟེ་དུས་ཀྱི་དུམ་བུ་བཞི་ཡོད། དེ་རེ་རེ་ལའང་བར་བསྐལ་ཉི་ཤུ་རེ་ཡོད་པས་བསྐལ་ཆེན་གཅིག་ལ་བར་བསྐལ་བརྒྱད་ཅུ་ཡོད་དེ། ཞིབ་པར《གྲུབ་མཐའ་རིན་ཆེན་ཕྲེང་བའི་ཚིག་འགྲེལ་ཐོར་བུ》ཡི་ཤོག་གྲངས་141ལ་གཟིགས་པར་འཚལ།

ཚོགས་བསགས། ཆོས་གཟུགས་ཀྱི་སྐུ་གཉིས་སྒྲུབ་པའི་ཐབས་སུ་གྱུར་པའི་དགེ་བ་དང་། ཐབས་དང་ཤེས་རབ་ཅི་རིགས་ཀྱིས་བསྡུས་པ་ནི་ཚོགས་ཀྱི་ངོ་བོ་ཡིན་ནོ། །དེ་ལ་དབྱེ་ན་བསོད་ནམས་ཀྱི་ཚོགས་དང་ཡེ་ཤེས་ཀྱི་ཚོགས་གཉིས་སོ། །《རིན་ཆེན་འཕྲེང་བ》ལས། སངས་རྒྱས་རྣམས་ཀྱི་གཟུགས་ཀྱི་སྐུ། །བསོད་ནམས་ཚོགས་ལས་འབྱུང་བ་སྟེ། །ཆོས་ཀྱི་སྐུ་ནི་མདོར་

བསྡུས་ན། །རྒྱལ་པོ་ཡེ་ཤེས་ཚོགས་ལས་འབྱུངས། །དེ་ལྟ་བས་ན་ཚོགས་འདི་གཉིས། སངས་རྒྱས་ཉིད་ནི་ཐོབ་པའི་རྒྱུ། །ཞེས་གསུངས་པ་ལྟར་རོ། །

མངོན་པར་རྫོགས་པར་སངས་རྒྱས། སྤྱང་བྱ་སྒྲིབ་གཉིས་བག་ཆགས་དང་བཅས་པ་སྤངས་པ་མཐར་ཕྱིན་པ་དང་། ཤེས་བྱ་ཇི་ལྟ་བ་དང་ཇི་སྙེད་པའི་དོན་མ་ལུས་པར་མངོན་སུམ་དུ་རྫོགས་པར་མཁྱེན་པའི་ཡེ་ཤེས་བརྙེས་པའི་རྟོགས་པ་མཐར་ཕྱིན་པ་སྟེ་སངས་རྒྱས་པའོ། །སྟོན་པ་ཤཱཀྱ་ཐུབ་པ་མངོན་པར་རྫོགས་པར་འཚང་རྒྱ་བའི་ཚུལ་ལ་འང་ཐེག་དམན་ཐེག་ཆེན་གྱི་གསུངས་ཚུལ་མི་འདྲ་བ་ཡོད།

ལྔ་སྡེ་བཟང་པོ། སྟོན་པ་ཤཱཀྱ་ཐུབ་པ་མངོན་པར་རྫོགས་པར་སངས་རྒྱས་པའི་རྗེས་ཆོས་ཀྱི་ཐོག་མའི་སྣོད་དུ་གྱུར་པའི་སློབ་མའི་དང་པོ་ལྔ་སྡེ། ཀུན་ཤེས་ཀཽཎྜི་ནྱ། རྟ་ཐུལ། རླངས་པ། མིང་ཆེན། བཟང་ལྡན་བཅས་ལ་འཁོར་ལྔ་སྡེ་བཟང་པོ་ཟེར་ཞིང་། དེ་རྣམས་རིམ་པར་དགྲ་བཅོམ་པའི་གོ་འཕང་ཐོབ་པ་དང་སྟོན་པའི་བསྟན་པ་འདི་ཡི་དགེ་འདུན་དཀོན་མཆོག་གི་ཐོག་མ་ཡིན་ནོ། །

བདེན་བཞིའི་ཆོས་འཁོར། སྟོན་པ་ཤཱཀྱ་ཐུབ་པས་དང་པོར་གསུངས་པའི་ཆོས་ཤིག་སྟེ། སྟོན་པ་དགུང་ལོ་སོ་ལྔ་ལ་བབས་པའི་ཧོར་ཟླ་བཞི་པའི་ཚེས་བཅོ་ལྔའི་ཐོ་རངས་མངོན་པར་རྫོགས་པར་སངས་རྒྱས་པའི་ཚུལ་བསྟན་ནས་ཞག་ཞེ་དགུའི་རིང་སྟོད་བརྟག་པའི་ཆེད་ཆོས་མ་གསུང་བར་བཞུགས། དེ་ནས་ལྷ་དང་མི་གྲངས་ལས་འདས་པས་ཆོས་སྟོན་པར་གསོལ་བ་བཏབ་པ་ལྟར་ཧོར་ཟླ་དྲུག་པའི་ཚེས་བཞིར་བཀའ་དང་པོ་བདེན་བཞིའི་ཆོས་འཁོར་བསྐོར་བས། འཇིག་རྟེན་ན་དཀོན་མཆོག་གསུམ་གྱི་ཐོག་མ་བྱུང་།

བདེན་བཞིའི་ཆོས་འཁོར་གྱི་ངོ་བོ་དང་དབྱེ་བ་སོགས་གཤམ་དུ་ཡོད་པས་དེར་གཟིགས་པར་ཞུ།

བཀའ་བར་པ་མཚན་ཉིད་མེད་པའི་ཆོས་འཁོར། སྟོན་པ་ཤཱཀྱ་ཐུབ་པས་ཆོས་འཁོར་ལན་གསུམ་བསྐོར་བའི་བར་པ་སྟེ་གཟུགས་ནས་རྣམ་མཁྱེན་བར་གྱི་ཆོས་ཐམས་ཅད་རང་རང་གི་མཚན་ཉིད་ཀྱིས་མ་གྲུབ་པར་སྟོན་པའི་ཟབ་མོ་སྟོང་པ་ཉིད་ཀྱི་ཚུལ་ལས་བརྩམས་པའི་ཆོས་འཁོར། མཚན་གཞི་ནི《ཡུམ་རྒྱས་འབྲིང་བསྡུས》ལྟ་བུའོ། །

ལེགས་ཕྱེའི་ཆོས་འཁོར། སྟོན་པ་ཤཱཀྱ་ཐུབ་པས་ཆོས་འཁོར་ལན་གསུམ་བསྐོར་བའི་ཆོས་འཁོར་ཐ་མ་སྟེ། གཟུགས་ནས་རྣམ་མཁྱེན་བར་གྱི་ཆོས་ཐམས་ཅད་མཚན་ཉིད་གསུམ་དུ་བསྡུས་ཤིང་གཞན་དབང་དང་ཡོངས་གྲུབ་བདེན་གྲུབ་དང་། ཀུན་བཏགས་བདེན་མེད་དུ་ལེགས་པར་རྣམ་པར་ཕྱེ་ནས་བསྟན་པའི་ཆོས་འཁོར། མཚན་གཞི་ནི《ཕལ་པོ་ཆེ》དང《ལང་ཀར་གཤེགས་པ》ལྟ་བུའོ། །

མུ་སྟེགས་ཀྱི་སྟོན་པ་དྲུག སྟོན་པ་ཤཱཀྱ་ཐུབ་པའི་མཛད་ཆེན་བཞིའི་ཡ་གྱལ་ཆོ་འཕྲུལ་ཆེན་པོ་ཞེས་པའི་མཛད་པ་བཞེས་སྐབས་ཕམ་པར་མཛད་པའི་མུ་སྟེགས་ཀྱི་སྟོན་པ་དྲུག་སྟེ། སྟོན་པ་རྫོགས་བྱེད་དང་། གནག་ལྷས་ཀྱི་བུ། ཡང་དག་རྒྱལ་བ་ཅན། མི་ཕམ་སྐྲའི་ལ་བ་ཅན། ཀ་ཏའི་བུ་ནོག་ཅན། གཅེར་བུ་བ་གཉེན་གྱི་བུ་བཅས་དྲུག་གོ། །

འོད་སྲུངས་ཆེན་པོ། འཕགས་པ་འོད་སྲུངས་ཆེན་པོ་སྟེ་སངས་རྒྱས་ཞལ་བཞུགས་སྐབས་ཀྱི་དངོས་སློབ། སངས་རྒྱས་རང་ཉིད་མྱ་ངན་ལས་འདའ་ཁར་བསྟན་པའི་བདག་པོར་བསྐོས་ཤིང་། རང་ཉིད་ཀྱི་བློ་ལ་ཡོད་པའི་མདོན་པའི་སྡེ་སྣོད་རྣམས་ཕྱོགས་བསྡུས་མཛད། མཐར་དགྲ་བཅོམ་པའི་གོ་འཕང

ཐོབ་ནས་རི་བོ་བྱ་རྐང་ཅན་དུ་སངས་རྒྱས་བྱམས་པ་འཇིག་རྟེན་དུ་མ་བྱོན་བར་སྐུ་གདུང་མ་ཉམས་པར་འགོག་པའི་ཏིང་ངེ་འཛིན་ལ་ཐུགས་མཉམ་པ་བཞག་ནས་བཞུགས་པར་གསུངས།

རྟེན་སྨྲ་སྡེ་གཉིས། བྱེ་བྲག་སྨྲ་བ་དང་མདོ་སྡེ་པ་གཉིས།

ངོ་བོ་ཉིད་མེད་པར་སྨྲ་བ། དབུ་མའི་གྲུབ་མཐའི་མིང་གི་རྣམ་གྲངས།

རྣལ་འབྱོར་སྤྱོད་པ་བ། སེམས་ཙམ་པའི་གྲུབ་མཐའི་མིང་གི་རྣམ་གྲངས།

ལྔ་བ་བཀའ་བཏགས་ཕྱག་བཞི། སྟོན་པ་ཤཱཀྱ་ཐུབ་པའི་གསུང་གི་ཐ་མ་ནི་ལྔ་བ་བཀའ་བཏགས་ཕྱག་རྒྱ་བཞི་པོ་དེ་ཡིན། དེ་ནི་དཔེར་ན་འབངས་རྣམས་རྒྱལ་པོས་བཀའ་ཡིས་བཅད་པའི་ཁྲིམས་དེ་ལས་འདའ་བར་བྱེད་མི་རུང་བ་བཞིན་དུ་ཐུབ་པའི་དབང་པོའི་རྗེས་སུ་འཇུག་པ་རྣམས་ཀྱང་ལྟ་བའི་རྒྱ་འདི་ལས་ནམ་ཡང་འགལ་མི་རུང་བ་ཡིན་པས་སོ། །

གནས་མ་བུ་བ། བྱེ་བྲག་སྨྲ་བའི་གྲུབ་མཐའ་ལ་རྩ་བའི་སྡེ་བཞི་དང་གྱེས་པ་བཅོ་བརྒྱད་དུ་དབྱེ་བའི་ནང་གི་མང་བཀུར་སྡེ་ལ་གསུམ་དུ་ཕྱེ་བའི་ཡ་གྱལ་ཞིག

《རྡོ་རྗེ་སྙིང་འགྲེལ་》 ཕྱག་ན་རྡོ་རྗེས་གསུངས་པ་ཞིག་སྟེ་བསྟན་འགྱུར་ཁྲོད་ན་བཞུགས་པའི་སེམས་འགྲེལ་སྐོར་གསུམ་གྱི་ནང་ཚན། དགྱེས་པ་རྡོ་རྗེའི་རྒྱུད་བརྟག་པ་གཉིས་པ་དེ་དུས་འཁོར་ལྟར་དུ་འགྲེལ་པ་ཞིག་ཡིན།

བསམ་གཞིགས་དྲི་བ།

༡. བསྐལ་པ་འདི་ལ་སངས་རྒྱས་ག་ཚོད་བྱུང་བར་གསུངས། ད་བར་

སངས་རྒྱས་ག་ཚོད་བྱོན་ཡོད་དམ།

༢. སངས་རྒྱས་ཤཱཀྱ་ཐུབ་པས་འཇིག་རྟེན་འདིར་ཆོས་ཀྱི་ཐོག་མ་གང་བསྐོར། གསུང་གི་ཐ་མ་གང་གསུངས།

༣. སངས་རྒྱས་ཀྱི་དགོངས་པ་གང་བཀྲལ་བ་ལ་བརྟེན་ནས་གྲུབ་མཐའ་སྨྲ་བ་བཞི་བྱུང་ངམ།

༤. ནང་པ་སངས་རྒྱས་པའི་གྲུབ་མཐའ་སྨྲ་བའི་མཚན་ཉིད་གང་ཡིན་འཇོག་དགོས།

༥. ལྟ་བ་བཀའ་བཏགས་ཕྱག་རྒྱ་བཞི་པོ་དེ་སོ་སོར་འདྲེན་དགོས།

༦. གནས་མ་བུ་བས་བརྗོད་དུ་མེད་པའི་གང་ཟག་གི་བདག་ཁས་བླངས་པས་ནང་པའི་གྲུབ་མཐའ་སྨྲ་བའི་མཚན་ཉིད་དང་འགལ་ལོ་ཞེ་ན། མི་འགལ་བའི་སྐྱོན་སེལ་ཇི་ལྟར་བྱེད་དམ།

༧.《རྡོ་རྗེ་སྙིང་འགྲེལ》ལས། སངས་རྒྱས་པ་ལ་བཞི་པ་དང་། ལྔ་པ་ཐུབ་པའི་དགོངས་པ་མིན། ཞེས་པར་ཚིག་འགྲེལ་བྱེད་དགོས།

༨. ཤིང་རྟའི་སྲོལ་འབྱེད་རྣམ་པ་གཉིས་ཞུ་བ་དེ་སུ་དང་སུ་ཡིན་ནམ། དེ་ལྟར་ཞུ་དགོས་དོན་གང་ཡིན་ནམ།

༡ ཅེ་ཐྲག་སྨྲ་བའི་གྲུབ་མཐའ།

ཅེ་ཐྲག་སྨྲ་བའི་གྲུབ་མཐའ་བཤད་པ་ལ། སློབ་དཔོན། སྒྲ་བཤད། མཚན་ཉིད། དབྱེ་བ། གྲུབ་མཐའི་འདོད་ཚུལ་ཏེ་ལྔའོ། །

དང་པོ་གྲུབ་མཐའ་འདིའི་སློབ་དཔོན་ནི། བཙུན་པ་དབྱིག་བཤེས་དང་། སློབ་དཔོན་ཆོས་སྐྱོབ། བཙུན་པ་སངས་རྒྱས་ལྷ། སློབ་དཔོན་འདུས་བཟང་སོགས་ཡིན།

གཉིས་པ་སྒྲ་བཤད་ནི། ཅེ་ཐྲག་བཤད་མཚོ་ཆེན་མོའི་རྗེས་སུ་འབྲངས་ནས་གྲུབ་མཐའ་སྨྲ་བས་སམ། དུས་གསུམ་རྫས་ཀྱི་ཅེ་ཐྲག་ཏུ་སྨྲ་བས་ན་ཅེ་ཐྲག་སྨྲ་བ་ཞེས་བརྗོད།

གསུམ་པ་མཚན་ཉིད་ནི། རང་རིག་མི་འདོད་ཅིང་ཕྱི་དོན་བདེན་གྲུབ་ཏུ་འདོད་པའི་ཐེག་དམན་གྱི་གྲུབ་མཐའ་སྨྲ་བའི་གང་ཟག་དེ་ཅེ་ཐྲག་སྨྲ་བའི་མཚན་ཉིད།

བཞི་པ་དབྱེ་བ་ནི། སྡེ་པའི་སྒོ་ནས་དབྱེ་བ་དང་ཡུལ་གྱི་སྒོ་ནས་དབྱེ་བ་གཉིས། དང་པོ་ནི། རྩ་བའི་སྡེ་བཞི་དང་། གྱེས་པ་བཅོ་བརྒྱད་དེ། རྩ་བའི་སྡེ་བཞི་ནི་ཕལ་ཆེན་སྡེ་པ་དང་། གཞི་ཐམས་ཅད་ཡོད་པར་སྨྲ་བའི་སྡེ། གནས་བརྟན་པའི་སྡེ། མང་བཀུར་བའི་སྡེ་བཅས་བཞི་འོ། །གྱེས་པ་བཅོ་བརྒྱད་ནི། ཕལ་ཆེན་སྡེ་པ་ལས་གྱེས་པ་ལྔ་སྟེ། ༡. ཤར་ནུབ་རི། ༢. གངས་རི་གནས། ༣. འཇིག་རྟེན་འདས་པར་སྨྲ་བ་དང་། ༤. བཏགས་པར་སྨྲ་བའི་སྡེ་པ་དང་། ༥. དགེ་འདུན་ཕལ་པའི་སྡེ་པའོ། །གཞི་ཐམས་ཅད་ཡོད་པར་སྨྲ་བ་ནས་གྱེས་པ་བདུན་ཏེ། ༡. གཞི་ཀུན་ཡོད་དང་། ༢. འོད་སྲུང་སྡེ། ༣. ས་སྟོན་སྡེ་དང་། ༤. ཆོས་སྲུང་སྡེ། ༥. མང་ཐོས་གོས་དམར། ༦. སློབ

མར་བཅས། ༨. རྣམ་པར་ཕྱེ་སྟེ་སྨྲ་བའི་སྡེ། ཐམས་ཅད་ཡོད་པར་སྨྲ་བ་ཡིན། གནས་བརྟན་པ་ལས་གྱེས་པ་གསུམ་སྟེ། རྒྱལ་བྱེད ༡. ཚལ་གནས། ༢. འཇིགས་མེད་གནས། ༣. གཙུག་ལག་ཁང་ཆེན་གནས་བརྟན་པ། མང་བཀུར་བ་ལས་གྱེས་པ་གསུམ་སྟེ། ༡. ས་སྒྲོག་རི་དང་། ༢. སྲུང་བ་པ། ༣. གནས་མ་བུ་ཡི་སྡེ་རྣམས་ནི། མང་པོས་བཀུར་བའི་སྡེ་པ་ཡིན། དེ་དག་ཀྱང་གང་གི་རྗེས་སུ་འབྲངས་པའི་སློབ་དཔོན་དང་། གནས་སའི་ཡུལ། གྲུབ་མཐའི་འདོད་ཚུལ་ཅི་རིགས་ཀྱིས་དབྱེ་བ་བཅོ་བརྒྱད་དུ་གྱུར་བ་ཡིན། གཉིས་པ་ཡུལ་གྱི་སྒོ་ནས་དབྱེ་ན། ཁ་ཆེ་བྱེ་བྲག་སྨྲ་བ། ཉི་འོག་པ། ཡུལ་དབུས་ཀྱི་བྱེ་བྲག་སྨྲ་བ་དང་གསུམ་ཡོད།

ལྔ་པ་གྲུབ་མཐའི་འདོད་ཚུལ་ནི། གང་ལ་བརྟེན་པའི་གཞུང་དང་། དེ་ལ་བརྟེན་པའི་གྲུབ་མཐའི་འདོད་ཚུལ། དང་པོ་ནི། བྱེ་བྲག་ཏུ་སྨྲ་བའི་ཐོག་མའི་གཞུང་ནི། མངོན་པ་སྡེ་བདུན་དང་། དེའི་དོན་བསྡུས་པ་བྱེ་བྲག་བཤད་མཚོ་ཆེན་མོ་གཉིས་ཡིན་པར་གྲགས་ཤིང་། མངོན་པ་སྡེ་བདུན་ནི་མདོ་ཡིན་ལ་འཕགས་པ་ཤཱ་རིའི་བུ་ལ་སོགས་པས་བཅོམ་ལྡན་འདས་ཞལ་བཞུགས་པའི་དུས་སུ་བསྡུས་པར་ལུགས་འདིས་འདོད་ཅིང་། བྱེ་བྲག་བཤད་མཚོ་ཆེན་མོ་ནི་འཕགས་པ་ཉེར་སྦས་ལ་སོགས་ཀྱིས་མཛད་པས་བསྟན་བཅོས་སུ་འདོད''དོ། ། གཉིས་པ་གཞིའི་འདོད་ཚུལ། ལམ་གྱི་འདོད་ཚུལ། འབྲས་བུའི་འདོད་ཚུལ་ལོ།

དང་པོ་གཞིའི་རྣམ་གཞག་བཤད་པ་ལ་ཡུལ་དང་ཡུལ་ཅན་གཉིས། དང་པོ་ནི། ལུགས་འདི་ལ་ཤེས་བྱ་ཐམས་ཅད་གཞི་ལྔར་འདུས་པར་འདོད་དེ། སྣང་བ་གཟུགས་ཀྱི་གཞི། གཙོ་བོ་སེམས་ཀྱི་གཞི། འཁོར་སེམས་བྱུང་གི་གཞི། ལྡན་པ་མ་ཡིན་པའི་འདུ་བྱེད་ཀྱི་གཞི། འདུས་མ་བྱས་ཀྱི་གཞི་རྣམས་སོ། །

སྣང་བ་གཟུགས་ཀྱི་གཞི་ལ་ཕྱི་གཟུགས། ནང་གཟུགས། རྣམ་པར་རིག་བྱེད་མ་ཡིན་པའི་གཟུགས་དང་གསུམ། མཛོད་ལས། གཟུགས་ནི་དབང་པོ་ལྔ་དང་དོན། །ལྔ་དང་རྣམ་རིག་བྱེད་མིན་ཉིད། །ཅེས་གསུངས་པ་ལྟར། དབང་པོ་ལྔ་ནི། མིག་རྣ་བ་སྣ་ལྕེ་ལུས་ཏེ་དབང་པོ་ལྔ། དོན་ལྔ་ནི། གཟུགས་སྒྲ་དྲི་རོ་རེག་བྱའི་སྐྱེ་མཆེད་ལྔའོ། །འདི་བཅུའི་ནང་གསེས་ཀྱི་དབྱེ་བ་སོགས་ཀྱི་འཇོག་ཚུལ་སྤྱིར་མདོ་སྡེ་པ་དང་མཐུན་པས་འདིར་མ་སྤྲོས་སོ། །རྣམ་པར་རིག་བྱེད་མ་ཡིན་པའི་གཟུགས་ནི། ལུས་ཀྱི་གཡོ་འགུལ་འདེགས་འཇོག་སོགས་བྱེད་པ་ན་དེའི་སྔ་ལོག་གི་ཀུན་སློང་ནི་རང་གི་ཡིད་ཤེས་ཁོ་ནའི་ཡུལ་དུ་སྣང་ཞིང་གཞན་གྱི་རྣམ་ཤེས་ཀྱིས་རིག་པར་བྱར་མེད་པའི་གཟུགས་ཡིན་པས་ན་རྣམ་པར་རིག་བྱེད་མ་ཡིན་པའི་གཟུགས་ཟེར་བ་ཡིན། བྱེ་སྨྲ་དང་ཐལ་འགྱུར་བ་གཉིས་ཀྱིས་རྣམ་པར་རིག་བྱེད་མ་ཡིན་པའི་གཟུགས་གཟུགས་མཚན་ཉིད་པར་འདོད་ཅིང་། མདོ་སྡེ་པ་སོགས་ཀྱིས་དེ་ལྟར་མི་འདོད་དོ། །གཙོ་བོ་སེམས་ཀྱི་གཞི་ལ་མིག་གི་རྣམ་པར་ཤེས་པ་ནས་ཡིད་ཀྱི་རྣམ་པར་ཤེས་པ་བར་དྲུག་གོ། །འཁོར་སེམས་བྱུང་གི་གཞི་ལ་ཀུན་བཏུས་ནས་ང་གཅིག་ཏུ་གསུངས་ཀྱང་། མཛོད་ལས་ཞེ་དྲུག་གསུངས་ཏེ། སེམས་ཀྱི་ས་མང་བཅུ་ནི། ཚོར་དང་སེམས་པ་འདུ་ཤེས་དང་། འདུན་དང་རེག་པ་བློ་གྲོས་དྲན། ཡིད་བྱེད་མོས་དང་ཏིང་འཛིན་ནོ། །དགེ་བའི་ས་མང་བཅུ་ནི། དད་དང་བག་ཡོད་ཤིན་དུ་སྦྱངས། །བཏང་སྙོམས་ངོ་ཚ་ཤེས་ཁྲེལ་ཡོད། །ཆགས་སྡང་མེད་པའི་དགེ་རྩ་གཉིས། །མི་འཚེ་བ་དང་བརྩོན་འགྲུས་སོ། །ཉོན་མོངས་ཆེན་པོའི་ས་པ་དྲུག་ནི། རྨོངས་དང་བག་མེད་ལེ་ལོ་དང་། །མ་དད་རྨུགས་དང་རྒོད་པའོ། །མི་དགེ་བའི་ས་པ་གཉིས་ནི་ངོ་ཚ་མེད་པ་དང་ཁྲེལ་མེད་པའོ། །ཉོན་མོངས་ཆུང་ངུའི་ས་པ་བཅུ་ནི། ཁྲོ་དང་འཁོན་འཛིན་གཡོ་ཕྲག་དོག །འཚིག་དང་

འཚབ་དང་སེར་སྣ་དང་། རྒྱུ་དང་རྒྱགས་དང་རྣམ་འཚེའོ། །མ་ངེས་པ་བརྒྱད་ནི། རྟོག་དཔྱོད་འགྱོད་གཉིད་ཁོང་ཁྲོ་བ། ཆགས་དང་ང་རྒྱལ་ཐེ་ཚོམ་མོ། །དེ་དག་ཐམས་ཅད་བསྡོམས་པས་སེམས་བྱུང་བཞི་བཅུ་རྩ་དྲུག་གོ། །ལྡན་པ་མ་ཡིན་པའི་འདུ་བྱེད་ཀྱི་གཞི་ལ་བཅུ་བཞིར་དབྱེ་བ་ཡིན་ཏེ། ཐོབ་པ་དང་། མ་ཐོབ་པ། སྐལ་མཉམ་དང་། འདུ་ཤེས་མེད་པ་དང་། འདུ་ཤེས་མེད་པའི་སྙོམས་འཇུག་དང་། འགོག་པའི་སྙོམས་འཇུག་དང་། སྲོག་དང་། འདུས་བྱས་ཀྱི་མཚན་ཉིད་སྐྱེ་བ་དང་། རྒ་བ་དང་། གནས་པ་དང་། མི་རྟག་པ་དང་། མིང་གི་ཚོགས་དང་། ཚིག་གི་ཚོགས་དང་། ཡི་གེའི་ཚོགས་རྣམས་སོ། །འདུས་མ་བྱས་ཀྱི་གཞི་ལ་ནམ་མཁའ་དང་། སོ་སོར་བརྟགས་འགོག་དང་། སོ་སོར་བརྟགས་མིན་གྱི་འགོག་པ་གསུམ་དུ་འདོད་དོ། །གཞི་ལྔ་པོ་དེ་དག་ཀུང་དངོས་པོར་འདོད་དེ། དོན་བྱེད་ནུས་པ་དངོས་པོའི་མཚན་ཉིད། ཡོད་པ། ཤེས་བྱ། དངོས་པོ་རྣམས་དོན་གཅིག འདུས་མ་བྱས་ཀྱི་ཆོས་རྣམས་རྟག་པའི་དངོས་པོ་དང་། གཟུགས་ཤེས་ལྡན་མིན་འདུ་བྱེད་གསུམ་མི་རྟག་པའི་དངོས་པོར་བཞེད་དོ། །དངོས་པོ་ལ་རྫས་གྲུབ་ཀྱིས་ཁྱབ་སྟེ། ཆོས་རྣམས་རང་རང་གི་ངོ་བོ་རྫས་སུ་མ་གྲུབ་ན་འཛོག་མི་ཤེས་པས་ཐམས་ཅད་རྫས་སུ་གྲུབ་པར་འདོད་དོ། །འོན་ཀྱང་དེ་རྣམས་རྫས་ཡོད་ཡིན་པས་མ་ཁྱབ་སྟེ། དོན་དམ་བདེན་པ་དང་རྫས་ཡོད་དོན་གཅིག ཀུན་རྫོབ་བདེན་པ་དང་བཏགས་ཡོད་དོན་གཅིག་ཏུ་འདོད་པའི་ཕྱིར། ཤེས་བྱ་ལ་དབྱེ་ན། བདེན་པ་གཉིས་སུ་དབྱེ་བ་དང་། ཟག་བཅས་ཟག་མེད་གཉིས་སུ་དབྱེ་བ་དང་། འཕྲོས་དོན་གཞན་བསྟན་པའོ། །དང་པོ་ནི། བཅོམ་པའམ་བློས་ཆ་ཤས་སོ་སོར་བསལ་བ་ན་རང་འཛིན་གྱི་བློ་དོར་དུ་རུང་བའི་ཆོས་སུ་དམིགས་པ་དེ། ཀུན་རྫོབ་བདེན་པའི་མཚན་ཉིད། མཚན་གཞི་ནི། རྫ་བུམ་དང་ཕྲེང་བ་ལྟ་བུ་

ཡིན་ཏེ། ཟ་བུམ་ཐོ་བས་བཅོམ་པ་ན་ཟ་བུམ་དུ་འཛིན་པའི་བློ་དོར་བའི་ཕྱིར་དང་། ཕྲེང་བའི་རྡོག་པོ་སོ་སོར་བསལ་བ་ན་ཕྲེང་བར་འཛིན་པའི་བློ་དོར་བའི་ཕྱིར། བཅོམ་པའམ་བློས་ཆ་ཤས་སོ་སོར་བསལ་བ་ན་རང་འཛིན་གྱི་བློ་དོར་དུ་མི་རུང་བའི་ཆོས་སུ་དམིགས་པ་དེ། དོན་དམ་བདེན་པའི་མཚན་ཉིད། མཚན་གཞི་ནི། རྡུལ་ཕྲན་ཕྱོགས་ཀྱི་ཆ་མེད། ཤེས་པ་སྐད་ཅིག་ཆ་མེད། འདུས་མ་བྱས་ཀྱི་ནམ་མཁའ་ལྟ་བུ་ཡིན་ཏེ། མཛོད་ལས། གང་ལ་བཅོམ་དང་བློ་ཡིས་གཞན། །བསལ་ན་དེ་བློ་མི་འཇུག་པ། །བུམ་ཆུ་བཞིན་དུ་ཀུན་རྫོབ་ཏུ། །ཡོད་དེ་དོན་དམ་ཡོད་གཞན་ནོ། །ཞེས་གསུངས་པའི་ཕྱིར། དོན་དམ་བདེན་པ་དང་། རྫས་ཡོད། དོན་དམ་དུ་གྲུབ་པ་རྣམས་དོན་གཅིག ཀུན་རྫོབ་བདེན་པ་དང་། བཏགས་ཡོད། དོན་དམ་དུ་མ་གྲུབ་པ་རྣམས་དོན་གཅིག དེས་ན་ཀུན་རྫོབ་བདེན་པ་རྣམས་དོན་དམ་དུ་མ་གྲུབ་ཀྱང་བདེན་གྲུབ་ཏུ་འདོད་དེ། ལུགས་འདིས་དངོས་པོ་ལ་བདེན་གྲུབ་ཀྱིས་ཁྱབ་པ་ཁས་ལེན་པའི་ཕྱིར། གཉིས་པ་ནི། དམིགས་པ་དང་མཚུངས་ལྡན་གང་རུང་གི་སྒོ་ནས་ཟག་པ་རྒྱས་སུ་རུང་བའི་ཆོས་དེ། ཟག་བཅས་ཀྱི་མཚན་ཉིད། མཚན་གཞི་ནི། ལམ་བདེན་མ་གཏོགས་པའི་འདུས་བྱས་མཐའ་དག་གོ། །དེ་ཡང་དམིགས་པའི་སྒོ་ནས་ཟག་པ་རྒྱས་ཚུལ་ནི། དཔེར་ན། གཟུགས་མཛེས་པ་ལ་དམིགས་ནས་ཡུལ་དེ་ལ་རྗེས་སུ་ཆགས་ཤིང་བྲལ་དཀའ་བའི་འདོད་ཆགས་ཀྱི་བློ་རྒྱས་པར་འགྱུར་བ་ལྟ་བུའོ། མཚུངས་ལྡན་གྱི་སྒོ་ནས་ཟག་པ་རྒྱས་ཚུལ་ནི། །འདོད་ཆགས་ལ་འདོད་ཆགས་གཉིས་པ་རྒྱས་པ་ལྟ་བུ་ཉོན་མོངས་མ་སྤངས་པའི་བར་དུ་སེམས་དང་སེམས་བྱུང་ཉོན་མོངས་པ་རྣམས་ཕན་ཚུན་ཤེས་པ་ཡིན་པར་མཚུངས་པའི་སྒོ་ནས་ཟག་པ་རྒྱས་པར་གྱུར་བ་ཡིན། མཛོད་ལས། ཟག་བཅས་ཟག་པ་མི་བཅས་དང་། །ལམ་མ་གཏོགས་པའི་འདུས་བྱས་

རྣམས། །ཟག་བཅས་གང་ཕྱིར་དེ་རྣམས་ལ། །ཟག་རྣམས་ཀུན་ཏུ་རྒྱས་པར་འགྱུར། །ཞེས་གསུངས་པའི་ཕྱིར་རོ། །དམིགས་པ་དང་མཚུངས་ལྡན་གང་རུང་གི་སྒོ་ནས་ཟག་པ་རྒྱས་སུ་མི་རུང་བའི་ཆོས་དེ། ཟག་མེད་ཀྱི་མཚན་ཉིད། མཚན་གཞི་ནི། ལམ་བདེན་དང་། ནམ་མཁའ་དང་། སོ་སོར་བརྟགས་འགོག་དང་། སོ་སོར་བརྟགས་མིན་གྱི་འགོག་པ་དང་བཞིའོ། །དེ་རྣམས་ལ་དམིགས་ནས་ཉོན་མོངས་རྒྱས་པར་མི་འགྱུར་རོ། །མཛོད་ལས། ཟག་མེད་ལམ་གྱི་བདེན་པ་དང་། །འདུས་མ་བྱས་རྣམ་གསུམ་ཡང་སྟེ། །ནམ་མཁའ་དང་ནི་འགོག་པ་གཉིས། །ཞེས་གསུངས་སོ། །ནམ་མཁའ་ནི་གཟུགས་ཅན་རྣམས་གོ་འབྱེད་པའི་ཐོགས་མེད་ཀྱི་རྣམ་སྣང་བ་དང་མུན་པའི་རང་བཞིན་གྱི་དངོས་པོར་འདོད་དོ། །ཟག་བཅས་ལ་སྤང་བྱས་ཁྱབ་སྟེ། ཚོགས་སྦྱོར་གཉིས་སྤང་བྱ་ཡིན་པའི་ཕྱིར། མཐོང་ལམ་ནི་ཟག་མེད་ཁོ་ན་དང་། སྒོམ་ལམ་དང་མི་སློབ་ལམ་གཉིས་པོ་རེ་རེ་ལ་ཟག་བཅས་དང་། ཟག་མེད་ཀྱི་ལམ་གཉིས་གཉིས་ཡོད་དོ། །འཕགས་ལམ་ཡིན་ན་ཟག་མེད་ཡིན་པས་ཁྱབ་ཀྱང་། འཕགས་རྒྱུད་ཀྱི་ལམ་ལ་ཟག་མེད་ཡིན་པས་མ་ཁྱབ་སྟེ། སྒོམ་ལམ་པའི་རྒྱུད་ཀྱི་ཞི་རགས་རྣམ་ཅན་དུ་གྱུར་པའི་ལམ་དེ་ཟག་བཅས་ཡིན་པའི་ཕྱིར། གསུམ་པ་ནི། འབྲས་དོན་གཞན་བསྟན་པ་སྟེ། དུས་གསུམ་རྫས་སུ་འདོད་དེ། བུམ་པ་བུམ་པའི་འདས་པའི་དུས་སུ་ཡང་ཡོད། བུམ་པ་བུམ་པའི་མ་འོངས་པའི་དུས་སུ་ཡང་ཡོད་པའི་ཕྱིར། དགག་སྒྲུབ་གཉིས་ཁས་ལེན་ཀྱང་། མེད་དགག་ནི་ཁས་མི་ལེན་ཏེ། དགག་པ་ཡིན་ན་མ་ཡིན་དགག་ཡིན་པས་ཁྱབ་པར་འདོད་པའི་ཕྱིར། དེ་ཡང་བྱེ་བྲག་སྨྲ་བས། གང་ཟག་གི་བདག་བཀག་ཙམ་གྱི་མེད་དགག་ལ་དེ་བཞིན་ཉིད་དུ་འཛོག་མི་ཤེས་པ་དང་། ནམ་མཁའ་འཛོག་ཚུལ་ཡང་ཐོགས་རེག་བཀག་ཙམ་ལ་འཛོག་མི་ཤེས་པར་སྣང་མུན་ཙམ་གྱི་རྫས

ཞིག་ལ་འདོད་པ་སོགས་མེད་དགག་གི་སྤྱི་མ་ཤར་བའི་སྐྱོན་གྱིས་མེད་དགག་
ཁས་མི་ལེན་ནོ། །ཁ་ཆེ་བྱེ་བྲག་སྨྲ་བ་རྣམས་མདོ་སྡེ་པ་དང་མཐུན་པར་ལས་
འབྲས་ཀྱི་འབྲེལ་བའི་རྟེན་དུ་རྣམ་ཤེས་ཀྱི་རྒྱུན་ཁས་ལེན་ཞིང་། དེ་མ་གཏོགས་
པའི་བྱེ་བྲག་སྨྲ་བ་རྣམས་ལས་འབྲས་ཀྱི་འབྲེལ་བའི་རྟེན་དུ་ཐོབ་པ་ཞེས་པ་རང་
གི་རྒྱུད་ལ་དགེ་མི་དགེ་ལུང་མ་བསྟན་གྱི་ཆོས་གང་ཞིག་སྔར་མེད་གསར་དུ་ཐོབ་
པ་དང་ཐོབ་པ་དེའི་རྒྱུན་ལྡན་པ་དཔེར་ན། ནོར་ལ་ཁལ་འཆིང་བྱེད་ཀྱི་ཐག་པ་
ལྟ་བུའི་རྫས་ཞིག་ཡོད་པར་འདོད་ལ། དེ་ཡང་བུ་ལོན་གྱི་དཔང་རྒྱ་དང་འདྲ་
བར་ཆུད་མི་ཟ་བ་ཞེས་ལྡན་མིན་འདུ་བྱེད་དུ་གྱུར་བ་ཞིག་ཁས་ལེན་ལ། ཐལ་
འགྱུར་བ་དང་འདི་གཉིས་ཀའི་ལུགས་ལ་ལུས་ངག་གི་ལས་གཟུགས་མཚན་ཉིད་
པར་འདོད་ལ། མདོ་སྡེ་པ་དང་རང་རྒྱུད་པ་དང་སེམས་ཙམ་པ་རྣམས་དེ་ལྟར་
མི་འདོད་དོ། །འདུས་བྱས་ལ་མི་རྟག་པས་ཁྱབ་ཀྱང་། སྐད་ཅིག་རེ་རེ་ནས་
འཇིག་པས་མ་ཁྱབ་སྟེ། སྐྱེས་ཟིན་པའི་འོག་ཏུ་གནས་པའི་བྱ་བ་དང་། དེའི་
འོག་ཏུ་འཇིག་པར་འདོད་པའི་ཕྱིར། གཞན་ཡང་དངོས་པོ་རྣམས་ཀྱི་རྒྱུ་
འབྲས་ཀྱང་དུས་མཉམ་པ་མང་པོ་འདོད་དོ། །གཉིས་པ་ཡུལ་ཅན་གྱི་འདོད་
ཚུལ་ལ་གང་ཟག ཤེས་པ། རྗོད་བྱེད་ཀྱི་སྒྲ་དང་གསུམ། དང་པོ་ནི།
གདགས་གཞི་ཕུང་པོ་ལྔའི་ཚོགས་ཙམ་གང་ཟག་གི་མཚན་གཞི། མང་པོས་
བཀུར་བ་ཁ་ཅིག་གིས། ཕུང་པོ་ལྔ་ཆར་གང་ཟག་གི་མཚན་གཞི་དང་། སྲུང་
བ་པས་སེམས་གཅིག་པུ་གང་ཟག་གི་མཚན་གཞིར་འདོད་དོ། །གཉིས་པ་ལ་
ཚད་མ་དང་ཚད་མིན་གྱི་ཤེས་པ་གཉིས་ལས། དང་པོ་ལ། མངོན་སུམ་གྱི་
ཚད་མ་དང་། རྗེས་སུ་དཔག་པའི་ཚད་མ་གཉིས། དང་པོ་ལ་དབང་པོའི་
མངོན་སུམ། ཡིད་ཀྱི་མངོན་སུམ། རྣལ་འབྱོར་མངོན་སུམ་དང་གསུམ་ཡོད་
ཀྱང་། རང་རིག་མངོན་སུམ་ཁས་མི་ལེན་ནོ། །དབང་པོའི་མངོན་སུམ་ཚད་

མལ་ཤེས་པས་མ་ཁྱབ་སྟེ། མིག་དབང་གཟུགས་ཅན་པ་དེ་ཐེམ་པོ། ལྟ་བ། ཚད་མ་གསུམ་ཀའི་གཞི་མཐུན་ཡིན་པའི་ཕྱིར། དབང་པོའི་ཤེས་པས་ཡུལ་རྣམ་མེད་རྗེན་ཆེར་དུ་གཞལ་ཞིང་། རྟེན་བཅས་ཀྱི་མིག་གི་དབང་པོ་གཟུགས་ཅན་པས་ཀྱང་གཟུགས་མཐོང་བར་འདོད་དོ། །དེ་ལ་བརྟེན་པའི་རྣམ་ཤེས་ཁོ་ནས་མཐོང་བ་མིན་ཏེ། རྣམ་ཤེས་ཁོ་ནས་མཐོང་ན་རྩིག་པ་དང་རི་དང་སྨུན་པ་ལ་སོགས་པས་བར་དུ་ཆོད་པའི་གཟུགས་ཀྱང་མཐོང་བར་ཐལ། རྣམ་ཤེས་ཐོགས་མེད་ཡིན་པའི་ཕྱིར་དང་། མིག་ཡ་གཅིག་གིས་བལྟས་པ་ལས་གཉིས་ཀྱིས་བལྟས་པ་གསལ་བའི་ཕྱིར། མིག་གཡས་གཡོན་གཉིས་ལ་རྣམ་ཤེས་སོ་སོ་བ་གཉིས་ཡོད་པར་ཡང་འདོད་ལ། ཇི་སྐད་དུ། གང་ཕྱིར་བར་དུ་ཆོད་པ་ཡི། །གཟུགས་ནི་མཐོང་བ་མིན་ཕྱིར་རོ། །མིག་ནི་གཉིས་ཀ་དག་གིས་ཀྱང་། །མཐོང་སྟེ་གསལ་བར་མཐོང་བའི་ཕྱིར། །ཞེས་གསུངས་སོ། །སེམས་སེམས་བྱུང་གཉིས་རྫས་ཐ་དད་དུ་འདོད་དེ། སེམས་དང་སེམས་བྱུང་རྫས་ཐ་དད་པར་མེད་ན་ཚོར་བ་དང་འདུ་ཤེས་ཀྱི་ཕུང་པོ་སེམས་ལས་གཞན་དུ་མ་གྲུབ་པས་ཕུང་པོ་ལྔའི་རྣམ་གཞག་མི་འཐད་པ་དང་། སེམས་དད་པ་ལ་སོགས་པའི་དགེ་བ་དང་ཁོང་ཁྲོ་ལ་སོགས་པའི་མི་དགེ་བ་དང་གཅིག་ཡིན་ན་དེའི་ཚེ་སེམས་དེ་དག་ངོ་བོ་ཉིད་ཀྱིས་དགེ་མི་དགེར་འགྱུར་བ་སོགས་ཀྱི་སྐྱོན་འདི་དག་བྱུང་བས། སེམས་དང་སེམས་བྱུང་གཉིས་ཐ་དད་པ་ཉིད་དུ་ཤེས་པར་བྱའོ། །ཞེས་གསུངས། གསུམ་པ་ནི། སྤྱིར་སྒྲ་ཙམ་ལ་དབྱེ་ན། ཟིན་པའི་སྒྲ་དང་མ་ཟིན་པའི་སྒྲ་གཉིས་ཡོད། དང་པོ་ནི། སྐྱེས་བུའི་ངག་ཏུ་གྱུར་པའི་སྒྲ་ལྟ་བུ། གཉིས་པ་ནི་ཆུ་སྒྲ་ལྟ་བུ། ཟིན་མ་ཟིན་རེ་རེ་ལ་ཡང་སེམས་ཅན་དུ་སྟོན་མི་སྟོན་གཉིས་གཉིས་ཡོད། སེམས་ཅན་དུ་སྟོན་པའི་སྒྲ་དང་། ངག་གི་རྣམ་པར་རིག་བྱེད་ཀྱི་སྒྲ། རྫོད་བྱེད་ཀྱི་སྒྲ་གསུམ་དོན་གཅིག སེམས་ཅན་

དུ་མི་སྟོན་པའི་སྒྲ་དང་། ངག་གི་རྣམ་པར་རིག་བྱེད་མ་ཡིན་པའི་སྒྲ། རྗོད་བྱེད་ཀྱི་སྒྲ་མ་ཡིན་པའི་སྒྲ་གསུམ་དོན་གཅིག བཀའ་དང་བསྟན་བཅོས་གཉིས་ཀྱང་མིང་ཚིག་ཡི་གེ་བསྡུས་པའི་བདག་ཉིད་སྒྲ་སྤྱི་ལྡན་མིན་འདུ་བྱེད་དུ་ཁས་ལེན་པས། ལུགས་འདི་ལ་བེམ་པོ་དང་ལྡན་མིན་འདུ་བྱེད་མི་འགལ་བར་འདོད་དེ། མཛོད་ལས། ཆོས་ཀྱི་ཕུང་པོ་བརྒྱད་ཁྲི་དག ། གང་རྣམས་ཐུབ་པས་གསུངས་དེ་དག ། ཚིག་གམ་མིང་ཡིན་དེ་དག་ནི། ། གཟུགས་དང་འདུ་བྱེད་དག་ཏུ་འདུས། ། ཞེས་གསུངས་པའི་ཕྱིར།

གཉིས་པ་ལམ་གྱི་རྣམ་གཞག་བཤད་པ་ལ། ལམ་གྱི་དམིགས་པ། ལམ་གྱི་སྤང་བྱ། ལམ་གྱི་རང་བཞིན་བཤད་པའོ། ། དང་པོ་ལམ་གྱི་དམིགས་པ་ནི་བདེན་བཞི་ཁྱད་ཆོས་མི་རྟག་སོགས་བཅུ་དྲུག་ཡིན་ལ། བདག་མེད་ཕྲ་མོ་དང་གང་ཟག་གི་བདག་མེད་ཕྲ་མོ་དོན་གཅིག་ཏུ་འདོད་ཅིང་། གང་ཟག་རང་རྐྱ་ཐུབ་པའི་རྫས་ཡོད་ཀྱིས་སྟོང་པ་གང་ཟག་གི་བདག་མེད་ཕྲ་མོ་དང་། གང་ཟག་རྟག་གཅིག་དང་དབང་ཅན་གྱིས་སྟོང་པ་གང་ཟག་གི་བདག་མེད་རགས་པར་འདོད་དོ། ། སྡེ་པ་བཅོ་བརྒྱད་ཀྱི་ནང་ནས་གནས་མ་བུ་བས་རང་རྐྱ་ཐུབ་པའི་རྫས་ཡོད་ཀྱིས་སྟོང་པ་གང་ཟག་གི་བདག་མེད་ཕྲ་མོར་མི་འདོད་དོ། ། དེས་རང་རྐྱ་ཐུབ་པའི་རྫས་ཡོད་ཀྱི་བདག་ཡོད་པར་ཁས་ལེན་པའི་ཕྱིར། ཐལ་འགྱུར་བ་མ་གཏོགས་རང་རྒྱུད་པ་དང་། སེམས་ཙམ་པ། མདོ་སྡེ་པ། བྱེ་བྲག་སྨྲ་བ་བཞི་ཀས་གང་ཟག་གི་བདག་མེད་ཕྲ་རགས་འཇོག་ཚུལ་མཚུངས་པ་ཡིན། ལུགས་འདིས་ཆོས་ཀྱི་བདག་མེད་ཕྲ་རགས་ཀྱི་རྣམ་གཞག་ཁས་མི་ལེན་ཏེ། གཞི་གྲུབ་ན་ཆོས་བདག་ཡིན་པས་ཁྱབ་པ་ཁས་ལེན་པའི་ཕྱིར། གཉིས་པ་ལམ་གྱི་སྤང་བྱ་ལ། ཉོན་མོངས་ཅན་དང་ཉོན་མོངས་ཅན་མ་ཡིན་པའི་མི་ཤེས་པ་གཉིས་ལས། དང་པོ་ནི། གཙོ་བོ་ཐར་པ་འཐོབ་པ་ལ་བར་དུ་གཅོད་པ་སྟེ།

མཚན་གཞི་ནི། གང་ཟག་གི་བདག་འཛིན་དང་། དེའི་དབང་གིས་བྱུང་བའི་དུག་གསུམ་ས་བོན་དང་བཅས་པ་ལྟ་བུའོ། །གཉིས་པས་ནི་གཙོ་བོ་ཐམས་ཅད་མཁྱེན་པ་འཐོབ་པ་ལ་བར་དུ་གཅོད་པ་སྟེ། མཚན་གཞི་ནི། དེ་བཞིན་གཤེགས་པའི་ཆོས་ཟབ་ཅིང་ཕྲ་བ་མི་ཤེས་པའི་ཉོན་མོངས་ཅན་མ་ཡིན་པའི་སྒྲིབ་པ་སོགས་མི་ཤེས་པའི་རྒྱུ་བཞི་ལྟ་བུའོ། །སྒྲིབ་པ་དེ་གཉིས་ལས་ཤེས་སྒྲིབ་ཅེས་པའི་ཐ་སྙད་ཁས་མི་ལེན་ནོ། །གསུམ་པ་ལམ་གྱི་རང་བཞིན་ནི། ཐེག་པ་གསུམ་གྱི་ལམ་ལ། ཚོགས་ལམ། སྦྱོར་ལམ། མཐོང་ལམ། སྒོམ་ལམ། མི་སློབ་ལམ་སྟེ་ལམ་ལྔ་ལྔའི་རྣམ་གཞག་ཁས་ལེན་ཀྱང་ས་བཅུའི་ཡེ་ཤེས་མི་འདོད་དོ། །དེ་ཡང་ཐེག་པ་གསུམ་ནི། ཉན་ཐོས། རང་རྒྱལ། བྱང་སེམས་གསུམ་སྟེ། ཉན་ཐོས་ནི་སློབ་དཔོན་གཞན་ལ་བརྟེན་ཞིང་དེ་ལས་ཆོས་ཉན་པ་དང་ཐོས་པར་བྱེད་པས་ན་ཉན་ཐོས་དང་། རང་རྒྱལ་ནི་སློབ་དཔོན་གཞན་ལ་མ་ལྟོས་པར་རང་གི་བྱང་ཆུབ་རང་གི་ཤེས་རབ་རྩལ་གྱིས་མངོན་དུ་བྱེད་པས་ན་རང་སངས་རྒྱས་སམ་རང་རྒྱལ་ཞེས་ཟེར། བྱང་སེམས་ཐེག་པ་ནི་ཐབས་དང་ཤེས་རབ་གཉིས་ཀྱིས་གཞན་དོན་དུ་རྫོགས་པའི་བྱང་ཆུབ་ཐོབ་པར་འདོད་པའི་རྣམ་པ་ཅན་ཞིག་ལ་ཟེར་རོ། །ལམ་ལྔ་པོ་དེ་ཡང་སྒྲ་བཤད་ཙམ་ཞིག་གྱིས་ན། ཐོས་བསམ་གྱི་སྒོ་ནས་ལམ་གྱི་ཚོགས་དང་པོར་གསོག་པར་བྱེད་པའི་ལམ་ཡིན་པས་ན་ཚོགས་ལམ་ཞེས་བྱ། དབྱེ་ན་ཚོགས་ལམ་ཆུང་ངུ། ཚོགས་ལམ་འབྲིང་། ཚོགས་ལམ་ཆེ་བ་གསུམ་ཡོད། སྒོམ་བྱུང་གི་སྒོ་ནས་བདེན་པ་མངོན་སུམ་དུ་མཐོང་བ་ལ་སྦྱོར་བས་ན་སྦྱོར་ལམ་ཞེས་བྱ། དབྱེ་ན་སྦྱོར་ལམ་དྲོད། རྩེ་མོ། བཟོད་པ། ཆོས་མཆོག་བཞི་ཡོད། སྔར་མ་མཐོང་བའི་བདེན་པ་གསར་དུ་མཐོང་བའི་ལམ་ཡིན་པས་ན་མཐོང་ལམ་ཞེས་བྱ། དབྱེ་ན། མཐོང་ལམ་མཉམ་བཞག་ཡེ་ཤེས་དང་རྗེས་ཐོབ་ཡེ་ཤེས་གཉིས། བདེན་པ་མངོན་

སུམ་དུ་མཐོང་ཟིན་སྒོམ་པའི་ལམ་ཡིན་པས་སྒོམ་ལམ་ཞེས་བྱ། དབྱེ་ན་མཉམ་བཞག་ཡེ་ཤེས་དང་རྗེས་ཐོབ་ཡེ་ཤེས་གཉིས་ཡོད། ཐེག་པ་རང་རང་གི་ལམ་ལ་གསར་དུ་སློབ་མི་དགོས་པའི་ལམ་ཡིན་པས་ན་མི་སློབ་ལམ་ཞེས་བྱའོ། །དབྱེ་ན་ཉན་ཐོས། རང་རྒྱལ། བྱང་སེམས་ཀྱི་མི་སློབ་ལམ་དང་གསུམ་ཡོད་དོ། །

དེ་ཡང་ངེས་འབྱུང་གི་བསམ་པ་བཅོས་མ་མ་ཡིན་པ་ག་དུས་རྒྱུད་ལ་སྐྱེས་ན་དེ་དུས་ཉན་རང་གི་ཚོགས་ལམ་ཐོབ་པ་ཡིན། བྱང་ཆུབ་ཀྱི་སེམས་ག་དུས་རྒྱུད་ལ་སྐྱེས་ན་བྱང་སེམས་ཐེག་པའི་ཚོགས་ལམ་ཐོབ་པ་ཡིན། ལུགས་འདིས་མཐོང་ལམ་གནས་སྐབས་ཀྱི་ཤེས་བཟོད་སྐད་ཅིག་མ་བཅུ་དྲུག་གི་དང་པོ་སྡུག་བསྔལ་ཆོས་བཟོད་ནས་བཅོ་ལྔ་པ་ལམ་རྗེས་བཟོད་བར་གྱི་སྐད་ཅིག་མ་བཅོ་ལྔ་ནི་མཐོང་ལམ་དང་། བཅུ་དྲུག་པ་ལམ་རྗེས་ཤེས་སྒོམ་ལམ་ཡིན་པས་རྣམ་པར་འགྲོ་བ་ལྟར་རིམ་ཅན་པ་ནར་སྐྱེ་བར་འདོད་དོ། །ལམ་བདེན་ལ་ཤེས་པས་མ་ཁྱབ་སྟེ་ཟག་མེད་ཀྱི་ཕུང་པོ་ལྔ་ལམ་བདེན་དུ་འདོད་པའི་ཕྱིར།

གསུམ་པ་འབྲས་བུའི་རྣམ་གཞག་བཤད་པ་ལ། ཉན་ཐོས་ཀྱི་འབྲས་བུའི་རྣམ་གཞག རང་རྒྱལ་གྱི་འབྲས་བུའི་རྣམ་གཞག བྱང་སེམས་ཀྱི་འབྲས་བུའི་རྣམ་བཞག་བཅས་སོ། །ཐེག་པ་སོ་སོའི་སྒོམ་ལམ་རྡོ་རྗེ་ལྟ་བུའི་ཏིང་ངེ་འཛིན་ལ་བརྟེན་ནས་མི་སློབ་ལམ་ལ་སླེབས་ན་དེ་དུས་ཐེག་པ་དེ་དང་དེའི་འབྲས་བུ་ཐོབ་པ་ཡིན། དེ་ཡང་དང་པོ་ཉན་ཐོས་ཀྱི་དགྲ་བཅོམ་པའི་འབྲས་བུ་བཤད་པ་ནི། ཉན་ཐོས་རིགས་ཅན་རྣམས་ཀྱིས་མི་རྟག་སོགས་བཅུ་དྲུག་ཚོ་གསུམ་ལ་སོགས་པའི་བར་དུ་གོམས་པར་བྱས་ནས་མཐར་ཉན་ཐོས་ཀྱི་སྒོམ་ལམ་རྡོ་རྗེ་ལྟ་བུའི་ཏིང་ངེ་འཛིན་ལ་བརྟེན་ནས། ཉོན་མོངས་ཅན་གྱི་སྒྲིབ་པ་ཐོབ་པ་ཟད་པའི་ཚུལ་གྱིས་སྤངས་ཏེ་དགྲ་བཅོམ་པའི་འབྲས་བུ་མངོན་དུ་བྱེད་དོ། །ཉན་ཐོས་ཀྱིས་དགྲ་བཅོམ་པ་རིགས་དྲུག་ཏུ་འདོད་པ་ཡིན་ཏེ། ཡོངས་སུ

ཉམས་པའི་ཆོས་ཅན་གྱི་དགྲ་བཅོམ་པ་དང་། འཆི་བར་སེམས་པའི་ཆོས་ཅན་གྱི་དགྲ་བཅོམ་པ། རྗེས་སུ་སྲུང་བའི་ཆོས་ཅན་གྱི་དགྲ་བཅོམ་པ། གནས་པ་ལས་མི་བསྐྱོད་པའི་ཆོས་ཅན་གྱི་དགྲ་བཅོམ་པ། རྟོགས་པའི་འོས་སུ་གྱུར་པའི་ཆོས་ཅན་གྱི་དགྲ་བཅོམ་པ། མི་འཁྲུགས་པའི་ཆོས་ཅན་གྱི་དགྲ་བཅོམ་པ་དང་དྲུག་གོ། ལུགས་འདིས། དགྲ་བཅོམ་པ་དང་པོ་ལྔ་པོ་དེ་ཐོབ་ཀྱང་རང་གི་འབྲས་བུ་ལས་ཉམས་པར་གྱུར་བར་འདོད་དེ། དགྲ་བཅོམ་དེ་དག་རང་གི་སྤྱངས་རྟོགས་ལས་ཉམས་ནས་རྒྱུན་ཞུགས་སུ་གྱུར་བ་སྲིད་པས་ཉམས་པའི་ཆོས་ཅན་སོགས་ཁས་ལེན་ནོ། །འོན་ཀྱང་མདོ་སྡེ་པ་ཡན་གྱི་རང་སྡེའི་གྲུབ་མཐའ་སྨྲ་བ་རྣམས་ཀྱིས་དགྲ་བཅོམ་པ་རང་གི་སྤྱངས་རྟོགས་ལས་ཉམས་པར་མི་འདོད་དེ། དེས་ཉོན་མོངས་པའི་ས་བོན་རྩ་བ་ནས་སྤྱང་བའི་གཉེན་པོ་ཐོབ་པས་གཏན་དུ་མི་སྐྱེ་བའི་ཕྱིར་རོ། །ཉན་ཐོས་ལ་དགེ་འདུན་ཉི་ཤུ་དང་། ཞུགས་གནས་བརྒྱད་ཀྱི་རྣམ་གཞག་བཅོ་ཡང་ཅིག་ཆར་བ་ཁས་མི་ལེན་ལ། ཞུགས་གནས་བརྒྱད་པོ་གང་རུང་ལ་འཕགས་པས་ཁྱབ་པར་འདོད་དོ། །གཉིས་པ་རང་རྒྱལ་གྱི་འབྲས་བུ་མངོན་དུ་བྱེད་ཚུལ་ནི་བསེ་རུ་ལྟ་བུའི་རང་རྒྱལ་རྣམས་ཀྱིས་གང་ཟག་རང་རྒྱ་ཐུབ་པའི་རྫས་ཡོད་ཀྱིས་སྟོང་པར་རྟོགས་པའི་ལྟ་བ་དེ་བསྐལ་ཆེན་བརྒྱ་ལ་སོགས་པའི་བསོད་ནམས་ཀྱི་ཚོགས་དང་སྦྲེལ་ཏེ། ཚོགས་ལམ་ཆེན་པོ་མན་ཆད་དུ་ཉམས་སུ་བླངས་ནས་སྦྱོར་ལམ་དྲོད་ནས་མི་སློབ་ལམ་བར་སྟན་ཐོག་གཅིག་ལ་མངོན་དུ་བྱེད་དོ། །ཉན་རང་དགྲ་བཅོམ་པ་རྣམས་ཀྱིས་ཉོན་མོངས་ཅན་གྱི་སྒྲིབ་པ་སྤྱངས་ཀྱང་། ཉོན་མོངས་ཅན་མ་ཡིན་པའི་སྒྲིབ་པ་སྤྱངས་ཐུབ་མེད། གསུམ་པ། བྱང་སེམས་ཀྱི་འབྲས་བུ་མངོན་དུ་བྱེད་ཚུལ་ནི། བྱང་སེམས་རྣམས་ཀྱིས་ཚོགས་ལམ་གྱི་གནས་སྐབས་སུ་བསྐལ་ཆེན་གྲངས་མེད་གསུམ་གྱི་ཚོགས་རྫོགས་པར་བྱེད་ཅིང་། དེ་ནས་བསྐལ་པ་བརྒྱར

མཚན་བཟང་གི་རྒྱུ་སྒྲུབ་ཏེ་སྲིད་པ་ཐ་མའི་ཚེ་སྲིད་ལ་ལྷའི་བུའི་བདུད་བཏུལ། ཀུན་ལ་མཉམ་པར་བཞག་པའི་ཚེ་སྦྱོར་ལམ། མཐོང་ལམ། སྒོམ་ལམ་གསུམ་མངོན་དུ་བྱས་ནས་ཉོན་མོངས་ཅན་དང་ཉོན་མོངས་ཅན་མ་ཡིན་པའི་སྒྲིབ་པ་མ་ལུས་པར་སྤངས་ཏེ་ཐོ་རེངས་སྐྱ་རེངས་ཤར་བ་ཙམ་ན་མི་སློབ་ལམ་མངོན་དུ་བྱེད་དོ། །དེས་ན་མཛད་པ་བཅུ་གཉིས་ཀྱི་སྲིད་ལ་བདུད་བཏུལ་པ་ཡན་ཆད་སོ་སྐྱེའི་གནས་སྐབས་བྱང་སེམས་ཀྱི་མཛད་པ་དང་། མཛད་པ་ཕྱི་མ་གསུམ་སངས་རྒྱས་ཀྱི་མཛད་པ་ཡིན་པར་ངོས་འཛིན་ཞིང་། བྱང་སེམས་ཀྱི་སྦྱོར་མཐོང་སྒོམ་གསུམ་ལ་མཉམ་བཞག་ཡེ་ཤེས་ལས་རྗེས་ཐོབ་ཡེ་ཤེས་མེད་པར་འདོད་དོ། །ལུང་གི་ཆོས་འཁོར་ལ་བདེན་བཞིའི་ཆོས་འཁོར་གྱིས་ཁྱབ་སྟེ། སྟོན་པ་ཤཱཀྱའི་རྒྱལ་པོ་དཀོན་ལོ་སོ་ལྔ་པར་མངོན་པར་རྫོགས་པར་སངས་རྒྱས་ནས། དཀོན་ལོ་ཀུ་གཅིག་ལ་ཞི་བར་མྱ་ངན་མ་འདས་བར་གྱི་ལོ་ཞེ་དྲུག་རིང་བདེན་བཞིའི་ཆོས་འཁོར་ཁོ་ན་གསུངས་པ་ལས། ཐེག་པ་ཆེན་པོའི་ཆོས་ཏེ་ཆོས་འཁོར་ཕྱི་མ་གཉིས་ཀྱི་རྣམ་གཞག་ཁས་མི་ལེན་ནོ། །རྟོགས་པའི་ཆོས་འཁོར་ལ་མཐོང་ལམ་གྱིས་ཁྱབ་པར་འདོད་དེ། སྟོན་པ་ཤཱཀྱའི་རྒྱལ་པོ་དེ་ཉིད་མངོན་པར་རྫོགས་པར་སངས་རྒྱས་ནས་འཁོར་ལྔ་སྡེ་བཟང་པོ་ལ་ཡུལ་ཝཱ་ར་ཎ་སེར་བདེན་པ་བཞིའི་ཆོས་འཁོར་གསུང་པའི་ཚེ། ལྔ་སྡེའི་རྒྱུད་ལ་མཐོང་ལམ་སྐྱེས་ཤིང་། དེ་ལྟ་བུའི་མཐོང་ལམ་དུ་འཕོ་བ་ལྟར་སྣང་བ་དེ་ཉི་རྟོགས་པའི་ཆོས་འཁོར་ཡིན་པར་འདོད་དེ། མཛོད་ལས། ཆོས་ཀྱི་འཁོར་ལོ་མཐོང་བའི་ལམ། མྱུར་དུ་འགྲོ་སོགས་རྩིབ་སོགས་ཕྱིར། ཞེས་གསུངས་པ་ལྟར་རོ། །མངོན་པ་སྡེ་བདུན་པོ་སངས་རྒྱས་ཀྱིས་གསུངས་པའི་བཀར་ཁས་ལེན་ཞིང་། བཀའ་ལ་སྒྲ་ཇི་བཞིན་པས་ཁྱབ་བོ། །ཆོས་ཀྱི་ཕུང་པོ་བརྒྱད་ཁྲི་ལས་བརྒྱད་ཁྲི་བཞི་སྟོང་གི་རྣམ་གཞག་ཁས་མི་ལེན་ཏེ། མཛོད་ལས། ཆོས་ཀྱི་ཕུང་པོ་བརྒྱད

ཁྲི་དག །གང་རྣམས་ཐུབ་པས་གསུངས་དེ་དག །ཅེས་གསུངས་པའི་ཕྱིར། བྱང་སེམས་སྲིད་པ་ཐ་མ་བས་བྱང་ཆུབ་མངོན་དུ་བྱེད་པའི་གནས་ནི་འདོད་ཁམས་ཁོ་ནར་ངེས་པས། འོག་མིན་སྟུག་པོ་བཀོད་པ་དང་། ལོངས་སྐུའི་རྣམ་གཞག་ཁས་མི་ལེན་པ་མ་ཟད་རྣམ་མཁྱེན་ཡང་མི་འདོད་དོ། །ཐེག་པ་གསུམ་གྱི་དགྲ་བཅོམ་པ་ལ་ལྷག་བཅས་པས་ཁྱབ་སྟེ། ལྷག་མེད་དུ་མྱ་ངན་ལས་འདས་པའི་ཚེ་མར་མེ་ཤི་བ་ལྟར་རིག་པ་རྒྱུན་ཆད་པར་འདོད་པའི་ཕྱིར། དེས་ན་ཉན་རང་དགྲ་བཅོམ་པ་ལྷག་མེད་དུ་འཕོས་པའི་ཚེ་བུད་ཤིང་ཟད་པའི་མེ་བཞིན་དུ་རིག་པ་རྒྱུན་ཆད་པས་སླར་ཐེག་ཆེན་ལ་འཇུག་པ་མི་ནུས་པའི་ཕྱིར་མཐར་ཐུག་ཐེག་པ་གསུམ་དུ་གྲུབ་པར་འདོད་པ་ཡིན། སངས་རྒྱས་འཕགས་པས་སྡུག་ཀུན་མ་ལུས་པར་སྤངས་ཀྱང་། དེའི་རྒྱུད་ལ་སྡུག་བདེན་ཡོད་པ་མི་འགལ་ཏེ། སྡུག་བདེན་ལ་དམིགས་པའི་ཉོན་མོངས་མ་ལུས་པ་སྤངས་པ་ན་སྡུག་བདེན་སྤངས་པར་འཇོག་པའི་ཕྱིར། དཀོན་མཆོག་གསུམ་གྱི་འདོད་ཚུལ་ལ། གཟུགས་སྐུ་ནི་སྔར་བྱང་སེམས་སྦྱོར་ལམ་པའི་ལུས་རྟེན་དང་ཚེ་གཅིག་གི་བསྡུས་པའི་ཕྱིར་སངས་རྒྱས་དཀོན་མཆོག་མིན་ཡང་སངས་རྒྱས་སུ་ཁས་ལེན་ལ། སངས་རྒྱས་དཀོན་མཆོག་ནི་དེའི་ཐུགས་རྒྱུད་ཀྱི་ཟད་མི་སྐྱེ་བའི་ཡེ་ཤེས་ལ་འདོད་དོ། །དེ་བཞིན་དུ་ཐེག་པ་གསུམ་ལ་གནས་པའི་སློབ་པ་འཕགས་པ་རྣམས་ཀྱང་། ལུས་རྟེན་དེ་ཟག་བཅས་ཉེར་ལེན་གྱི་ཕུང་པོ་ཡིན་པས་དགེ་འདུན་དཀོན་མཆོག་མིན་ཡང་དགེ་འདུན་ཡིན་ལ། དགེ་འདུན་དཀོན་མཆོག་ནི་དེའི་ཐུགས་རྒྱུད་ཀྱི་ལམ་བདེན་ལ་འདོད་དོ། །ཆོས་དཀོན་མཆོག་ཀྱང་བཞག་ཏུ་ཡོད་དེ་སངས་རྒྱས་དང་ཉན་རང་གཉིས་ཀའི་རྒྱུད་ཀྱི་མྱང་འདས་དང་འགོག་བདེན་དེ་དེ་ཡིན་པའི་ཕྱིར།

ཚིག་འགྲེལ།

《བྱེ་བྲག་བཤད་མཚོ་ཆེན་མོ་》ཆོས་མངོན་པ་བྱེ་བྲག་བཤད་མཚོ་ཆེན་མོ་སྟེ། མིང་གཞན་དུ་བྱེ་བྲག་བཤད་མཛོད་ཆེན་མོ་ཡང་ཟེར་ཞིང་། འདི་ནི་སྟོན་པ་མྱ་ངན་ལས་འདས་རྗེས་འཕགས་པ་ཉེར་སྦས་ལ་སོགས་པ་དགྲ་བཅོམ་པ་ལྔ་བརྒྱས་བྱང་ཕྱོགས་རི་བོ་འབིགས་བྱེད་གར་མཁན་གྱི་གཙུག་ལག་ཁང་དུ་སྤྱི་མཐུན་དུ་མཛད་པའི་ཤློ་ཀ་འབུམ་ཕྲག་གཅིག་ཡོད་པའི་བསྟན་བཅོས་ཆེན་མོ་ཞིག

རང་རིག མདོ་སེམས་གཉིས་དང་རྣལ་འབྱོར་སྤྱོད་པའི་དབུ་མ་རང་རྒྱུད་པས་ཤེས་པ་ལ་རང་རིག་དང་གཞན་རིག་གཉིས་སུ་དབྱེ་བའི་འཛིན་པ་ཡུལ་དུ་བྱེད་པའི་ཤེས་པ་ལ་རང་རིག་ཟེར་ཞིང་། ཤེས་པ་རང་གིས་རང་མྱོང་བའམ་རིག་པས་ན་རང་རིག་ཅེས་བརྗོད། དཔེར་ན། སྔོ་འཛིན་མིག་ཤེས་ཀྱིས་སྔོན་པོ་མཐོང་བའི་ཚེ། སྔོ་འཛིན་མིག་ཤེས་རང་ཉིད་ཉམས་སུ་མྱོང་བའི་ཤེས་པ་ཡུལ་ཡུལ་ཅན་གཉིས་སུ་མེད་པ་ལྟ་བུ་ཞིག་གོ། །

ཕྱི་དོན་བདེན་གྲུབ། ཡུན་ཅན་ཤེས་པ་རང་ཉིད་ལས་ཕྱི་རོལ་དུ་རྡུལ་ཕྲ་རབ་བསགས་ནས་རགས་པའི་ཆོས་སྣ་ཚོགས་ཀྱི་དོན་སྣང་ཡུལ་དུ་བདེན་པར་གྲུབ་པས་ཕྱི་དོན་བདེན་གྲུབ་ཟེར།

《མངོན་པ་སྡེ་བདུན་》བྱེ་བྲག་སྨྲ་བ་རྣམས་ཀྱིས་སངས་རྒྱས་ཀྱིས་གསུངས་པའི་བཀའ་ཡིན་པར་འདོད་པ་དང་། མདོ་སྡེ་པ་ཡན་གྱིས་དགྲ་བཅོམ་པ་བདུན་གྱིས་རང་དབང་དུ་བརྩམས་པའི་བསྟན་བཅོས་ཡིན་པར་འདོད་པའི་གཞུང་བདུན་ཏེ། ཇི་སྐད་དུ། ཆོས་ཀྱི་ཕུང་པོ་ཤཱ་རིའི་བུས། །གདགས་པའི་བསྟན་བཅོས་མོང་འགལ་བུས། །ཁམས་ཀྱི་ཚོགས་ནི་གང་པོས་བྱས། །རྣམ་ཤེས་ཚོགས་ནི་ལྷ་སྐྱིད་ཀྱིས། །ཡེ་ཤེས་ལ་འཇུག་ཀ་ཏྱའི་

བྱས། །རབ་ཏུ་འབྱེད་པ་དབྱིག་བཤེས་ཀྱིས། །ཡང་དག་འགྲོ་བའི་རྣམ་གྲངས་ནི། །གསུམ་པོ་ཆེ་ཡིས་བྱས་ཞེས་གྲགས། །ཞེས་སོ། །

འཕགས་པ་ཤཱ་རིའི་བུ། ཤཱཀྱ་ཐུབ་པའི་ཉན་ཐོས་ཉེ་འཁོར་བཅུའི་གྲས་ཤིག

འཕགས་པ་ཉེར་སྦས། བསྟན་པའི་གཏད་རབས་བདུན་གྱི་བཞི་པ། ཉན་ཐོས་དགྲ་བཅོམ་པ་ཞིག

《ཀུན་བཏུས་》 བྱམས་པ་དང་འབྲེལ་བའི་ཆོས་ཉི་ཤུའི་ནང་གསེས་སྡོམ་རྣམ་གཉིས་ཀྱི་ཡ་གྱལ་ཞིག་སྟེ། ཐེག་པ་ཐུན་མོང་གི་སྡོམ《ཆོས་མངོན་པ་ཀུན་ལས་བཏུས་པ་》ཞེས་པ་སློབ་དཔོན་ཐོགས་མེད་ཀྱིས་མཛད་པ་བམ་པོ་ལྔའི་བདག་ཉིད་ཅན་གྱི་བསྟན་བཅོས་ཤིག

《མཛོད་》《ཆོས་མངོན་པ་མཛོད་》ཅེས་བྱ་བ་འདི་རྒྱ་གར་གྱི་སློབ་དཔོན་དབྱིག་གཉེན་གྱིས་མཛད་པའི་ཐེག་དམན་གྱི་མངོན་པའི་གཞུང་གི་རྩ་བ་གནས་བརྒྱད་ཀྱི་རང་བཞིན་ཅན་ཞིག་ཡིན། འདི་ལ་སློབ་དཔོན་རང་ཉིད་ཀྱི་མཛད་པའི་རང་འགྲེལ་དང་བཅས་པ་ཡོད།

སོ་སོར་བརྟགས་འགོག གཉེན་པོའི་སྟོབས་ཀྱིས་བཅོམ་པའི་འགོག་པ་སྟེ། སོ་སོར་རྟོགས་པའི་ཤེས་རབ་ཀྱིས་བདེན་པ་བཞི་ལ་བརྟགས་ཏེ། གཉེན་པོ་ཟག་མེད་ཀྱི་ལམ་རྒྱུད་ལ་སྐྱེས་པ་ན་རང་རང་གི་ངོ་སྐལ་གྱི་སྤང་བྱ་མ་ལུས་པ་འགོག་པའམ་དེ་དང་གཏན་ཏུ་བྲལ་བའི་ཆ་དེའོ། །

སོ་སོར་བརྟགས་མིན་གྱི་འགོག་པ། རྐྱེན་མ་ཚང་བའི་འགོག་པ་སྟེ། སོསོར་རྟོགས་པའི་ཤེས་རབ་ཀྱིས་ཁེགས་པ་མིན་ཡང་རེ་ཞིག་རྒྱུ་དང་རྐྱེན་མ་ཚང་བའི་སྟོབས་ཀྱིས་མ་འོངས་པའི་ཆོས་དེ་ལྷ་བུ་སྐྱེ་བ་ལ་ངེས་པར་འགོག་པར་འགྱུར་པ་སྟེ་ཧ་ཡི་མགོ་ལ་རྭ་ལྟ་བུ་མེད་པའི་བྱེ་བྲག་ཐམས་ཅད་འདིར་

འདུའོ། །

རྡུལ་ཕྲན་ཕྱོགས་ཀྱི་ཆ་མེད། གཟུགས་ཀྱི་ཆུང་བའི་མཐར་ཐུག་པ། དེ་ལ་ཤར་ལྷོ་ནུབ་བྱང་སོགས་ཀྱི་ཆ་ནས་ཕྱེ་རྒྱུ་མེད་པ་ཞིག་གོ། །དེ་ལྟ་བུའི་གཟུགས་མཐའ་ཕྲ་རབ་ནས་རྒྱང་གྲགས་གཅིག་གི་བར་བརྩི་ཚུལ་ནི《མཛོད་》ལས། གཟུགས་མཐའ་ཕྲ་རབ་རྡུལ་བདུན་རྡུལ་ཕྲན་གཅིག །དེ་བཞིན་ལྕགས་ཆུ་རི་བོང་ལུག་དང་གླང་། །ཉི་རྡུལ་སྲོ་མ་ཤིག་ནས་སོར་ཚིགས་སོར། །ཉི་ཤུ་རྩ་བཞི་ཁྲུ་གང་དེ་བཞི་ལ། །གཞུ་འདོམ་ཞེས་བྱ་ལྔ་བརྒྱར་རྒྱང་གྲགས་གཅིག །དགོན་པའི་ཚད་དེ་དེ་བརྒྱད་དཔག་ཚད་དོ། །ཞེས་གསུངས་སོ། །

ཤེས་པ་སྐད་ཅིག་ཆ་མེད། དུས་ཐུང་ཞིང་ཆུང་བའི་མཐར་ཐུག་པ། རང་གི་བདག་ཉིད་དུ་གྱུར་པའི་སྐད་ཅིག་གི་སྔ་ཕྱིའི་ཆ་ཕྱེ་རྒྱུ་མེད་པའི་ཤེས་པ་ཞིག་གོ། དེ་ལྟ་བུའི་དུས་ཀྱི་ཐུང་མཐའ་སྐད་ཅིག་ཆ་མེད་ནས་ལོ་ཟླ་ཞག་སོགས་པའི་བརྩི་ཚུལ་ནི། 《མཛོད་》ལས། སོ་གོལ་དྲུག་ཅུ་བཞིར་དབྱེའི་ཆ་གཅིག་ནི། །དུས་མཐའི་སྐད་ཅིག་མ་སྟེ་བརྒྱ་ཉི་ཤུ། །དེ་ཡི་སྐད་ཅིག་དྲུག་ཅུར་ཐང་གཅིག་སྟེ། །སུམ་ཅུ་ཡུད་ཙམ་སུམ་ཅུ་ཉིན་ཞག་གཅིག །སུམ་ཅུ་ཟླ་བ་བཅུ་གཉིས་ལོ་གཅིག་གིས། །གྲངས་ཅན་གྲངས་ནས་གྲངས་མེད་བར་དུ་འགྱུབ། །ཅེས་གསུངས་པ་ལྟར་རོ། །

ཟག་པ། ཉོན་མོངས་པ་སྟེ། དེའི་དབང་གིས་འཁོར་བར་ཡང་ནས་ཡང་དུ་ཟག་པར་བྱེད་པའི་ཕྱིར།

ལམ་བདེན། ཟག་བཅས་ཀྱི་ལས་ཟད་པར་བྱེད་པའི་གཉེན་པོ་དང་རང་འབྲས་མྱང་འདས་ཐོབ་པར་བྱེད་པའི་ལམ་མོ། །

འཕགས་ལམ། སོ་སྐྱེའི་ས་ལས་རིང་དུ་འཕགས་པའི་ལམ་སྟེ་ཐེག་པ

རང་གི་མཐོང་ལམ་ཐོབ་སྐབས་ལམ་དེའི་འཕགས་ལམ་ཐོབ་པ་ཡིན་པས་ཐེག་པ་གསུམ་གྱི་མཐོང་སྒོམ་མི་སློབ་ལམ་གསུམ་ལ་འཕགས་ལམ་ཞེས་ཟེར།

འཕགས་རྒྱུད་ཀྱི་ལམ། ཐེག་པ་གསུམ་གྱི་མཐོང་སྒོམ་མི་སློབ་ལམ་གསུམ་ལ་གནས་པའི་འཕགས་པའི་གང་ཟག་དེའི་རྒྱུད་ཀྱི་རྟོགས་པ།

ཞི་རགས་རྣམ་ཅན་དུ་ཤར་བའི་ལམ། སྒོམ་ལམ་པའི་རྒྱུད་ལ་བསམ་གཏན་གྱི་དངོས་གཞི་ཐོབ་ནས་ཁམས་གོང་མར་ཡོན་ཏན་ནམ་ཞི་བར་ལྟ་བ་དང་འོག་མར་སྐྱོན་ནམ་རགས་པར་ལྟ་བའི་བློ་ཞིག་ཡོད་པ་དེ་ལ་ཟེར།

ཐོབ་པ། བྱེ་བྲག་སྨྲ་བས་ལྡན་མིན་འདུ་བྱེད་ལ་ཆོས་བཅུ་བཞི་འདོད་པའི་ཡ་གྱལ་ཞིག་སྟེ། རང་གང་དང་ལྡན་པའི་གང་ཟག་གི་རྒྱུད་ལ་ལྡན་བྱེད་ཀྱི་རྫས་ཤིག་ཡོད་པ་དེ་ལ་ཐོབ་པ་ཞེས་བརྗོད་པ་ཡིན།

ལུས་ངག་གི་ལས། ལུས་ངག་གི་ལས་ནི་དང་བས་ཕྱག་འཚལ་བའམ་མདོ་འདོན་པ་དང་། སྡང་བས་གཞན་ལ་བརྡེག་པ་དང་ཚིག་རྩུབ་སྨྲ་བ་ལྟ་བུའི་ལས་རྣམས་ལ་ཟེར།

མིག་དབང་གཟུགས་ཅན་པ། ནང་གཟུགས་ལྔའི་ཡ་གྱལ་ཞིག་སྟེ། རང་འབྲས་མིག་ཤེས་ཀྱི་ཐུན་མོང་མ་ཡིན་པའི་བདག་རྐྱེན་བྱེད་པའི་རིགས་སུ་གནས་པའི་ནང་གི་གཟུགས་ཅན་དྭངས་པ་དེ་མིག་དབང་གི་མཚན་ཉིད། དེ་ནི་དབྱིབས་ཟར་མའི་མེ་ཏོག་ལྟར་ཆགས་པའི་གཟུགས་དྭངས་པ་ཞིག་ཡོད། དེ་ལ་དབྱེ་ན་རྟེན་བཅས་ཀྱི་མིག་དབང་དང་དེ་མཚུངས་ཀྱི་མིག་དབང་གཉིས་སོ། །

རྟེན་བཅས་ཀྱི་མིག་དབང་། རང་འབྲས་མིག་ཤེས་ཀྱི་ཐུན་མོང་མ་ཡིན་པའི་བདག་རྐྱེན་བྱེད་པའི་མིག་དབང་དེ་དེའི་མཚན་ཉིད། མཚན་གཞི་ནི། མིག་ཤེས་ཀྱི་གཟུགས་ལ་བལྟ་བཞིན་པའི་གནས་སྐབས་ཀྱི་མིག་དབང་ལྟ

བྱོ། །

བཀའ། རང་གི་བདག་རྐྱེན་སངས་རྒྱས་ཀྱིས་གསུངས་པ་གང་ཞིག འདུལ་བྱའི་རྒྱུད་ཀྱི་ཉོན་མོངས་སྤོང་བའི་ཐབས་སུ་གྱུར་པ་ཞིག་ལ་བཀའ་ཞེས་བརྗོད།

བསྟན་བཅོས། བཀའི་དགོངས་པ་འགྲེལ་བའི་ཆེད་དུ་མཁས་པ་རྣམས་ཀྱིས་བརྩམས་པའི་གཞུང་ལ་བསྟན་བཅོས་ཞེས་བརྗོད། བསྟན་བཅོས་ཀྱི་ངེས་ཚིག་ནི། 《རྣམ་བཤད་རིགས་པ་》ལས། ཉོན་མོངས་དགྲ་རྣམས་མ་ལུས་འཚོས་པ་དང་། །ངན་འགྲོའི་སྲིད་ལས་སྐྱོབ་པ་གང་ཡིན་པ། །འཚོས་སྐྱོབ་ཡོན་ཏན་ཕྱིར་ན་བསྟན་བཅོས་སྟེ། །གཉིས་པོ་དེ་ནི་གཞན་གྱི་ལུགས་ལ་མེད། །ཅེས་སོ། །

བདེན་བཞི་ཁྱད་ཆོས་མི་རྟག་སོགས་བཅུ་དྲུག བདེན་བཞིའི་གནས་ལུགས་ཇི་ལྟ་བ་བཞིན་རྟོགས་པ་ནི་འཕགས་པའི་གཟིགས་ངོ་ལས་མེད་པས་ན། དེ་ཡི་ངོར་ཕྱིན་ཅི་མ་ལོག་པའམ་ཡང་དག་པའམ་བདེན་པར་གནས་པས་ན་འཕགས་པའི་བདེན་པ་ཞེས་བྱ། བདེན་བཞི་ནི། ཐར་པ་དོན་གཉེར་གྱི་དོར་བྱ་འཁོར་བ་ལ། རྒྱུ་ཀུན་འབྱུང་བདེན་པ་དང་འབྲས་བུ་སྡུག་བསྔལ་བདེན་པ་གཉིས་སུ་ངེས་ལ། བླང་བྱ་ཐར་པ་ལའང་གྲོལ་བའི་ཐབས་ལམ་གྱི་བདེན་པ་དང་། འཁོར་བ་ལས་གྲོལ་བའི་ངོ་བོ་འགོག་པའི་བདེན་པ་གཉིས་སུ་གྲངས་ངེས་པའི་ཕྱིར། བདེན་པ་བཞི་པོ་དེ་དག་རེ་རེ་ལའང་རྣམ་པ་བཞིར་དབྱེ་བས་ཁྱད་ཆོས་བཅུ་དྲུག་སྟེ། སྡུག་བསྔལ་བདེན་པའི་རྣམ་པ་བཞི་ནི། མི་རྟག་པ། སྡུག་བསྔལ་བ། སྟོང་པ། བདག་མེད་པ་བཞིའོ། །ཀུན་འབྱུང་བདེན་པའི་རྣམ་པ་བཞི་ནི། རྒྱུ་དང་། ཀུན་འབྱུང་། རབ་སྐྱེ། རྐྱེན་བཞིའོ། །འགོག་བདེན་གྱི་རྣམ་པ་བཞི་ནི། འགོག་པ། ཞི་བ། གྱ་ནོམ།

ངེས་འབྱུང་ བཞིའོ། །ལམ་ བདེན་ གྱི་ རྣམ་ པ་ བཞི་ ནི། ལམ། རིག་ པ། སྒྲུབ་པ། ངེས་པར་འབྱིན་པ་བཞིའོ། །

ཆོས་བདག གཟུགས་ལ་སོགས་ པའི་ ཕྱི་ རོལ་ གྱི་ ཆོས་ རྣམས་ བདེན་ པར་གྲུབ་པར་འདོད་པ་སྟེ། ཅེ་མདོ་གཉིས་ཀྱིས་ཕྱི་དོན་བདེན་གྲུབ་ཏུ་འདོད་ པས་གཞི་གྲུབ་ན་ཆོས་བདག་ཡིན་པས་ཁྱབ་པར་ཁས་ལེན་པ་ཡིན།

གང་ཟག་གི་ བདག་ འཛིན། གདགས་གཞི་ རང་ རྒྱུད་ ཀྱིས་ བསྡུས་ པའི་ཕུང་ པོ་ ལ་ བརྟེན་ ནས་ ང་ དང་ ང་ ཡི་ བར་ འཛིན་ པའི་ རྟོག་ པ་ དེ་ ལ་ ཟེར། སྲོག་ཆགས་འབུ་སྲིན་ཡན་ཆད་ལ་འབྱུང་བའི་ངའམ་བདག་ཏུ་འཛིན་པ་དེ་ཡིན། འདི་ནི་ཁམས་གསུམ་འཁོར་བའི་སྡུག་བསྔལ་ཇི་སྙེད་ཅིག་འབྱུང་བ་ཐམས་ཅད་ཀྱི་རྩ་བ་ཡིན་ཏེ། 《རིན་ཆེན་ཕྲེང་བ》ལས། ཇི་སྲིད་ཕུང་པོར་འཛིན་ཡོད་པ། དེ་སྲིད་དེ་ལ་ངར་འཛིན་ཡོད། །ངར་འཛིན་ཡོད་ན་ཡང་ལས་ཏེ། །དེ་ལས་ ཡང་ནི་སྐྱེ་བ་ཡིན། །ཞེས་གསུངས་པའི་ཕྱིར་རོ། །

དུག་ གསུམ། འདོད་ ཆགས། ཞེ་ སྡང་། གཏི་ མུག་ གསུམ་ འདི་ གསུམ་མཚོན་བྱེད་དུ་དགོན་སྡེ་ལྷ་ཁང་སོགས་ཀྱི་སྒོ་འཕྱོར་འོག་བྲིས་པའི་སྲིད་ པ་འཁོར་ལོའི་དཀྱིལ་དུ་འདོད་ཆགས་མཚོན་བྱེད་དུ་ཕུག་རོན་དང་། ཞེ་སྡང་ མཚོན་ཆེད་དུ་ སྦྲུལ། གཏི་ མུག་ མཚོན་ བྱེད་ དུ་ ཕག་ པ་ གསུམ་ གྱི་ གཟུགས་ བརྙན་བཀོད་ཡོད།

མི་ ཤེས་ པའི་ རྒྱུ་ བཞི། ཧ་ ཅང་ སྐལ་ ནས་ བསྐལ་ བ་ མི་ ཤེས་ པ་ སྟེ། དངོས་པོའི་རང་བཞིན་ཕྲ་བའི་དབང་གིས་རྟོགས་དཀའ་བ། ཡུལ་གྱི་སྒོ་ནས་ བསྐལ་བ་མི་ ཤེས་ པ་ ནི། ཡུལ་ ཐག་ རིང་ བའི་ དབང་ གིས་ རྟོགས་ དཀའ་ བ། དུས་ཀྱིས་ བསྐལ་ བ་ མི་ ཤེས་ པ་ ནི། དུས་ ཡུན་ རིང་ བའི་ དབང་ གིས་ རྟོགས་ དཀའ་བ། དོན་རབ་ཏུ་མཐའ་ཡས་པས་མི་ཤེས་པ་ནི། དོན་གྱི་དབྱེ་བ་ཤེན་

ཏུ་རྒྱ་ཆེ་བས་རྫོགས་དཀའ་བ་བཅས་བཞིའོ། །

སྦྱོར་ལམ་དྲོད། མཐོང་ལམ་ཡེ་ཤེས་ཀྱི་མེ་མྱུར་དུ་མཐོང་བའི་སྔ་ལྟས་ཀྱི་དྲོད་ལྟ་བུ་ཡིན་པས་སྦྱོར་ལམ་དྲོད་ཅེས་བརྗོད།

རྩེ་མོ། ལོག་ལྟས་དགེ་རྩ་གཅོད་པ་ལས་འདས་པའི་རྩེ་མོར་ཕྱིན་པས་ན་སྦྱོར་ལམ་རྩེ་མོ་ཞེས་བརྗོད།

བཟོད་པ། ངན་འགྲོར་མི་སྐྱེ་བའི་གདེང་ཐོབ་པའམ་བཟོད་པས་ན་སྦྱོར་ལམ་བཟོད་པ་ཟེར།

ཆོས་མཆོག འཇིག་རྟེན་པའི་ཆོས་རྣམས་ཀྱི་མཆོག་ཡིན་པས་སྦྱོར་ལམ་ཆོས་མཆོག་ཅེས་བྱའོ། །

མཉམ་བཞག་ཡེ་ཤེས། བདག་མེད་ལ་སེམས་རྩེ་གཅིག་ཏུ་མཉམ་པར་བཞག་པའི་རྣམ་པར་མི་རྟོག་པའི་ཡེ་ཤེས་ལ་ཟེར།

རྗེས་ཐོབ་ཡེ་ཤེས། མཉམ་བཞག་གི་སྟོབས་ཀྱིས་བྱུང་ཞིང་མཉམ་བཞག་དེའི་རྗེས་སུ་ཐོབ་པའི་ཡེ་ཤེས་དེ་ལ་ཟེར།

ངེས་འབྱུང་། འཁོར་བ་ལ་སྐྱོ་ཤས་སྐྱེ་བའི་དོན་ཏེ་འཁོར་བའི་སྡུག་བསྔལ་ལྷ་ཅི་སྲིད་པའི་ཕུན་ཚོགས་གང་ལའང་མཁྲིས་ནད་ཅན་ལ་ཞག་ཤ་མཐོང་བ་བཞིན་དུ་ཞེ་མེར་གཏིང་ནས་ལངས་ཏེ་སྙིང་པོ་མེད་པར་མཐོང་བ་ཞིག་གོ། །

ཤེས་བཟོད་སྐད་ཅིག་མ་བཅུ་དྲུག བདེན་པ་མངོན་སུམ་དུ་མཐོང་བའི་ལམ་གྱི་བཟོད་པ་བརྒྱད་དང་ཤེས་པ་བརྒྱད་དེ། མཐོང་ལམ་གྱི་གནས་སྐབས་སུ་སྐྱེས་པའི་རྟོག་པའི་ཁྱད་པར་ཞིག དེའང་བདེན་པ་བཞི་པོ་རེ་རེ་ལ་ཆོས་བཟོད། ཆོས་ཤེས། རྗེས་བཟོད། རྗེས་ཤེས་བཅས་བཞི་རེ་སྦྱར་བས་སྐད་ཅིག་མ་བཅུ་དྲུག་གོ། །བཟོད་པ་བརྒྱད་དང་མཐོང་ལམ་བར་ཆད་

མེད་ལམ་དོན་གཅིག ཤེས་པ་བརྒྱད་དང་མཐོང་ལམ་རྣམ་གྲོལ་ལམ་དོན་གཅིག

ཟག་མེད་ཀྱི་ཕུང་པོ་ལྔ། ཚུལ་ཁྲིམས་ཀྱི་ཕུང་པོ། ཏིང་ངེ་འཛིན་གྱི་ཕུང་པོ། ཤེས་རབ་ཀྱི་ཕུང་པོ། རྣམ་པར་གྲོལ་བའི་ཕུང་པོ། རྣམ་པར་གྲོལ་བའི་ཡེ་ཤེས་མཐོང་བའི་ཕུང་པོ་བཅས་ལྔའོ། །

སྒོམ་ལམ་རྡོ་རྗེ་ལྟ་བུའི་ཏིང་ངེ་འཛིན། ཐེག་པ་ཆེ་ཆུང་སོ་སོའི་ལམ་གྱི་འབྲས་བུ་མཐར་ཐུག་ཐོབ་པའི་གེགས་སུ་གྱུར་པའི་སྤང་བྱ་མཐར་ཐུག་པ་འཇོམས་པ་ལ་ཐོགས་པ་མེད་པའི་མཐུ་དང་ལྡན་པ་གཉེན་པོ་བར་ཆད་མེད་ལམ་མོ། དེ་རང་རྒྱུད་ལ་སྐྱེས་པའི་སྐད་ཅིག་གཉིས་པ་ལ་ཐེག་པ་རང་རང་གི་མཐར་ཕྱིན་པའི་འབྲས་བུ་མི་སློབ་ལམ་མངོན་དུ་བྱས་པ་ཡིན།

སྤངས་རྟོགས། སྤངས་བྱའི་དྲི་མ་དང་བྲལ་ཞིང་རྟོགས་བྱའི་ཡོན་ཏན་ཁོང་དུ་ཚུད་པའོ། །

རྒྱུན་ཞུགས། དགེ་སྦྱོང་གི་འབྲས་བུ་བཞིའི་ནང་གསེས་ཤིག་སྟེ། རྒྱུན་དུ་ཞུགས་པའི་འབྲས་བུའི་བསྡུས་མིང་། གཤམ་གྱི་ཞུགས་གནས་བརྒྱད་ཀྱི་སྐབས་ཡོད་པས་དེར་གཟིགས།

ཉམས་པའི་ཆོས་ཅན། རང་གི་སྤངས་རྟོགས་ལས་ཉམས་པའི་དགྲ་བཅོམ་པ།

དགེ་འདུན་ཉི་ཤུ། དགེ་འདུན་དཀོན་མཆོག་མཚོན་བྱེད་ཀྱི་དཔེའི་དགེ་འདུན་ཉི་ཤུ་སྟེ། རྒྱུན་ཞུགས་ཞུགས་པ་གཉིས། རྒྱུན་ཞུགས་འབྲས་གནས། ཕྱིར་འོང་ཞུགས་པ། རྒྱུན་ཞུགས་རིགས་ནས་རིགས་སྐྱེ་གཉིས། ཕྱིར་འོང་འབྲས་གནས་གཉིས། ཕྱིར་མི་འོང་ཞུགས་པ། ཕྱིར་མི་འོང་འབྲས་གནས་དགུ། དགྲ་བཅོམ་ཞུགས་པ། བསེ་རུ་ལྟ་བུའི་རང་སངས་རྒྱས་བཅས

ཉི་ཤུ་ཐམ་པའོ། །ཞིབ་ཕྲ《གྲུབ་མཐའ་རིན་ཆེན་ཕྲེང་བའི་ཚིག་འགྲེལ་ཐོར་བུ》པའི་ཤོག་གྲངས206ལ་གཟིགས་པར་འཚལ།

ཞུགས་གནས་བརྒྱད། དགེ་སྦྱོང་གི་འབྲས་བུ་བཞི་སྟེ་རྒྱུན་ཞུགས། ཕྱིར་འོང་། ཕྱིར་མི་འོང་། དགྲ་བཅོམ་པ་བཅས་བཞི་པོ་རེ་རེ་ལ་ཞུགས་གནས་འབྲས་གནས་གཉིས་སུ་ཕྱེ་བས་བརྒྱད་དོ། །ཞིབ་པར《གྲུབ་མཐའ་རིན་ཆེན་ཕྲེང་བའི་ཚིག་འགྲེལ་ཐོར་བུ》པའི་ཤོག་གྲངས208ལ་གཟིགས་པར་འཚལ།

བསེ་རུ་ལྟ་བུའི་རང་རྒྱལ། རང་རྒྱལ་ལ་བསེ་རུ་ལྟ་བུ་དང་། ཚོགས་སྤྱོད་གཉིས་སུ་དབྱེ་བའི་ཡ་གྱལ་ཞིག་སྟེ། དུད་འགྲོ་བསེ་ལ་རྭ་གཅིག་ལས་མེད་པ་ལྟར་འདུ་འཛི་གཡེང་བས་འཇིགས་ནས་གཅིག་པུར་གནས་པས་སོ།

མཚན་བཟང་། སྐྱེས་བུ་ཆེན་པོའི་བསོད་ནམས་ཀྱི་མཐུ་ལས་གྲུབ་ཅིང་བསོད་ནམས་དེ་མཚོན་པར་བྱེད་པའི་ཡོན་ཏན་གྱི་རྟགས་སོ། །དེ་ཡང་སངས་རྒྱས་ཀྱི་གཟུགས་ཀྱི་སྐུའི་ཡོན་ཏན་ལ་མཚན་བཟང་པོ་སུམ་ཅུ་རྩ་གཉིས་ཡོད། 《གྲུབ་མཐའ་རིན་ཆེན་ཕྲེང་བའི་ཚིག་འགྲེལ་ཐོར་བུ》ཤོག་གྲངས211ལ་ཞིབ་པར་ཡོད་པས་དེ་ར་གཟིགས།

སྲིད་པ་ཐ་མ། ལས་ཉོན་དབང་གིས་སྲིད་པ་འཁོར་བའི་གནས་འདིར་སླར་སྐྱེ་མི་དགོས་པས་ན་སྲིད་པ་ཐ་མ་བ་ཞེས་བརྗོད།

ལྷའི་བུའི་བདུད། བདུད་བཞིའི་ཡ་གྱལ་ཞིག་སྟེ་བདུད་དགའ་རབ་དབང་ཕྱུག་སོགས་ཀྱིས་འདོད་ཁམས་ཀྱི་སྐྱེ་བོ་གཞན་རྣམས་རང་ལས་ལྷག་པར་འགྱུར་སྙམ་པའི་ཕྲག་དོག་གིས་མདའ་ལྔ་སོགས་འཕངས་ཏེ་བར་ཆད་བྱེད་པའི་རིགས་ཤིག་གོ། །

མཛད་པ་བཅུ་གཉིས། འཕགས་བོད་ཀྱི་མཁས་པ་རྣམས་ཀྱིས

སངས་རྒྱས་ཀྱི་མཛད་པ་གཙོ་ཆེ་བ་རྣམས་སྤྱི་ཚན་བཅུ་གཉིས་སུ་དོན་གྱིས་འདུ་བར་གསུངས་པ་སྟེ། རྒྱུད་བླ་མ་ལས། སྐྱེ་བ་མངོན་པར་སྐྱེ་བ་དང་། །དགའ་ལྡན་གནས་ནས་འཕོ་བ་དང་། །ལྷུམས་སུ་འཇུག་དང་བལྟམས་པ་དང་། །བཟོ་ཡི་གནས་ལ་མཁས་པ་དང་། །བཙུན་མོའི་འཁོར་དགྱེས་རོལ་བ་དང་། །ངེས་འབྱུང་དཀའ་བ་སྤྱོད་པ་དང་། །བྱང་ཆུབ་སྙིང་པོར་གཤེགས་པ་དང་། །བདུད་སྡེ་འཇོམས་དང་རྫོགས་པར་ནི། །བྱང་ཆུབ་ཆོས་ཀྱི་འཁོར་ལོ་དང་། །མྱ་ངན་འདས་པར་གཤེགས་མཛད་རྣམས། །ཡོངས་སུ་མ་དག་ཞིང་རྣམས་སུ། །སྲིད་པ་ཇི་སྲིད་གནས་པར་སྟོན། །ཞེས་གསུངས་པ་ལྟར་རོ། །ཞིབ་པ《གྲུབ་མཐའ་རིན་ཆེན་ཕྲེང་བའི་ཚིག་འགྲེལ་ཐོར་བུ》ཡི་ཤོག་གྲངས136དང་213ལ་གཟིགས་པར་འཚལ།

སོ་སྐྱེ། སོ་སོ་སྐྱེ་བོ་སྟེ། འཕགས་ལམ་མ་ཐོབ་པའི་གང་ཟག་རྣམས་ལས་སོ་སོའི་དབང་གིས་འགྲོ་བ་སོ་སོ་ཐ་དད་དུ་སྐྱེ་བའོ། །

ཆོས་ཀྱི་ཕུང་པོ། སྤྱིར་ཆགས་སོགས་ཉོན་མོངས་པ་བརྒྱད་ཁྲི་བཞི་སྟོང་རེ་རེའི་གཉེན་པོར་ཆོས་ཕུང་རེ་རེ་བསྟན་ཅིང་རང་རང་གི་གཉེན་པོའི་བྱ་བ་ཡོངས་སུ་རྫོགས་པའི་གདམ་ཀྱི་ཚོགས་ལ་ཆོས་ཀྱི་ཕུང་པོ་ཞེས་བྱ་སྟེ། དེའི་ཚད་ལ་མངོན་པ་གོང་འོག་གི་འདོད་ཚུལ་མི་འདྲ་བ་སོགས《གྲུབ་མཐའ་རིན་ཆེན་ཕྲེང་བའི་ཚིག་འགྲེལ་ཐོར་བུ》ཤོག་གྲངས216ལ་གཟིགས་པར་འཚལ།

འདོད་ཁམས། འདོད་ཡོན་ལྔ་ལས་ཁམས་ཟས་ལ་འདོད་ཆགས་དང་ལྡན་པས་སམ་འདོད་པའི་ཡོན་ཏན་འཁྲིག་པ་གཙོ་བོར་བྱེད་པས་འདོད་ཁམས་ཞེས་བརྗོད། དམྱལ་བ་མནར་མེད་ནས་གཞན་འཕྲུལ་དབང་བྱེད་བར་དུའོ། །

འོག་མིན་སྟུག་པོ། གནས་རིས་བཅུ་བདུན་གྱི་འོག་མིན་དེའི་སྟེང་དུ

དབང་ཕྱུག་ཆེན་པོའི་གནས་འོག་མིག་སྟུག་པོ་བཀོད་པ་ཞེས་ས་བཅུ་པའི་དབང་ཕྱུག་རྣམས་སྐྱེ་བའི་གནས་རིས་བཅོ་བརྒྱད་པ་ཞིག་ཡོད་པ་ཐེག་པ་ཆེན་པོའི་མདོ་ལས་གསུངས་སོ། །

ལོངས་སྐུ། སངས་རྒྱས་ཀྱི་སྐུའི་བྱེ་བྲག་ཅིག་སྟེ། ངེས་པ་ལྔ་དང་ལྡན་པའི་གཟུགས་སྐུ་མཐར་ཐུག ངེས་པ་ལྔ་ནི། གནས་ངེས་པ་འོག་མིན་སྟུག་པོ་ཀོ་ནར་བཞུགས་པ། ཆོས་ངེས་པ་ཐེག་ཆེན་པོའི་ཆོས་འབའ་ཞིག་གསུངས་པ། འཁོར་ངེས་པར་བྱང་སེམས་འཕགས་པ་ཤ་སྟག་གིས་བསྐོར་བ། སྐུ་ངེས་པ་མཚན་དཔེས་བརྒྱན་པ། དུས་ངེས་པ་འཁོར་བ་ཇི་སྲིད་མ་སྟོང་གི་བར་དུ་མྱ་ངན་ལས་འདའ་ཚུལ་མི་སྟོན་པ་དང་ལྔའོ། །

རྣམ་མཁྱེན། ཇི་ལྟ་བ་དང་ཇི་སྙེད་པའི་ཆོས་ཐམས་ཅད་སྐད་ཅིག་མ་གཅིག་ལ་མངོན་སུམ་དུ་མཁྱེན་པའི་མཐར་ཐུག་གི་མཁྱེན་པ་དེ་རྣམ་མཁྱེན་གྱི་མཚན་ཉིད། བྱེ་སྨྲས་རྣམ་མཁྱེན་མི་འདོད་ཚུལ《གྲུབ་མཐའ་རིན་ཆེན་ཕྲེང་བའི་ཚིག་འགྲེལ་ཐོར་བུའི་》ཤོག་གྲངས219ལ་གསལ།

ལྷག་བཅས་མྱང་འདས། དབུ་མ་རང་རྒྱུད་པ་མན་ཆད་ཀྱིས་སྐུ་ཚེའི་འདུ་བྱེད་མ་བཏང་བར་ཕུང་པོའི་ལྷག་མ་དང་བཅས་པར་མྱ་ངན་ལས་འདས་པར་བྱེད།

ལྷག་མེད་མྱང་འདས། དབུ་མ་རང་རྒྱུད་པ་མན་ཆད་ཀྱིས་སྐུ་ཚེའི་འདུ་བྱེད་བཏང་སྟེ། ཕུང་པོའི་ལྷག་མ་མེད་པར་མྱ་ངན་ལས་འདས་པར་བྱེད།

ཟད་མི་སྐྱེ་བའི་ཡེ་ཤེས། སངས་རྒྱས་ཀྱི་སའི་ཤེས་པ་བཅུའི་ཡ་གྱལ་ཞིག་སྟེ། ཟད་པའམ་སྤངས་ཟིན་པའི་ཉོན་མོངས་དང་སྡུག་བསྔལ་རྣམས་སླར་རང་རྒྱུད་ལ་མི་སྐྱེ་བར་བྱེད་པའི་ཤེས་པ་ཞིག་གོ། །

སློབ་པ་འཕགས་པ། ཐེག་པ་རང་རང་གི་མཐོང་ལམ་ཐོབ་པ་ནས་མི་

སློབ་ལམ་མངོན་དུ་མ་བྱས་པའི་བར་དུ་གནས་པའི་སྐྱེ་བོ་རྣམས་སོ། །

བསམ་གཞིགས་དྲི་བ།

༡. བྱེ་བྲག་སྨྲ་བ་ཞེས་པར་སྒྲ་བཤད་བྱེད་དགོས།

༢. བྱེ་བྲག་སྨྲ་བའི་མཚན་ཉིད་འཇོག་དགོས།

༣. བྱེ་སྨྲས་ཐོག་མའི་བརྟེན་སའི་གཞུང་གང་དང་གང་ཡོད་དམ།

༤. བྱེ་སྨྲས་ཤེས་བྱ་ཐམས་ཅད་གཞི་ལྔར་འདུས་པར་འདོད་པའི་གཞི་ལྔ་པོ་དེ་གང་དང་གང་ཡིན་ནམ།

༥. བྱེ་ སྨྲའི་ ལུགས་ ཀྱི་ བདེན་ གཉིས་ ཀྱི་ མཚན་ ཉིད་ བཞག་ སྟེ་ མཚན་གཞིའི་སྟེང་ནས་དེ་རྣམས་རིག་པས་བསྒྲུབ་དགོས།

༦. མཛོད་ ལས། ཟག་ བཅས་ ཟག་ པ་ མི་ བཅས་ དང་། །ལམ་ མ་གཏོགས་པའི་འདུས་བྱས་རྣམས། །ཟག་བཅས་གང་ཕྱིར་དེ་རྣམས་ལ། །ཟག་རྣམས་ཀུན་ཏུ་རྒྱས་པར་འགྱུར། །ཟག་མེད་ལམ་གྱི་བདེན་པ་དང་། །འདུས་མ་ བྱས་ རྣམ་ གསུམ་ ཡང་ སྟེ། །ནམ་ མཁའ་ དང་ ནི་ འགོག་ པ་གཉིས། །ཞེས་པར་ཚིག་འགྲེལ་བྱེད་དགོས།

༧. འཕགས་ལམ་ཡིན་ན་ཟག་མེད་ཡིན་པས་ཁྱབ་ཀྱང་འཕགས་རྒྱུད་ཀྱི་ལམ་ལ་ཟག་མེད་ཡིན་པས་ཁྱབ་བམ་མ་ཁྱབ། མ་ཁྱབ་ན་མཚན་གཞི་འཇོག་དགོས།

༨. བྱེ་ སྨྲའི་ ལུགས་ ལ་ རྟེན་ བཅས་ ཀྱི་ མིག་ དབང་ གཟུགས་ ཅན་ པས་གཟུགས་མཐོང་བར་འདོད་པའི་རྒྱུ་མཚན་གང་ཡིན་ནམ།

༩. བྱེ་སྨྲས་རྣམ་མཁྱེན་མི་འདོད་པའི་རྒྱུ་མཚན་གང་ཡིན་ནམ།

༡༠. ལུགས་ འདིར་ སངས་ རྒྱས་ འཕགས་ པས་ སྡུག་ ཀུན་ མ་ ལུས་ པར་

སྤྲང་སྐྱང་ཀྱང་དེའི་རྒྱུད་ལ་སྡུག་བདེན་ཡོད་པ་མི་འགལ་བའི་རྒྱུ་མཚན་གང་ཡིན་ནམ།

༡༡. སློབ་པ་འཕགས་པ་རྣམས་ཀྱི་ལུས་རྟེན་དེ་དགེ་འདུན་དཀོན་མཆོག་ཡིན་ནམ་མིན། རྒྱུ་མཚན་གང་ཡིན།

༡. མདོ་སྡེ་པའི་གྲུབ་མཐའ།

མདོ་སྡེ་པའི་གྲུབ་མཐའ་བཤད་པ་ལ། སློབ་དཔོན། སྒྲ་བཤད། མཚན་ཉིད། དབྱེ་བ། གྲུབ་མཐའི་འདོད་ཚུལ་ཏེ་ལྔའོ། །

དང་པོ་གྲུབ་མཐའ་འདིའི་སློབ་དཔོན་ནི། ཀུ་མ་ར་ཏ་དང་། ཤེ་རི་ར་ཏ། བཙུན་པ་ར་ཏ་སོགས་ཡིན།

གཉིས་པ་སྒྲ་བཤད་ནི། ཅེ་བྲག་ཏུ་བཤད་པའི་རྗེས་སུ་མི་འབྲང་བར་གཙོ་བོ་བཅོམ་ལྡན་འདས་ཀྱི་མདོ་ལ་བརྟེན་ནས་གྲུབ་མཐའ་སྨྲ་བས་ན་མདོ་སྡེ་པ་དང་། ཆོས་ཐམས་ཅད་དཔེའི་སྒོ་ནས་སྟོན་པ་ལ་མཁས་པས་ན་དཔེ་སྟོན་པ་ཞེས་ཀྱང་གྲགས་སོ། །

གསུམ་པ་མཚན་ཉིད་ནི། རང་རིག་དང་ཕྱི་དོན་གཉིས་ཀ་བདེན་ཞེན་གྱིས་ཁས་ལེན་པའི་ཐེག་དམན་གྱི་གྲུབ་མཐའ་སྨྲ་བའི་གང་ཟག་དེ་མདོ་སྡེ་པའི་མཚན་ཉིད།

བཞི་པ་དབྱེ་བ་ནི། ལུང་གི་རྗེས་འབྲང་གི་མདོ་སྡེ་པ་དང་། རིགས་པའི་རྗེས་འབྲང་གི་མདོ་སྡེ་པ་གཉིས། དང་པོ་ནི། མངོན་པ་མཛོད་ཀྱི་རྗེས་འབྲང་གི་མདོ་སྡེ་པ་ལྟ་བུ། གཉིས་པ་ནི། ཚད་མ་སྡེ་བདུན་གྱི་རྗེས་འབྲང་གི་མདོ་སྡེ་པ་ལྟ་བུའོ། ལུང་གི་རྗེས་འབྲང་གི་མདོ་སྡེ་པ་ནི་གཞི་ལམ་འབྲས་གསུམ་གྱི་རྣམ་གཞག་ཕལ་ཆེར་བྱེ་བྲག་སྨྲ་བ་དང་མཐུན་ནོ། །

ལྔ་པ་གྲུབ་མཐའི་འདོད་ཚུལ་ནི། གཞིའི་འདོད་ཚུལ། ལམ་གྱི་འདོད་ཚུལ། འབྲས་བུའི་འདོད་ཚུལ་དང་གསུམ།

གཞིའི་འདོད་ཚུལ་ལ་ཡུལ་དང་ཡུལ་ཅན་གྱི་འདོད་ཚུལ་གཉིས། དང་པོ་ནི། བློས་རིག་པར་བྱ་བ་ཡུལ་གྱི་མཚན་ཉིད། བློའི་ཡུལ་དུ་བྱ་རུང་བ་ཤེས

བྱའི་མཚན་ཉིད། ཡུལ། ཡོད་པ། ཤེས་བྱ། གཞལ་བྱ། གཞི་གྲུབ་རྣམས་དོན་གཅིག དེ་ལ་དབྱེ་ན། བདེན་པ་གཉིས་སུ་དབྱེ་བ། རང་སྤྱི་གཉིས་སུ་དབྱེ་བ། དགག་སྒྲུབ་གཉིས་སུ་དབྱེ་བ། མངོན་ལྐོག་གཉིས་སུ་དབྱེ་བ། དུས་གསུམ་དུ་དབྱེ་བ། གཅིག་དང་ཐ་དད་གཉིས་སུ་དབྱེ་བའོ། །དང་པོ་ནི། སྒྲ་དང་རྟོག་པས་བཏགས་པ་ལ་མ་ལྟོས་པར་རང་གི་སྡོད་ལུགས་ངོས་ནས་རིགས་པས་དཔྱད་བཟོད་དུ་གྲུབ་པའི་ཆོས་དེ་དོན་དམ་བདེན་པའི་མཚན་ཉིད། མཚན་གཞི་ནི། གཟུགས་དང་ཤེས་པ། ལྟན་མིན་འདུ་བྱེད་ལྟ་བུའོ། །དོན་དམ་བདེན་པ། དངོས་པོ། རང་མཚན། འདུས་བྱས། བདེན་པར་གྲུབ་པ་རྣམས་དོན་གཅིག དོན་དམ་བདེན་པའི་སྒྲ་བཤད་ནི། བུམ་པ་ཆོས་ཅན། དོན་དམ་བདེན་པ་ཞེས་བརྗོད་དེ། བློ་དོན་དམ་པའི་ངོར་བདེན་པའི་ཕྱིར། འདིའི་བློ་དོན་དམ་པ་ནི། སྣང་ཡུལ་མ་འཁྲུལ་བའི་མངོན་སུམ་གྱི་ཤེས་པ་ལ་བྱེད་དེ། ཁྱོད་དེའི་ངོར་བདེན་པའམ་གྲུབ་པས་ན་དོན་དམ་བདེན་པ་ཞེས་བརྗོད་པ་ཡིན། རྣམ་འགྲེལ་ལས། དོན་དམ་དོན་བྱེད་ནུས་པ་གང་། དེ་འདིར་དོན་དམ་ཡོད་པ་ཡིན། ཞེས་སོ། །རྟོག་པས་བཏགས་ཙམ་དུ་གྲུབ་པའི་ཆོས་དེ་ཀུན་རྫོབ་བདེན་པའི་མཚན་ཉིད། མཚན་གཞི་ནི། འདུས་མ་བྱས་ཀྱི་ནམ་མཁའ་ལྟ་བུའོ། །ཀུན་རྫོབ་བདེན་པ། དངོས་མེད་ཀྱི་ཆོས། སྤྱི་མཚན། རྟག་པ། འདུས་མ་བྱས་ཀྱི་ཆོས། རྫུན་པར་གྲུབ་པ་རྣམས་དོན་གཅིག ཀུན་རྫོབ་བདེན་པའི་སྒྲ་བཤད་ནི། འདུས་མ་བྱས་ཀྱི་ནམ་མཁའ་ཆོས་ཅན། ཁྱོད་ལ་ཀུན་རྫོབ་བདེན་པ་ཞེས་བྱ་སྟེ། བློ་ཀུན་རྫོབ་པའི་ངོར་བདེན་པའི་ཕྱིར་རོ། །འདིའི་བློ་ཀུན་རྫོབ་པ་ནི་རྟོག་པ་སྟེ་རང་མཚན་མངོན་སུམ་དུ་མཐོང་བ་ལ་སྒྲིབ་པས་ན་ཀུན་རྫོབ་པ་ཞེས་བྱའོ། །འདི་ཡང་སྒྲ་བཤད་ཙམ་ཡིན་གྱི། བློ་ཀུན་རྫོབ་པ་རྟོག་པའི་ངོར་བདེན་པ་ཡིན་ན། ཀུན་རྫོབ

བདེན་པ་ཡིན་པས་ཁྱབ་པ་མེད་དེ། དོན་དམ་བདེན་པའི་མཚན་གཞི་བུམ་པ་ལྟ་བུ་ཡང་། བློ་ཀུན་རྫོབ་པ་རྟོག་པའི་ངོར་བདེན་པའི་ཕྱིར། གང་ཟག་གི་བདག་དང་། སྒྲ་རྟག་པ་ལྟ་བུ་བློ་ཀུན་རྫོབ་པ་རྟོག་པའི་ངོར་བདེན་པ་ཡིན་ཡང་། ཐ་སྙད་དུ་ཡང་མ་གྲུབ་པའི་ཕྱིར་རོ། །བདེན་གཉིས་ཀྱི་འཇོག་ཚུལ་འདི་རིགས་པའི་རྗེས་འབྲངས་ཀྱི་མདོ་སྡེ་པའི་ལུགས་ཡིན་ལ། ལུང་གི་རྗེས་འབྲངས་ཀྱི་མདོ་སྡེ་པས། བདེན་གཉིས་ཀྱི་རྣམ་གཞག་བྱེ་སྨྲ་དང་མཐུན་པར་ཁས་ལེན་ནོ། །གཉིས་པ་ནི། དོན་དམ་པར་དོན་བྱེད་ནུས་པའི་ཆོས་དེ་རང་མཚན་གྱི་མཚན་ཉིད། མཚན་གཞི་ནི། བུམ་པ་ལྟ་བུ། དོན་དམ་པར་དོན་བྱེད་མི་ནུས་པའི་ཆོས་དེ། ཀུན་རྫོབ་བདེན་པའི་མཚན་ཉིད། མཚན་གཞི་ནི། འདུས་མ་བྱས་ཀྱི་ནམ་མཁའ་ལྟ་བུའོ། །སྤྱི་དང་བྱེ་བྲག གཅིག་དང་ཐ་དད། འགལ་བ་འབྲེལ་བ་ལ་སོགས་པ་སྒྲོ་བཏགས་པའི་ཆོས་རྣམས་སྤྱི་མཚན་ཡིན་མོད་ཀྱང་། དེ་དག་ཡིན་ན་སྤྱི་མཚན་ཡིན་མི་དགོས་པའི་ཁྱད་པར་འབྱེད་དགོས་སོ། །གསུམ་པ་ནི། རང་དངོས་སུ་རྟོགས་པའི་བློས་རང་གི་དགག་བྱ་དངོས་སུ་བཅད་ནས་རྟོགས་པར་བྱ་བའི་ཆོས་དེ་དགག་པའི་མཚན་ཉིད། དེ་དང་གཞན་སེལ་དོན་གཅིག དབྱེ་ན་མེད་དགག་དང་། མ་ཡིན་དགག་གཉིས། རང་དངོས་སུ་རྟོགས་པའི་བློས་རང་གི་དགག་བྱ་དེ་བཅད་ཙམ་དུ་རྟོགས་པར་བྱ་བ་དེ་མེད་དགག་གི་མཚན་ཉིད། མཚན་གཞི་ནི། བྲམ་ཟེ་ཆང་མི་བཏུང་བ་དང་། ནམ་མཁའ་ལྟ་བུའོ། །རང་དངོས་སུ་རྟོགས་བློས་རང་གི་དགག་བྱ་བཅད་ཤུལ་དུ་ཆོས་གཞན་མ་ཡིན་དགག་དང་སྒྲུབ་པ་གང་རུང་འཕེན་པ་དེ། མ་ཡིན་དགག་གི་མཚན་ཉིད། མཚན་གཞི་ནི། ལྷས་སྦྱིན་ཚོན་པོ་ཉིན་པར་ཟས་མི་ཟ་བ་ལྟ་བུའོ། །རང་དངོས་སུ་རྟོགས་པའི་བློས་རང་གི་དགག་བྱ་དངོས་སུ་བཅད་ནས་རྟོགས་པར་བྱ་བ་མ་ཡིན་པའི་ཆོས་དེ་སྒྲུབ་པའི་མཚན

ཉིད། མཚན་གཞི་ནི། བུམ་པ་དང་། ཀ་བ་ལྟ་བུའོ། ། བཞི་པ་ནི། མངོན་སུམ་ཚད་མས་དངོས་སུ་རྟོགས་པར་བྱ་བ་མངོན་གྱུར་གྱི་མཚན་ཉིད། དེ་དང་དངོས་པོ་དོན་གཅིག མངོན་སུམ་ཚད་མས་དངོས་སུ་རྟོགས་པར་བྱ་བ་ཡིན་ན་དངོས་པོ་ཡིན་དགོས་ཀྱི་རྟག་པ་ཐམས་ཅད་མངོན་སུམ་ཚད་མས་དངོས་སུ་རྟོགས་པར་བྱ་བ་མ་ཡིན་པའི་ཕྱིར་ཏེ། དངོས་པོ་རྣམས་མངོན་སུམ་ལ་སྣང་དུ་ཡོད་པ་གང་ཞིག རྟག་པ་རྣམས་མངོན་སུམ་ལ་སྣང་དུ་མེད་པའི་ཕྱིར། རྗེས་དཔག་ཚད་མས་རྟོགས་པར་བྱ་བ་དེ་ལྐོག་གྱུར་གྱི་མཚན་ཉིད། དེ་དང་ཤེས་བྱ་དོན་གཅིག་ཡིན་ཏེ། གཞི་གྲུབ་ན་རང་ཉིད་རྟོགས་པའི་རྗེས་དཔག་ཚད་མ་ཡོད་པས་ཁྱབ་པའི་ཕྱིར། དེས་ན་སྤྱིར་མངོན་ལྐོག་གཉིས་མི་འགལ་ཏེ་དངོས་པོ་རྣམས་མངོན་ལྐོག་གཉིས་ཀ་ཡིན་པའི་ཕྱིར། རྟག་པ་རྣམས་ནི་རྣམ་པ་ཐམས་ཅད་དུ་ལྐོག་གྱུར་རམ་ལྐོག་གྱུར་ཁོ་ན་ཡིན་ཏེ། རྟག་པ་ཡིན་ན་རང་ཉིད་དངོས་སུ་རྟོགས་པའི་མངོན་སུམ་མེད་པས་ཁྱབ་པའི་ཕྱིར་ཏེ། ཁྱོད་མངོན་གྱུར་དུ་སོང་བའི་སོ་སྐྱེ་མེད་པའི་ཕྱིར། སྤྱིར་མངོན་ལྐོག་གཉིས་མི་འགལ་ཡང་གཞི་གང་ཟག་གཅིག་ལ་ལྟོས་ནས་འགལ་བ་ཡིན་ཏེ། བློ་དེ་ལ་མངོན་གྱུར་ཡིན་པ་དེ་དེ་ལ་ལྐོག་གྱུར་མིན། བློ་དེ་ལ་ལྐོག་གྱུར་ཡིན་པ་དེ་དེ་ལ་མངོན་གྱུར་མ་ཡིན་ནོ། ། ལྔ་པ་ནི། དངོས་པོ་གཞན་ཞིག་རང་གྲུབ་དུས་ཀྱི་སྐད་ཅིག་གཉིས་པར་ཞིག་པའི་ཆ་དེ་འདས་པའི་མཚན་ཉིད། དངོས་པོ་གཞན་ཞིག་སྐྱེ་བའི་རྒྱུ་ཡོད་ཀྱང་རྐྱེན་མ་ཚང་བའི་དབང་གིས་ཡུལ་དུས་འགའ་ཞིག་ཏུ་མ་སྐྱེས་པའི་ཆ་དེ་མ་འོངས་པའི་མཚན་ཉིད། རང་དུས་སུ་སྐྱེས་ལ་མ་འགག་པ་ད་ལྟ་བའི་མཚན་ཉིད། འདས་དང་མ་འོངས་པ་གཉིས་རྟག་པ་ཡིན་ལ། ད་ལྟ་བ་དང་དངོས་པོ་དོན་གཅིག་ཏུ་འདོད་དོ། ། དྲུག་པ་ནི། སོ་སོ་བ་མ་ཡིན་པའི་ཆོས་དེ་གཅིག་གི་མཚན་ཉིད། དཔེར་ན། བུམ་པ་ལྟ་བུ། སོ་སོ

བའི་ཆོས་དེ་ཐ་དད་ཀྱི་མཚན་ཉིད། དཔེར་ན། ཀ་བུམ་གཉིས་ལྟ་བུའོ། །ངོ་བོ་ཐ་དད་ལ་ལྡོག་པ་ཐ་དད་ཀྱིས་ཁྱབ་ཀྱང་། ལྡོག་པ་ཐ་དད་ལ་ངོ་བོ་ཐ་དད་ཀྱིས་མ་ཁྱབ་སྟེ། བྱས་པ་དང་མི་རྟག་པ་གཉིས་ངོ་བོ་གཅིག་ཡིན་ཡང་། ལྡོག་པ་ཐ་དད་ཡིན་པའི་ཕྱིར། གཞན་ཡང་རྟུལ་ཕྲན་ཕྱོགས་ཀྱི་ཆ་མེད་དང་། ཤེས་པ་སྐད་ཅིག་ཆ་མེད་ཁས་ལེན་པ་སོགས་བྱེ་བྲག་སྨྲ་བ་དང་མཐུན་ཀྱང་ཐམས་ཅད་དུ་འདྲ་བ་མ་ཡིན་ཏེ། བྱེ་སྨྲས་ཡོད་པར་འདོད་ཕྱིན་ཟས་གྲུབ་ཏུ་འདོད་ལ། མདོ་སྡེ་པས་དེ་ལྟར་མི་འདོད་པའི་ཕྱིར། རྣམ་པར་རིག་བྱེད་མ་ཡིན་པའི་གཟུགས་ཀྱང་། བྱེ་སྨྲ་དང་ཐལ་འགྱུར་བ་གཉིས་ཀས་གཟུགས་མཚན་ཉིད་པར་ཁས་ལེན་ལ་མདོ་སེམས་རང་རྒྱུད་པ་གསུམ་གྱིས་གཟུགས་མཚན་ཉིད་པ་མ་ཡིན་པར་འདོད་པའི་ཕྱིར། དེར་མ་ཟད་བྱེ་བྲག་སྨྲ་བས་རྒྱུ་འབྲས་དུས་མཉམ་པར་འདོད་ལ། མདོ་སྡེ་པས་དེ་ལྟར་མི་འདོད་པའི་ཕྱིར།

གཉིས་པ་ཡུལ་ཅན་གྱི་འདོད་ཚུལ་ལ། གང་ཟག ཤེས་པ། རྗོད་བྱེད་ཀྱི་སྒྲ་གསུམ།

དང་པོ་ནི། ལུང་གི་རྗེས་འབྲང་གིས་ཕུང་པོའི་རྒྱུན་གང་ཟག་གི་མཚན་གཞི་དང་། རིགས་པའི་རྗེས་འབྲང་རྣམས་ཀྱིས་ཡིད་ཀྱི་རྣམ་ཤེས་གང་ཟག་གི་མཚན་གཞིར་འདོད་དོ། །གཉིས་པ་ཤེས་པ་ལ་ཚད་མ་དང་། ཚད་མིན་གྱི་བློ་གཉིས། ཚད་མ་ལ་མངོན་སུམ་གྱི་ཚད་མ་དང་རྗེས་སུ་དཔག་པའི་ཚད་མ་གཉིས། མངོན་སུམ་གྱི་ཚད་མ་ལ། དབང་པོའི་མངོན་སུམ། ཡིད་ཀྱི་མངོན་སུམ། རང་རིག་མངོན་སུམ། རྣལ་འབྱོར་མངོན་སུམ་གྱི་ཚད་མ་དང་བཞི་ཡོད་དོ། །དབང་པོ་གཟུགས་ཅན་པ་ཚད་མར་མི་རུང་སྟེ། གསལ་རིག་གིས་སྟོང་ཞིང་རང་གི་ཡུལ་གཞལ་མི་ཐུབ་པའི་ཕྱིར། ཚད་མིན་གྱི་བློ་ལ་བཅད་ཤེས། ལོག་ཤེས། ཐེ་ཚོམ། ཡིད་དཔྱོད། སྣང་ལ་མ་ངེས་པའི་བློ་དང་ལྔའོ། །དེ་

དག་ལས་མངོན་སུམ་དང་། སྣང་ལ་མ་ངེས་པའི་བློ་གཉིས་ལ་རྟོག་བྲལ་མ་འཁྲུལ་བས་ཁྱབ་ཅིང་། རྗེས་དཔག ཐེ་ཚོམ། ཡིད་དཔྱོད་གསུམ་ནི་རྟོག་པ་ཁོ་ན་དང་། ལོག་ཤེས་ལ་རྟོག་པ་ལོག་ཤེས་དང་རྟོག་མེད་ལོག་ཤེས་གཉིས་ཀ་ཡོད་དོ། །གསུམ་པ་ནི། རང་གི་བརྗོད་བྱའི་དོན་གོ་བར་བྱེད་པའི་མཉན་བྱ་དེ་བརྗོད་བྱེད་ཀྱི་སྒྲའི་མཚན་ཉིད། དེ་ལ་ངོ་བོའི་སྒོ་ནས་དབྱེ་ན་མིང་། ཚིག ཡི་གེ་གསུམ་ཡོད།

གཉིས་པ་ལམ་གྱི་འདོད་ཚུལ་ལ་གསུམ་ལས། ལམ་གྱི་དམིགས་པ། ལམ་གྱི་སྤང་བྱ། ལམ་གྱི་རང་བཞིན་ནོ། །དང་པོ་ལམ་གྱི་དམིགས་པ་ནི། ལམ་དེ་ར་ཞུགས་ནས་བསྒོམ་བྱའི་ཡུལ་གྱི་དམིགས་པ་བྱེད་ས་གཙོ་བོ་ནི་བདེན་བཞི་ཁྱད་ཆོས་མི་རྟག་སོགས་བཅུ་དྲུག་པོ་ཡིན་ལ། བདག་མེད་ཕྲ་མོ་དང་གང་ཟག་གི་བདག་མེད་ཕྲ་མོ་གཉིས་དོན་གཅིག་ཏུ་འདོད་ཅིང་། ཆོས་ཀྱི་བདག་མེད་མི་འདོད་པ་བྱེ་བྲག་སྨྲ་བ་དང་མཚུངས་སོ། །གང་ཟག་རྟག་གཅིག་རང་དབང་ཅན་གྱི་བདག་གིས་སྟོང་པ་གང་ཟག་གི་བདག་མེད་རགས་པ་དང་། གང་ཟག་རང་རྐྱ་ཐུབ་པའི་རྫས་ཡོད་ཀྱིས་སྟོང་པ་གང་ཟག་གི་བདག་མེད་ཕྲ་མོར་འདོད་དོ། །གཉིས་པ་ལམ་གྱི་སྤང་བྱ་ལ། ཉོན་མོངས་ཅན་དང་། ཉོན་མོངས་མ་ཡིན་པའི་མི་ཤེས་པ་སོགས་ཀྱི་ཐ་སྙད་ཙམ་ཞིག་མ་གཏོགས་ཆོས་ཀྱི་བདག་འཛིན་དང་། ཤེས་སྒྲིབ་སོགས་ཁས་མི་ལེན་པ་བྱེ་བྲག་སྨྲ་བ་དང་མཚུངས་སོ། །གསུམ་པ་ལམ་གྱི་རང་བཞིན་ནི། ཐེག་པ་གསུམ་ལ་ལམ་ལྔ་ལྔའི་རྣམ་གཞག་བྱེད་ཅིང་ཤེས་བཟོད་སྐད་ཅིག་མ་བཅུ་དྲུག་པོ་ཚང་མ་མཐོང་ལམ་དུ་འདོད་ལ། ལུགས་འདིས། མངོན་སུམ་གྱི་སྣང་ཡུལ་ལ་རང་མཚན་ཞིག་དགོས་པས། གང་ཟག་གི་བདག་མེད་ཕྲ་མོ་ཉན་ཐོས་བར་ཆད་ལམ་གྱི་འཛིན་སྟངས་ཀྱི་ཡུལ་དུ་མི་འདོད་དེ། དེས་གང་ཟག་གི་བདག་གི་དབེན་པའི་

འདུ་བྱེད་དངོས་སུ་གཞལ་བའི་ཤུགས་ལ་གང་ཟག་གི་བདག་མེད་ཕྲ་མོ་རྟོགས་པར་འདོད་པའི་ཕྱིར།

གསུམ་པ་འབྲས་བུའི་འདོད་ཚུལ་ནི། བྱེ་བྲག་སྨྲ་བས་དགྲ་བཅོམ་པ་སྤྱངས་རྟོགས་ལས་ཉམས་པར་འདོད་ལ། མདོ་སྡེ་པས་དེ་ལྟར་མི་འདོད་པ་དང་། སངས་རྒྱས་ཀྱི་གཟུགས་ཕུང་སངས་རྒྱས་སུ་ཁས་ལེན་པ་མ་གཏོགས། ཐེག་པ་གསུམ་གྱི་འབྲས་བུ་མངོན་དུ་བྱེད་ཚུལ་སོགས་བྱེ་སྨྲ་དང་མཚུངས། བྱེ་མདོ་གཉིས་ཀྱིས་ཐེག་ཆེན་གྱི་སྡེ་སྣོད་སངས་རྒྱས་ཀྱི་བཀར་ཁས་མི་ལེན་ཡང་ཕྱི་རབས་པ་རྣམས་ཀྱིས་བཀར་ཁས་ལེན་པ་བཤད་དོ། །འོན་ཀྱང་ལུགས་འདིས་མངོན་པ་སྡེ་བདུན་སངས་རྒྱས་ཀྱི་གསུངས་ཡིན་པ་ཁས་མི་ལེན་ནོ། །

ཚིག་འགྲེལ།

《བྱེ་བྲག་ཏུ་བཤད་པ་》 གོང་གི《བྱེ་བྲག་བཤད་མཚོ་ཆེན་མོ་》དང་དོན་གཅིག

འདས་ དང་ མ་ འོངས་ གཉིས་ རྟག་ པ། འདིར་ རང་ ལུགས་ སུ་འདས་དང་མ་འོངས་གཉིས་རྟག་པར་འདོད་པ་ཡིན་ཏེ། ཞིག་པའི་ཆར་གྱུར་པའི་མེད་དགག་དང་། མ་སྐྱེས་པའི་ཆར་གྱུར་པའི་མེད་དགག་གཉིས་ལ་ལྟོས་སུ་འདས་པ་དང་མ་འོངས་པར་འཇོག་པའི་ཕྱིར།

རྣམ་པར་རིག་བྱེད་མ་ཡིན་པའི་གཟུགས། ཡིད་ཤེས་ཁོ་ནའི་ཡུལ་དུ་གཟུགས་ཀྱི་རྣམ་པར་སྣང་ཞིང་མིག་ཤེས་ལ་སོགས་བློ་གཞན་གྱིས་རིག་པར་བྱར་མེད་པའི་གཟུགས་དེ་ལ་ཟེར། དཔེར་ན། སྡོམ་ལམ་གྱི་རྣ་ལྟ་བུའོ། །

བསམ་གཞིགས་དྲི་བ།

༡. མདོ་སྡེ་པའི་སྒྲུབ་ཤད་དང་མཚན་ཉིད་འཇོག་དགོས།

༢. ལུང་གི་རྗེས་འབྲང་དང་རིག་པའི་རྗེས་འབྲང་གི་མདོ་སྡེ་པ་གཉིས་སོ་སོར་ལུང་དང་རིག་པ་གང་གི་རྗེས་སུ་འབྲང་པ་ཡིན་ནམ།

༣. མདོ་སྡེ་པའི་ལུགས་ཀྱི་བློ་དོན་དམ་པའི་ངོར་བདེན་པ་ཞེས་པའི་བློ་དོན་དམ་པ་དེ་བློ་གང་ལ་བྱེད་དམ།

༤. ལུགས་འདིར་དོན་དམ་བདེན་པ་དང་གང་དོན་གཅིག ཀུན་རྫོབ་བདེན་པ་དང་གང་དོན་གཅིག

༥. བློ་ཀུན་རྫོབ་པ་རྟོག་པའི་ངོར་བདེན་ན། ཀུན་རྫོབ་བདེན་པ་ཡིན་པས་ཁྱབ་བམ་མ་ཁྱབ། མཚན་གཞི་བཞག་ནས་རྒྱུ་མཚན་བརྗོད་དགོས།

༦. ལུགས་འདིར། མངོན་སུམ་དང་དངོས་པོ་དོན་གཅིག་ཡིན་པའི་རྒྱུ་མཚན་གང་ཡིན་ནམ།

༧. མངོན་སུམ་དང་ལྐོག་གྱུར་གཉིས་ཀྱི་མཚན་ཉིད་བཞག་སྟེ་མཚན་གཞིའི་སྟེང་ནས་དེ་རྣམས་རིག་པས་བསྒྲུབ་དགོས།

༨. བྱེ་མདོ་གཉིས་ཀྱིས་ཆོས་ཀྱི་བདག་མེད་ཁས་མི་ལེན་པའི་རྒྱུ་མཚན་གང་ཡིན་ནམ།

༩. བྱེ་མདོ་གཉིས་ཀྱིས་ལམ་གྱི་སྤང་བྱ་ལ་གང་འཇོག

༣. སེམས་ཙམ་པའི་གྲུབ་མཐའ།

སེམས་ཙམ་པའི་གྲུབ་མཐའ་བཤད་པ་ལ། སློབ་དཔོན། སྒྲ་བཤད། མཚན་ཉིད། དབྱེ་བ། གྲུབ་མཐའི་འདོད་ཚུལ་དེ་ལྔའོ། །

དང་པོ་གྲུབ་མཐའ་འདིའི་སློབ་དཔོན་ནི། ཤིང་རྟའི་སྲོལ་འབྱེད་རྣམ་པ་གཉིས་ཀྱི་ནང་ཚན་སློབ་དཔོན་ཐོགས་མེད་ཞབས་དེ་ཡིན་ཞིང་། སྲོལ་འཛིན་པ་ནི་སློབ་དཔོན་དབྱིག་གཉེན་དང་། ཕྱོགས་གླང་། སློབ་བརྟན། ཆོས་སྐྱོང་སོགས་སློབ་དཔོན་ཆེན་པོ་རྣམས་ཡིན་པས་སློབ་དཔོན་ཐོགས་མེད་ཀྱི་བྱུང་བ་ཅུང་ཟད་བརྗོད་ན། རྒྱལ་བས་ལུང་གིས་ཟིན་པའི་འཕགས་པ་ཐོགས་མེད་ནི་འཛམ་གླིང་མཛེས་པར་བྱེད་པའི་རྒྱན་དྲུག་གི་ཡ་གྱལ་དང་ཤིང་རྟའི་སྲོལ་འབྱེད་ཆེན་པོ་གཉིས་ཀྱི་ནང་ཚན་གཅིག་ཡིན། དེ་ཡང་འཇམ་དཔལ་རྩ་རྒྱུད་ལས། ང་ནི་མྱ་ངན་འདས་འོག་ཏུ། །ལོ་ནི་དགུ་བརྒྱ་ལོན་པ་ན། །ཐོགས་མེད་ཅེས་བྱའི་དགེ་སློང་ནི། །བསྟན་བཅོས་ཀྱི་ནི་དོན་ལ་མཁས། །མདོ་སྡེ་ངེས་དོན་དྲང་པའི་དོན། །རྣམ་པ་མང་པོ་རབ་ཏུ་འབྱེད། །འཇིག་རྟེན་རིག་པ་སྟོན་བདག་ཉིད། །གཞུང་འབྱེད་དང་ཚུལ་ཅན་དུ་འགྱུར། །ཞེས་གསལ་བར་ལུང་བསྟན་པས་ཐུབ་པའི་བསྟན་པ་ཉམས་པ་གསོ་ཕྱིར་དུ་སྟོན་པ་མྱ་ངན་ལས་འདས་ནས་ལོ་དགུ་བརྒྱ་ཙམ་དང་དུས་རབས་བཞི་པ་དང་ལྔ་པའི་མཚམས་སུ་ཕེབས། དེ་ཡང་རྒྱ་གར་དུ་དམ་པའི་ཆོས་མངོན་པ་ལ་དགྲ་ལན་གསུམ་དུ་བྱུང་བའི་ཐ་མའི་ཚེ་བྲམ་ཟེ་མོ་གསལ་བའི་ཚུལ་ཁྲིམས་ཞེས་བྱ་བ་ནང་པའི་བསྟན་པ་ལ་དད་པ། བློ་གྲོས་དང་ལྡན་པ་ཞིག་ཡོད་པ་ལ། ཐེག་པ་ཆེན་པོའི་བསྟན་པ་ཉམས་པར་ཆེས་མི་བཟོད་པས་སྙིང་སྟོབས་བསྐྱེད་དེ་བདག་ནི་བུད་མེད་ཀྱི་ལུས་སུ་སོང་བས་བསྟན་པ་གསོ་བར་མི་ནུས་མོད། བུ་ཞིག་བསྐྱེད་

ནས་ཐེག་པ་ཆེན་པོའི་བསྟན་པ་སྤེལ་དུ་འཇུག་སྙམ་ནས་རྒྱལ་རིགས་དང་འགྲོགས་པ་ལས་ཐོགས་མེད་དང་། ཐམ་ཟེ་དང་འགྲོགས་པ་ལས་དབྱིག་གཉེན་འཁྲུངས་སོ། །ནར་སོན་པ་ན་མ་ལ་ཕའི་ལས་གང་ཡིན་ཞུས་པས་ཡུམ་གྱིས་ཁྱོད་ཕའི་རིགས་སྐྱོང་བའི་ཕྱིར་སྐྱེས་པ་མིན་གྱི་བསྟན་པ་ཉམས་པ་སེམས་ཀྱིས་མ་བཟོད་ནས་སྐྱེས་པ་ཡིན་ལ་བློ་སྦྱོང་ལ་བསྟན་པ་དར་བར་གྱིས་ཤིག་ཅེས་གསུངས་པ་ལྟར། གཅུང་པོ་དབྱིག་གཉེན་གྱིས་ཁ་ཆེའི་སློབ་དཔོན་འདུས་བཟང་གི་དྲུང་དུ་ཐོན། གཅེན་པོ་ཐོགས་མེད་རབ་ཏུ་བྱུང་སྟེ་ཐུགས་ཀྱི་སློབ་དཔོན་དྲུང་དུ་སྒྱུ་འཕྲུལ་དྲ་བའི་དབང་ཞུས་ནས། ལྷག་པའི་ལྷ་གང་ལ་འབྲེལ་བ་ཆེ་བ་དང་། གང་ལ་གསོལ་བ་བཏབ་ན་བྱིན་བརླབས་མྱུར་བ་བརྟགས་པའི་ཕྱིར། མེ་ཏོག་དོར་བ་ན་མེ་ཏོག་བྱམས་པའི་དབུ་ལ་ཐོག དེ་ནས་རི་བོ་བྱ་རྐང་གི་བྲག་ཕུག་ཏུ་བྱམས་པ་བསྒྲུབས་པས་ལོ་གསུམ་སོང་ཡང་མ་འགྲུབ་པར་ཡིད་སྐྱོ་སྟེ་ཕྱིར་ཐོན་པའི་ལམ་དུ་ཀན་མོ་ལྕགས་ཀྱི་སྡོང་པོ་ཤིང་བལ་ལ་བརྡར་ཏེ་ཁབ་བཟོ་བ་གཟིགས་ནས་ཡང་ལོ་གསུམ་བཞུགས་ནས་ཕྱིར་ཐོན་པ་ན་ཆུ་ཐིགས་ཀྱིས་བྲག་ཟད་པ་གཟིགས་ནས། སླར་ལོ་གསུམ་བཞུགས་ནས་ཕྱིར་ཐོན་པ་ན་བྱ་སྒྲོས་བྲག་ཟད་པ་གཟིགས་ནས་ཡང་བསྐྱར་ལོ་གསུམ་བསྒོམས། དེ་ལྟར་ལོ་བཅུ་གཉིས་ཀྱི་བར་བསྒྲུབས་ཀྱང་འགྲུབ་པའི་མཚན་མ་མ་ཐོན་པས་ཐུགས་སྐྱོ་སྟེ་ཕྱིར་ཐེབས་པ་ན། ལམ་དུ་ཁྱི་མོ་སྨད་འབུས་གཞིག་བཞིན་དུ་གཞན་ལ་ཟུག་པ་ཞིག་གཟིགས་པས་སྙིང་རྗེ་ཚད་མེད་པ་ཞིག་ལྷག་པར་སྐྱེས་ཏེ་འབུ་དང་ཁྱི་གཉིས་ཀ་སྐྱོག་སྐྱོབ་པའི་ཕྱིར་རང་གི་བརླ་ཤ་བཅད་ནས་འབུ་རྣམས་ལྡུགས་ཀྱིས་ལེན་པར་བརྩམས་པས་ན་ཁྱི་མེད་པར་རྗེ་བཙུན་བྱམས་པ་མགོན་པོ་གཟི་འོད་འཕྲོ་བ་ཞིག་གཟིགས། བྱམས་མགོན་གྱི་ཆོས་གོས་ལ་འཇུས་ནས་དགའ་ལྡན་ཡིད་དགའ་ཆོས་འཛིན་དུ་ཐེབས། ཐེག་པ་ཆེན་པོའི་ཆོས་མཐའ་ཡས་པ་

གསན། འཛམ་བུ་གླིང་གི་ཆོས་སྐལ་དུ་བྱམས་ཆོས་སྡེ་ལྔ་གདན་དྲངས། སླར་མི་ཡུལ་དུ་ཕེབས་ནས་ཐོགས་མེད་རང་གིས་ས་སྡེ་ལྔ་སྡོམ་རྣམ་གཉིས་གསར་རྩོམ་མཛད་དེ་སེམས་ཙམ་པའི་ཤིང་རྟའི་སྲོལ་ཕྱེ། དེ་རྣམས་ནི་སེམས་ཙམ་པའི་བརྟེན་སའི་གཞུང་ཡིན།

གཉིས་པ་སྒྲ་བཤད་ནི། ཆོས་ཐམས་ཅད་སེམས་ཀྱི་བདག་ཉིད་ཙམ་དུ་སྨྲ་བས་ན་སེམས་ཙམ་པ་ཞེས་བརྗོད། མདོ་ལས། ཀྱེ་རྒྱལ་བའི་སྲས་དག་ཁམས་གསུམ་འདི་ནི་སེམས་ཙམ་མོ། །ཞེས་པའི་ལུང་ལ་བརྟེན་ནས། ཆོས་ཐམས་ཅད་སེམས་ཀྱི་བདག་གཉིད་ཙམ་ལས་དེ་ལས་གཞན་པའི་ཕྱི་རོལ་གྱི་དོན་ཅུང་ཟད་ཙམ་ཡང་གྲུབ་པ་མེད་ཀྱང་གཟུགས་སོགས་སེམས་ལ་སྣང་བ་ནི་རྨི་ལམ་གྱི་སྣང་བ་དང་། སྒྲ་བཤད་འཛག་སྣང་། ཟླ་བ་གཉིས་སྣང་ལྟར་སེམས་སྣང་འབའ་ཞིག་ཡིན་པ་དང་། གཞན་ཡང་ལས་ཀྱི་དབང་གིས་ཆུ་ཕོར་གང་ལ་ལྷ་ལ་བདུད་རྩི། མི་ལ་ཆུ། ཡི་དྭགས་ལ་ཁྲག་རྣག ཚ་དམྱལ་བས་ཁྲོ་ཆུར་མཐོང་བ་སོགས་རིགས་དྲུག་གི་སྣང་བ་འཕྲུལ་གྱི་འཁྲུལ་རྒྱུས་མ་བསླད་པ་ལའང་སོ་སོ་ཐ་དད་པ་སྣང་བ་བཞིན་སྐྱེས་བུ་གཅིག་གི་ལུས་ལ་དགྲ་གཉེན་བར་མ་གསུམ་སྣང་བ་སོགས་ཡོད་པའི་ཕྱིར་ན་ཐམས་ཅད་སེམས་སྣང་ཙམ་ལས་ཤེས་པ་ལས་གཞན་པའི་ཕྱི་རོལ་གྱི་དོན་མ་གྲུབ་པར་འདོད་དོ། །ཐེག་བསྡུས་ལས། ཡི་དྭགས་དུད་འགྲོ་མི་རྣམས་དང་། །ལྷ་རྣམས་ཇི་ལྟར་རིགས་རིགས་སུ། །དངོས་གཅིག་ཡིད་ནི་ཐ་དད་པས། །དོན་མ་གྲུབ་པར་འདོད་པ་ཡིན། །ཞེས་སོ། མིང་གི་རྣམ་གྲངས་ལ་རྣམ་རིག་པ་དང་། རྣལ་འབྱོར་སྤྱོད་པ་བ་ཞེས་ཀྱང་བྱ། དེ་ཡང་སེམས་ཙམ་པ་དང་རྣམ་རིག་པ་གཉིས་སྒྲ་བཤད་བྱེད་ཚུལ་མཚུངས་ལ། རྣལ་འབྱོར་སྤྱོད་པ་བ་ནི། རྣལ་འབྱོར་པའི་གཞིའི་སྒོ་ནས་སྤྱོད་པ་ཉམས་ལེན་གཏན་ལ་འབེབས་པས་ན་དེ་ལྟར་བརྗོད།

གསུམ་པ་མཚན་ཉིད་ནི། ཕྱི་དོན་ཁས་མི་ལེན་ཞིང་གཞན་དབང་བདེན་གྲུབ་ཏུ་འདོད་པའི་ནང་པའི་གྲུབ་མཐའ་སྨྲ་བའི་གང་ཟག་དེ། སེམས་ཙམ་པའི་མཚན་ཉིད།

བཞི་པ་དབྱེ་བ་ནི། དེ་ལ་དབྱེ་ན། སེམས་ཙམ་རྣམ་བདེན་པ་དང་། རྣམ་རྫུན་པ་གཉིས། འདི་གཉིས་ཀྱི་རྩོད་པའི་གཞི་ནི། སེམས་ཙམ་པའི་ལུགས་ལ་ཆོས་ཐམས་ཅད་ཀུན་བཏགས། གཞན་དབང་། ཡོངས་གྲུབ་གསུམ་དུ་འདུས་པ་ལས། ཀུན་བཏགས་ཀྱི་ཕྱོགས་རྣམས་ནི་རྣམ་བདེན་རྫུན་རྩོད་པའི་གཞིར་མི་རུང་སྟེ། རྣམ་བདེན་རྫུན་གཉིས་ཀས། དེ་སྣང་བ་ལྟར་དུ་མ་གྲུབ་པར་འདོད་པའི་ཕྱིར། ཡོངས་གྲུབ་ཀྱང་རྩོད་གཞིར་མི་རུང་སྟེ། རྣམ་བདེན་རྫུན་གཉིས་ཀས་དེ་སྣང་བ་ལྟར་དུ་བདེན་པར་འདོད་པའི་ཕྱིར། དེ་མངོན་སུམ་དུ་རྟོགས་པའི་བློ་སྣང་ཡུལ་ལ་མ་འཁྲུལ་བའི་ཤེས་པར་འདོད་པའི་ཕྱིར། གཞན་དབང་ལ་ཤེས་པ་དང་བེམ་པོ་གཉིས་ལས། ཤེས་པ་ནི་རྩོད་གཞིའི་རྣམ་པར་མི་རུང་སྟེ། རྣམ་བདེན་རྫུན་གཉིས་ཀས་དེ་སྣང་བ་ལྟར་དུ་བདེན་པར་འདོད་པའི་ཕྱིར་ཏེ། ཤེས་པ་མ་འཁྲུལ་བའི་སྣང་ཡུལ་དུ་ཡོད་པའི་ཕྱིར་ཏེ། རང་རིག་མངོན་སུམ་གྱི་སྣང་ཡུལ་དུ་འདོད་པའི་ཕྱིར་རོ། །དེས་ན་དབང་ཤེས་ལ་རགས་པར་སྣང་བ་འདི་རྣམ་བདེན་རྫུན་རྩོད་པའི་རྩོད་གཞིའི་རྣམ་པ་ཡིན་ནོ། །དབང་ཤེས་ལ་རགས་པར་སྣང་བ་དེ་རྣམ་བདེན་རྫུན་གཉིས་ཀས་དོན་བྱེད་ནུས་པར་འདོད་ཀྱང་། དེ་སྣང་བ་ལྟར་དུ་གྲུབ་མ་གྲུབ་ལ་རྩོད་པ་ཡིན་ཏེ། རྣམ་བདེན་པས་སྔོ་འཛིན་མིག་ཤེས་ལ་སྔོན་པོ་ཕྱི་རོལ་དོན་དུ་སྣང་བ་ལ་མ་རིག་པས་བསླད་པ་ཞུགས་ལ་སྔོན་པོ་སྔོན་པོར་སྣང་བ་དང་། སྔོན་པོ་རགས་པར་སྣང་བ་ལ་མ་རིག་པས་བསླད་པ་མ་ཞུགས་པར་འདོད་དེ། སྔོན་པོ་ཡིན་པ་ལ་སྔོན་པོར་སྣང་བའི་ཤེས་པ་ཡིན་པའི་ཕྱིར། རྣམ་རྫུན་པས་སོ

སྤྱིའི་རྒྱུད་ལ་རང་རིག་མངོན་སུམ་མ་གཏོགས་མ་རིག་པའི་བསྙད་པ་མ་ཞུགས་པའི་ཤེས་པ་མེད་པར་འདོད་པས། སྔོན་པོ་ཕྱི་རོལ་དོན་དུ་སྣང་བ་ཙམ་དུ་མ་ཟད། སྔོན་པོ་སྔོན་པོར་སྣང་བ་དང་། སྔོན་པོ་རགས་པར་སྣང་བ་ལ་ཡང་མ་རིག་པས་བསྙད་པ་ཞུགས་པར་འདོད་པའི་ཕྱིར། དེས་ན་སེམས་ཙམ་པ་གང་ཞིག དབང་ཤེས་ལ་རགས་པར་སྣང་བ་སྣང་བ་ལྟར་དུ་གྲུབ་པར་འདོད་པ་དེ་སེམས་ཙམ་རྣམ་བདེན་པའི་མཚན་ཉིད། སེམས་ཙམ་པ་གང་ཞིག དབང་ཤེས་ལ་རགས་པར་སྣང་བ་སྣང་བ་ལྟར་དུ་མ་གྲུབ་པར་འདོད་པ་དེ། སེམས་ཙམ་རྣམ་རྫུན་པའི་མཚན་ཉིད། རྣམ་བདེན་པ་ལ་དབྱེ་ན། གཟུང་འཛིན་གྲངས་མཉམ་པ། སྒོ་ང་ཕྱེད་ཚལ་པ། སྣ་ཚོགས་གཉིས་མེད་པ་དང་གསུམ་ཡོད། འདི་གསུམ་གྱི་ཁྱད་པར་ལ་མཁས་པ་རྣམས་ཀྱི་བཞེད་ཚུལ་མི་མཐུན་པ་འགའ་མཆིས་ཀྱང་། སྤྱིར་ན་ཕྱེ་མ་ལེབ་ཀྱི་གཤོག་སྟེང་གི་ཁྲ་བོ་འཛིན་པའི་མིག་ཤེས་ཀྱིས་ཁྲ་བོ་འཛིན་པའི་ཚེ་སྔོ་སེར་ལ་སོགས་པའི་བཟུང་བ་ཡུལ་གྱི་རྣམ་པ་ཇི་སྙེད་ཡོད་པ་བཞིན་དུ། འཛིན་པའི་ཤེས་པ་ཡང་དེ་སྙེད་དུ་གྲངས་མཉམ་པས་ན་གཟུང་འཛིན་གྲངས་མཉམ་པ་དང་། གཉིས་པ་ནི་དེ་ལྟར་འཛིན་པའི་ཚེ་རྣམ་པ་བཟུང་བའི་ཡུལ་དང་། འཛིན་པ་ཤེས་པ་གཉིས་སྒོ་ང་གཤགས་པ་ལྟར་ཕྱེད་མ་ཡིན་པས་སྒོ་ང་ཕྱེད་ཚལ་པ་དང་། གསུམ་པ་ནི་དེ་ལྟར་འཛིན་པའི་ཚེ་ཡུལ་གྱི་རྣམ་པ་དུ་མ་ཡོད་ཀྱང་རྣམ་ཤེས་དུ་མར་མི་འགྱུར་བར་ཤེས་པ་གཅིག་པོ་ན་ལ་སྣང་བས་སྣ་ཚོགས་གཉིས་མེད་པ་ཞེས་བརྗོད་པ་ཡིན། གཟུང་འཛིན་གྲངས་མཉམ་པ་ལ་རྣམ་ཤེས་ཚོགས་བརྒྱད་དུ་འདོད་པ་དང་། རྣམ་ཤེས་ཚོགས་དྲུག་ཏུ་འདོད་པ་གཉིས། སྣ་ཚོགས་གཉིས་མེད་པ་ལ་རྣམ་ཤེས་ཚོགས་དྲུག་ཏུ་སྨྲ་བ་དང་། རྣམ་ཤེས་གཅིག་པུར་སྨྲ་བ་གཉིས་ཡོད་པར་གསུངས་སོ། །རྣམ་རྫུན་པ་ལ་དབྱེ་ན་རྣམ་རྫུན་དྲི་བཅས་པ་དང་། རྣམ་རྫུན་དྲི་མེད

པ་གཉིས་ཡོད། འཕགས་ཡུལ་གྱི་པཎ་གྲུབ་རྣམས་ཀྱིས་སེམས་ཀྱི་ངོ་བོ་མ་རིག་པའི་བག་ཆགས་ཀྱི་དྲི་མས་བསྒྲིད་པར་འདོད་པ་དྲི་བཅས་པ་དང་། སེམས་ཀྱི་ངོ་བོ་མ་རིག་པའི་བག་ཆགས་ཀྱི་དྲི་མས་ཅུང་ཟད་ཀྱང་མ་བསྒྲིད་པར་འདོད་པས་ན་དྲི་མེད་པ་ཞེས་འདོད་དེ། སྔ་མ་ནི་སྔོ་འཛིན་མིག་ཤེས་ལ་སོགས་པའི་རྣམ་ཤེས་འདི་རྣམས་མ་རིག་པའི་མཐུས་སྔོན་པོ་སོགས་ཕྱི་རོལ་གྱི་བཟུང་བའི་རྣམ་པར་སྣང་བས་རྣམ་ཤེས་སམ་སེམས་ཀྱི་ངོ་བོ་ལ་གཉིས་སྣང་གི་དྲི་མས་བསྒྲིད་པར་འདོད་པས་སོ། །ཕྱི་མ་ནི་དྲི་མ་སློ་བུར་བ་ཡིན་པས་རྣམ་ཤེས་རྣམས་ལ་དོན་དམ་པར་ཕྱིའི་རྣམ་པས་གོས་པ་མེད་པར་རྣམ་ཤེས་འདི་དག་གི་ངོ་བོ་ཤེལ་དག་པ་ལྟ་བུ་གཉིས་སྣང་གི་དྲི་མས་ཅུང་ཟད་ཀྱང་མ་བསྒྲིད་པར་འདོད་པས་སོ། །བོད་གངས་ཅན་གྱི་མཁས་པ་རྣམས་ཀྱིས་སངས་རྒྱས་ཀྱི་ས་ན་མ་རིག་པ་མེད་ཀྱང་འཁྲུལ་བའི་སྣང་བ་ཡོད་པར་འདོད་པས་ན་དྲི་བཅས་པ་དང་། སངས་རྒྱས་ཀྱི་ས་ན་མ་རིག་པ་མེད་པས་འཁྲུལ་སྣང་ཡང་མེད་པར་འདོད་པས་དྲི་མེད་པ་ཞེས་གསུངས་ཏེ། དང་པོ་ནི་སངས་རྒྱས་ཀྱི་ས་ན་མ་རིག་པ་མེད་ཀྱང་འཁྲུལ་བའི་སྣང་བ་ཡོད་དེ། གཉིས་སྣང་ཡོད་པའི་ཕྱིར་ཏེ། སྔོ་སེར་དུ་སྣང་བ་འདི་སངས་རྒྱས་ཀྱི་ས་ལའང་ཡོད་པར་འདོད་དོ། །འོན་ཀྱང་སངས་རྒྱས་ཀྱི་ས་ལ་གཉིས་སྣང་ཡོད་ཀྱང་འཁྲུལ་བར་མི་འགྱུར་ཏེ་རྫུན་པ་ལ་རྫུན་པར་རྟོགས་པའི་ཕྱིར་རོ་ཞེས་འདོད་དོ། །གཉིས་པ་ནི། སྔོ་སེར་དུ་སྣང་བ་དེ་ཤེས་པའི་ངོ་བོར་བདེན་ན་སངས་རྒྱས་ལ་ཡང་སྣང་བར་འགྱུར་བ་ལས་མི་སྣང་བའི་ཕྱིར། དེས་ན་ཤེས་པ་དོན་ལ་འབྲེལ་བ་མེད་བཞིན་དུ་སྣང་བའོ་ཞེས་སངས་རྒྱས་ཀྱི་ས་ལ་གཉིས་སྣང་མེད་པར་འདོད་དོ། །ཡང་སེམས་ཙམ་པ་ལ་དབྱེ་ན། ལུང་གི་རྗེས་འབྲངས་དང་རིགས་པའི་རྗེས་འབྲངས་ཀྱི་སེམས་ཙམ་པ་གཉིས་ཡོད། དང་པོ་ནི། ས་སྡེ་ལྔའི་རྗེས་འབྲངས་དང་། གཉིས་པ་ནི།

ཚད་མ་སྡེ་བདུན་གྱི་རྗེས་འབྲངས་རྣམས་སོ། །

ལྷ་པ་གྲུབ་མཐའི་འདོད་ཚུལ་ལ། གཞིའི་འདོད་ཚུལ། ལམ་གྱི་འདོད་ཚུལ། འབྲས་བུའི་འདོད་ཚུལ་གསུམ་ལས།

དང་པོ་གཞིའི་འདོད་ཚུལ་ལ་ཡུལ་དང་ཡུལ་ཅན་གཉིས། དང་པོ་ནི། ཤེས་བྱ་ཐམས་ཅད་མཚན་ཉིད་གསུམ་དུ་འདུས་པར་འདོད་དེ། འདུས་བྱས་ཐམས་ཅད་གཞན་དབང་སྟེ། རྒྱུ་རྐྱེན་ལས་སྐྱེས་པའི་དངོས་པོ་ཐམས་ཅད་གཞན་དབང་། ཆོས་ཉིད་ཐམས་ཅད་ཡོངས་གྲུབ་སྟེ། གང་ཟག་དང་ཆོས་ཀྱི་བདག་མེད་ཕྲ་མོ་སོགས་སྟོང་ཉིད་ཐམས་ཅད་ཡོངས་གྲུབ། དེ་ལས་གཞན་པ་རྣམས་ཀུན་བཏགས་ཏེ། གཞན་དབང་དང་ཡོངས་གྲུབ་གཉིས་ལས་གཞན་པའི་འདུས་མ་བྱས་ཀྱི་ནམ་མཁའ་ལྟ་བུ་དང་སྤྱི་དང་ཅེ་བྲག་ལ་སོགས་པ་རྣམས་སོ། །དེ་གསུམ་རང་ངོས་ནས་གྲུབ་པ་དང་། རང་བཞིན་གྱིས་གྲུབ་པར་འདོད་ཀྱང་། བདེན་པར་འགྲུབ་མ་གྲུབ་ཀྱི་ཁྱད་པར་ཡོད་དེ། ཀུན་བཏགས་བདེན་པར་མ་གྲུབ་པ་དང་། གཞན་དབང་དང་ཡོངས་གྲུབ་གཉིས་བདེན་པར་གྲུབ་པར་འདོད་པའི་ཕྱིར། རྒྱུ་རྐྱེན་གཞན་གྱི་དབང་ལ་བརྟེན་ནས་བྱུང་ཞིང་ཡོངས་གྲུབ་ཀྱི་རྟེན་དུ་གྱུར་པ་དེ་གཞན་དབང་གི་མཚན་ཉིད། དེ་ལ་དབྱེ་ན་དག་པའི་གཞན་དབང་དང་། མ་དག་པའི་གཞན་དབང་གཉིས། དང་པོ་ནི། འཕགས་པའི་རྗེས་ཐོབ་ཡེ་ཤེས་དང་། སངས་རྒྱས་ཀྱི་མཚན་དཔེ་ལྟ་བུའོ། །གཉིས་པ་ནི། མ་དག་པའི་སྣོད་ཀྱི་འཇིག་རྟེན་དང་ཟག་བཅས་ཉེར་ལེན་གྱི་ཕུང་པོ་ལྟ་བུའོ། །དོན་དམ་པར་མ་གྲུབ་ཀྱང་རྟོག་པའི་ངོར་གྲུབ་པ་དེ་ཀུན་བཏགས་ཀྱི་མཚན་ཉིད། དེ་ལ་དབྱེ་ན། རྣམ་གྲངས་པའི་ཀུན་བཏགས་དང་། མཚན་ཉིད་ཡོངས་སུ་ཆད་པའི་ཀུན་བཏགས་གཉིས། དང་པོ་ནི་ངོ་བོ་དང་ཁྱད་པར་གྱི་གཞིར་རང་མཚན་གྱིས་གྲུབ་པར་སྣང་ཡང་རང་གི་མཚན་ཉིད་ཀྱིས

མ་གྲུབ་པའི་ཀུན་རྫོབ་འདུས་མ་བྱས་ཀྱི་ཆོས་རྣམས་སོ། །མཚན་གཞི་ནི། ནམ་མཁའ་དང་། ཤེས་བྱ་ལྟ་བུའོ། །དེ་དང་ཡོད་རྒྱུའི་ཀུན་བཏགས་གཉིས་དོན་གཅིག གཉིས་པ་ནི་རྟག་པ་མཐའ་བཟུང་གི་སྒོ་ནས་གང་ཟག་གི་བདག་དང་ཆོས་ཀྱི་བདག་གཉིས་ལྟ་བུ་ཡུལ་དུ་མ་གྲུབ་ཀྱང་རྟོག་པའི་དབང་གིས་ཡུལ་དུ་བཞག་པ་རྣམས་སོ། །མཚན་གཞི་ནི། རི་བོང་གི་རྭ་དང་། སྒྲ་རྟག་པ། བདག་གཉིས་ལྟ་བུའོ། །དེ་རྣམས་ཤེས་བྱ་ལ་མི་སྲིད་པས་དེར་འཛིན་གྱི་བཟུང་བྱ་ཡང་མཚན་ཉིད་ཚད་པ་ཡིན་པས་སོ། །དེ་དང་མེད་རྒྱུའི་ཀུན་བཏགས་གཉིས་དོན་གཅིག བདག་གཉིས་གང་རུང་གིས་སྟོང་པའི་དེ་བཞིན་ཉིད་དེ། ཡོངས་གྲུབ་ཀྱི་མཚན་ཉིད། དེ་ལ་སྒྲས་བརྗོད་རིགས་ཀྱི་སྒོ་ནས་དབྱེ་ན་ཕྱིན་ཅི་མ་ལོག་པའི་ཡོངས་གྲུབ་དང་། འགྱུར་མེད་ཡོངས་གྲུབ་གཉིས། །དང་པོ་ནི་འཕགས་པའི་མཉམ་བཞག་ཡེ་ཤེས་ལྟ་བུའོ། །གཉིས་པ་ནི། ཆོས་ཉིད་ལྟ་བུའོ། །ཕྱིན་ཅི་མ་ལོག་པའི་ཡོངས་གྲུབ་ཡོངས་གྲུབ་ཀྱི་དབྱེ་བར་བཀོད་ཀྱང་ཡོངས་གྲུབ་དངོས་མ་ཡིན་ཏེ། གང་ལ་དམིགས་ན་སྒྲིབ་པ་ཟད་པར་བྱེད་པའི་རྣམ་དག་ལམ་གྱི་དམིགས་པ་མཐར་ཐུག་མ་ཡིན་པའི་ཕྱིར། གཞན་ཡང་འཕགས་པའི་མཉམ་བཞག་ཡེ་ཤེས་དེ་ཡོངས་གྲུབ་མ་ཡིན་ཏེ། མཚན་ཉིད་གསུམ་དུ་ཕྱེ་བའི་གཞན་དབང་ཡིན་པའི་ཕྱིར་ཏེ་ཤེས་པ་ཡིན་པའི་ཕྱིར་རོ། །ཡང་ཤེས་བྱ་ལ་དབྱེ་ན། ཀུན་རྫོབ་བདེན་པ་དང་། དོན་དམ་བདེན་པ་གཉིས། ཐ་སྙད་དཔྱོད་བྱེད་ཀྱི་རིག་ཤེས་ཀྱིས་རྙེད་པའི་དོན་དེ། ཀུན་རྫོབ་བདེན་པའི་མཚན་ཉིད། མཚན་གཞི་ནི་བུམ་པ་དང་ནམ་མཁའ་ལྟ་བུའོ། །དེ་ལ་དབྱེ་ན། གཞན་དབང་དང་ཀུན་བཏགས་ཀྱིས་བསྡུས་པའི་ཀུན་རྫོབ་བདེན་པ་གཉིས་ཡོད། དང་པོ་དང་འདུས་བྱས་དོན་གཅིག གཉིས་པ་དང་དོན་དམ་བདེན་པ་ལས་གཞན་པའི་འདུས་མ་བྱས་ཀྱི་ཆོས་རྣམས

དོན་གཅིག ཀུན་རྫོབ་བདེན་པ་དང་། རྫུན་པ་དང་། ཐ་སྙད་བདེན་པ་རྣམས་དོན་གཅིག དོན་དམ་དཔྱོད་བྱེད་ཀྱི་རིག་ཤེས་ཀྱི་ཚད་མས་རྙེད་པའི་དོན་དེ་དོན་དམ་བདེན་པའི་མཚན་ཉིད། མཚན་གཞི་ནི་བདག་གཉིས་གང་རུང་གིས་སྟོང་པའི་དེ་བཞིན་ཉིད་ལྟ་བུའོ། །དེ་ལ་དབྱེ་ན། ཆོས་ཀྱི་བདག་མེད་ཕྲ་མོ་དང་གང་ཟག་གི་བདག་མེད་ཕྲ་མོ་གཉིས་ཡོད། །དོན་དམ་བདེན་པ་དང་། སྟོང་ཉིད། ཆོས་དབྱིངས། ཡོངས་གྲུབ། ཡང་དག་མཐའ། དེ་བཞིན་ཉིད་རྣམས་དོན་གཅིག་ཏུ་འདོད་དོ། །དོན་དམ་བདེན་པ་ཡིན་ན་རང་གི་མཚན་ཉིད་ཀྱིས་གྲུབ་པས་ཁྱབ་ཀྱང་། ཀུན་རྫོབ་བདེན་པ་ཡིན་ན་རང་གི་མཚན་ཉིད་ཀྱིས་གྲུབ་པས་མ་ཁྱབ་སྟེ། གཞན་དབང་རང་གི་མཚན་ཉིད་ཀྱིས་གྲུབ་ཀྱང་། ཀུན་བཏགས་ཀྱི་ཆོས་རྣམས་རང་གི་མཚན་ཉིད་ཀྱིས་མ་གྲུབ་པའི་ཕྱིར། རྫུན་པ་ཡིན་ན་རྫུན་པར་གྲུབ་མི་དགོས་ཏེ། གཞན་དབང་དེ་རྫུན་པ་ཡིན་ཡང་རྫུན་པར་མ་གྲུབ་པའི་ཕྱིར་ཏེ། བདེན་པར་གྲུབ་པའི་ཕྱིར། དེས་ན་དངོས་པོ་ཐམས་ཅད་བདེན་པར་གྲུབ་པ་དང་རྫུན་པའི་གཞི་མཐུན་དུ་ཁས་ལེན། ཆོས་ཉིད་ཐམས་ཅད་བདེན་པར་གྲུབ་པ་དང་བདེན་པའི་གཞི་མཐུན་དུ་ཁས་ལེན། ཆོས་ཉིད་ལས་གཞན་པའི་འདུས་མ་བྱས་ཀྱི་ཆོས་ཐམས་ཅད་རྫུན་པར་གྲུབ་པ་དང་། རྫུན་པའི་གཞི་མཐུན་དུ་ཁས་ལེན་ནོ། །དུས་གསུམ་དང་མེད་དགག་གི་འཇོག་ཚུལ་མདོ་སེམས་རང་རྒྱུད་པ་གསུམ་མཐུན་ནོ། །

གཟུགས་སོགས་དོན་ལྔ་པོ་དེ་ཕྱི་རོལ་དོན་དུ་མ་གྲུབ་སྟེ། ཀུན་གཞི་རྣམ་ཤེས་ཀྱི་སྟེང་དུ་ཐུན་མོང་དང་ཐུན་མོང་མ་ཡིན་པའི་ལས་ཀྱིས་བག་ཆགས་བཞག་པའི་མཐུས་ནང་ཤེས་པའི་རྫས་ཀྱི་སྟེང་ནས་སྐྱེས་པ་ཡིན་པའི་ཕྱིར། གཉིས་པ་ཡུལ་ཅན་གྱི་འདོད་ཚུལ་ལ། གང་ཟག་གི་འདོད་ཚུལ་ནི། རིགས་པའི་རྗེས་འབྲང་རྣམས་ཀྱིས་རྣམ་ཤེས་ཚོགས་དྲུག་ཏུ་འདོད་པས་ཡིད་ཀྱི་རྣམ་པར་ཤེས་པ་གང་

ཟག་ཏུ་ཁས་ལེན་ཞིང་། ལུང་གི་རྗེས་འབྲང་རྣམས་ཀྱིས་རྣམ་ཤེས་ཚོགས་བརྒྱད་དུ་འདོད་པས་ཀུན་གཞི་རྣམ་ཤེས་གང་ཟག་གི་མཚན་གཞིར་འདོད་དོ། །རྣམ་ཤེས་ཚོགས་བརྒྱད་ནི་རྣམ་ཤེས་ཚོགས་དྲུག་གི་སྟེང་ཀུན་གཞི་རྣམ་ཤེས་དང་ཉོན་ཡིད་གཉིས་སྣོན་པའོ། །དེ་ལས་ཀུན་གཞི་རྣམ་ཤེས་ནི་ནང་གི་བག་ཆགས་ལ་དམིགས་ཤིང་རྣམ་པ་རིས་སུ་མ་ཆད་པ། ངོ་བོ་མ་བསྒྲིབས་ལུང་མ་བསྟན། ཁྲོགས་སེམས་བྱུང་ཀུན་འགྲོ་ལྔ་ཁོ་ན་དང་མཚུངས་པར་ལྡན་པའི་གཙོ་བོ་ཡིད་ཀྱི་རྣམ་པར་རིག་པ་བརྟན་པས་རབ་ཏུ་ཕྱེ་བ་ཞིག་ལ་འདོད་དོ། །རྣམ་པ་རིས་སུ་མ་ཆད་པ་སྟེ། ཀུན་གཞི་རྣམ་ཤེས་ལ་སྣོད་བཅུད་དེ་དག་སྣང་ཡང་རྣམ་པ་མི་གསལ་ཞིང་ངེས་པ་འདྲེན་མི་ནུས་པར་ཡུལ་སྣང་ཙམ་མོ། །ངོ་བོ་མ་བསྒྲིབས་ལུང་མ་བསྟན་ཡིན་ཏེ། །ཉོན་མོངས་པས་མ་བསྒྲིབས་ཤིང་དགེ་མི་དགེ་གང་དུའང་ལུང་མ་བསྟན་པའོ། དེ་ཡང་དགེ་རྩ་མེད་པའི་རྒྱུད་ལ་ཡོད་པས་དགེ་བ་མ་ཡིན། ཁམས་གོང་མ་ན་ཡོད་པས་མི་དགེ་བའང་མ་ཡིན་ནོ། བརྟན་པས་རབ་ཏུ་ཕྱེ་བ་སྟེ། ཆུ་བོའི་རྒྱུན་བཞིན་དུ་ཇི་སྲིད་འཁོར་བར་གནས་ཀྱི་བར་འཇུག་པའོ། །ཇི་སྐད་དུ། དེ་ནི་རྒྱུན་འབབ་ཆུ་བོ་བཞིན། དགྲ་བཅོམ་ཉིད་ན་དེ་ལྡོག་གོ། །ཞེས་གསུངས། སྒྲ་བཤད་ནི་དགེ་མི་དགེའི་བག་ཆགས་ཀུན་བགོ་བའི་གཞི་ཡིན་པས་ན་དེ་ལྟར་བརྗོད། ཉོན་ཡིད་ནི། འཕགས་ལམ་མ་ཐོབ་ཀྱི་བར་དུ་དམིགས་པ་ཀུན་གཞི་ལ་དམིགས་ནས་རྣམ་པ་ངར་འཛིན་ཞིང་། ངོ་བོ་བསྒྲིབས་ལ་ལུང་མ་བསྟན་ཞིག་ལ་འདོད་དོ། །དེ་ཡང་རྣམ་པ་ངར་འཛིན་པ་སྟེ། དམིགས་པ་ཀུན་གཞི་ལ་དམིགས་ནས་རྣམ་པ་གང་ཟག་རང་རྐྱ་ཐུབ་པའི་རྫས་ཡོད་ཀྱི་ངའམ་ང་ཡི་བར་འཛིན་པའོ། །འཇུག་ཤེས་དྲུག་གི་འཇོག་ཚུལ་སྡེ་དང་མཐུན་ནོ། །ཤེས་པ་ལ་ཚད་མ་དང་ཚད་མིན་གྱི་ཤེས་པ་གཉིས་ལས། ཚད་མ་ལ་མངོན་རྗེས་གཉིས་དང་མངོན

སུམ་བཞིའི་རྣམ་གཞག་ཁས་ལེན་ཞིང་། རང་རིག་མངོན་སུམ་དང་རྣལ་འབྱོར་མངོན་སུམ་གཉིས་ལ་མ་འཁྲུལ་བའི་ཤེས་པ་ཁྱབ། རྣམ་བདེན་པས་ཚུར་མཐོང་རྒྱུད་ཀྱི་སྔོན་འཛིན་མིག་ཤེས་དེ་མ་འཁྲུལ་བའི་ཤེས་པར་འདོད་ལ་རྣམ་རྫུན་པ་ལྟར་ན་ཚུར་མཐོང་རྒྱུད་ཀྱི་དབང་པོའི་མངོན་སུམ་ལ་འཁྲུལ་ཤེས་ཀྱིས་ཁྱབ། དེའི་རྒྱུད་ཀྱི་ཡིད་ཀྱི་མངོན་སུམ་ལ་འཁྲུལ་མ་འཁྲུལ་གྱི་ཆ་གཉིས་ཡོད་པར་འདོད་དོ། །

གཉིས་པ་ལམ་གྱི་རྣམ་གཞག་ལ་ཐེག་པ་གསུམ་གྱི་ལམ་གྱི་ཁྱད་པར་དང་ལམ་གྱི་རྣམ་གཞག་དངོས་གཉིས་ལས། དང་པོ་ལ་གཉིས། ཐེག་དམན་དང་ཐེག་ཆེན་གྱི་ལམ་གྱི་རྣམ་གཞག་གཉིས་སོ། །དང་པོ་ལ་ཉན་ཐོས་དང་རང་རྒྱལ་གྱི་ལམ་གཉིས། དང་པོ་ཉན་ཐོས་ཀྱི་རིགས་ནི་ཀུན་གཞིའི་སྟེང་གི་ཉན་ཐོས་ཀྱི་འབྲས་བུ་བསྐྱེད་པའི་ནུས་པ་ཞིག་ཡིན། རིགས་ཀྱི་རྟགས་ནི། ལུས་ལོངས་སྤྱོད་སོགས་ལ་ཆགས་ཞེན་ཆུང་བ། འཁོར་བ་ལ་སྐྱོ་ཤས་ཆེ་བ། བག་ཡོད་ཀྱི་སྒོ་ནས་སྡིག་པ་ལ་འཛེམས་པ། བདེན་བཞིའི་འཇུག་ལྡོག་སོགས་ཐོས་པ་དང་སེམས་པ་ན་ལུས་ཀྱི་བ་སྤུ་ལྡང་བ། ཉན་ཐོས་དགྲ་བཅོམ་པ་ཁོ་ནའི་ཆེད་དུ་ཚུལ་ཁྲིམས་ལེན་ཅིང་ལུས་སྲོག་ལ་བབས་ཀྱང་བསླབ་པ་མི་གཏོང་བ། དགེ་རྩ་གང་བྱས་ཀྱང་འཁོར་བ་ལས་གྲོལ་བའི་ཕྱིར་བསྔོ་བ་སྟེ་དྲུག་གོ། །

རིགས་ལ་གནས་པའི་གང་ཟག་ལ་དབང་པོ་རྣོ་འབྲིང་བརྟུལ་གསུམ་ཡོད། ལམ་དངོས་ནི། ཆེད་དུ་བྱ་བ་བདག་ཉིད་གཅིག་པུ་ཐོབ་བྱ་འཁོར་བའི་སྡུག་བསྔལ་མཐའ་དག་སྤངས་པའི་ཉན་ཐོས་ཀྱི་ཐར་པ་འདོད་པའི་བསམ་པས་ཀུན་ནས་བསླང་སྟེ་ལྷག་པའི་བསླབ་པ་གསུམ་ལ་སློབ་པར་བྱེད་པ་དང་། བདེན་བཞི་ཁྱད་ཆོས་མི་རྟག་སོགས་བཅུ་དྲུག་གི་སྒོ་ནས་བསྒོམ་པའོ། །དེ་ཡང་གྲོལ་བྱེད་ཀྱི་ལམ་དངོས་ནི་གང་ཟག་གི་བདག་མེད་རྟོགས་པའི་ཤེས་རབ་ཡིན་ལ

ལྷག་མ་རྣམས་ནི་དེ་སྒྲུང་བྱེད་ཀྱི་ཡན་ལག་གོ། །གཉིས་པ་རང་རྒྱལ་གྱི་རིགས་ནི་ཀུན་གཞིའི་སྟེང་གི་རང་རྒྱལ་གྱི་འབྲས་བུ་སྐྱེས་པའི་ནུས་པ་ཞིག་ཡིན། རིགས་ཀྱི་རྟགས་ནི། ཉོན་མོངས་ཆུང་ཞིང་འདུ་འཛི་ལ་མི་དགའ་བ་དང་། སྙིང་རྗེ་ཆུང་ཞིང་། སྙིང་ལས་ཆུང་ངུར་གནས་པ། ང་རྒྱལ་ཆེ་ཞིང་རང་བཞིན་གྱི་དབང་པོ་འབྲིང་ཡིན་པའོ། །རང་རྒྱལ་ལ་བསེ་རུ་ལྟ་བུའི་རིགས་ཅན་དང་། ཚོགས་སྤྱོད་ཀྱི་རིགས་ཅན་གཉིས་ལས་བསེ་རུ་ལྟ་བུ་ནི་ཕྱིར་ལོག་རྒྱག་པ་མེད་ལ་ཐེག་ཆེན་ལ་ཞུགས་པའང་མེད་ཅིང་། ཚོགས་སྤྱོད་པ་ནི་ཕྱིར་ལོག་རྒྱག་པའི་ཉེན་ཁ་ཡོད་ལ། ཐེག་དམན་ནས་སླར་ཐེག་ཆེན་ལ་ཞུགས་པའང་ཡོད། ལམ་དངོས་ནི་ཉན་ཐོས་དང་འདྲ་ཡང་། བསོད་ནམས་ཀྱི་ཚོགས་བསགས་ཚུལ་ཁྱད་པར་ཡོད་དོ། །གཉིས་པ་ཐེག་པ་ཆེན་པོའི་ལམ་གྱི་རྣམ་གཞག་ནི། ཐེག་ཆེན་གྱི་རིགས་ནི་གཉིས་ཏེ་རང་བཞིན་གནས་རིགས་དང་རྒྱས་འགྱུར་གྱི་རིགས་གཉིས་ཡོད་ཅིང་། དང་པོ་ནི། ཀུན་གཞིའི་སྟེང་གི་ཡང་དག་པར་རྫོགས་པའི་བྱང་ཆུབ་སྐྱེད་པའི་ནུས་པ་ཞིག་ལ་ཟེར་ཞིང་། གཉིས་པ་ནི་རིགས་འདི་ཉིད་ཐེག་པ་ཆེན་པོའི་ཆོས་ཐོས་པ་དང་བསམ་པ་ལ་སོགས་པའི་དགེ་བའི་རྩ་བ་གོམས་པར་བྱས་པ་ལས་རྒྱས་པར་འགྱུར་པའི་རིགས་སོ། ཐེག་ཆེན་གྱི་རིགས་ནི། །ཐེག་དམན་གྱི་རིགས་ལས་ཁྱད་པར་བཞིས་ཁྱད་དུ་འཕགས་སྟེ། དབང་པོ་ཤིན་ཏུ་རྣོ་བ་དང་། གཞན་ལ་ཕན་པར་བྱ་བའི་ཕྱིར་ཞུགས་པ་དང་། རིགས་པའི་གནས་ལྔ་སོགས་བསླབ་བྱའི་གནས་མཐའ་དག་ལ་མཁས་པར་བྱེད་པ་དང་། བྱང་ཆུབ་ཆེན་པོའི་འབྲས་བུ་ཐོབ་པར་བྱེད་པའོ། །རིགས་ཀྱི་རྟགས་ནི། རང་བཞིན་གྱི་སྙིང་རྗེ་ཤིན་ཏུ་ཆེ་བ་དང་། ཐེག་པ་ཆེན་པོ་ལ་མོས་པ། ཆོས་ལ་དཀའ་སྤྱད་ལྷག་པར་བཟོད་པ། ཕ་རོལ་ཏུ་ཕྱིན་པ་དྲུག་གི་དགེ་བ་ཡང་དག་པར་སྤྱོད་པ་དང་བཞི་འོ། རིགས

གྱི་ཕན་ཡོན་ནི། ཐེག་པ་ཆེན་པོའི་རིགས་དེ་རང་རྒྱུད་ལ་སྐྱེས་པ་ཙམ་གྱིས་ཕྱིར་ངན་སོང་དུ་ལྟུང་བར་དཀའ་བ། ལྟུང་ན་ཡང་དེར་ཚོར་བ་དྲག་པོ་མི་མྱོང་ཞིང་། དེ་ལས་མྱུར་དུ་ཐར་པར་འདོད་དོ། །

གཉིས་པ་ལམ་གྱི་རྣམ་གཞག་དངོས་བསྟན་པ་ལ་གསུམ། ལམ་གྱི་དམིགས་པ། ལམ་གྱི་སྤང་བྱ། ལམ་གྱི་རང་བཞིན་གསུམ་ལས། དང་པོ་ལམ་གྱི་དམིགས་པ་ནི་བདེན་བཞི་ཁྱད་ཆོས་མི་རྟག་སོགས་བཅུ་དྲུག་དང་། གང་ཟག་རྟག་གཅིག་རང་དབང་ཅན་གྱིས་གྲུབ་པས་སྟོང་པ་གང་ཟག་གི་བདག་མེད་རགས་པ་དང་། གང་ཟག་རང་རྐྱ་ཐུབ་པའི་རྫས་ཡོད་ཀྱིས་སྟོང་པ་གང་ཟག་གི་བདག་མེད་ཕྲ་མོ་ཡིན་ལ། གཟུགས་དང་གཟུགས་འཛིན་ཚད་མ་རྫས་གཞན་གྱིས་སྟོང་པ་དང་། གཟུགས་གཟུགས་འཛིན་རྟོག་པའི་ཞེན་གཞིར་རང་གི་མཚན་ཉིད་ཀྱིས་གྲུབ་པས་སྟོང་པ་གཉིས་ཆོས་ཀྱི་བདག་མེད་ཕྲ་མོར་འདོད། སྔ་མ་ནི་དབང་ཤེས་ལ་རྫས་གཞན་གྱིས་སྟོང་ཚུལ་དང་། ཕྱི་མ་ནི་ཡིད་ཤེས་ལ་རྫས་གཞན་གྱིས་སྟོང་ཚུལ་ཡིན། ལུགས་འདིས་བདག་མེད་ཕྲ་མོ་གཉིས་ཀ་སྟོང་ཉིད་ཡིན་པས་ཁྱབ་ཀྱང་། སྟོང་ཉིད་ཡིན་ན་བདག་མེད་ཕྲ་མོ་ཡིན་པས་མ་ཁྱབ་སྟེ། འགོག་བདེན་དང་མྱང་འདས་གཉིས་ཀྱང་སྟོང་ཉིད་དུ་འདོད་པའི་ཕྱིར། འདུས་བྱས་ཀྱི་ཆོས་རྣམས་རང་འཛིན་ཚད་མ་དང་རྫས་གཅིག་ཏུ་འདོད་ལ། འདུས་མ་བྱས་ཀྱི་ཆོས་རྣམས་རང་འཛིན་ཚད་མ་དང་ངོ་བོ་གཅིག་ཏུ་འདོད་དེ། འདུས་མ་བྱས་རྫས་སུ་གྲུབ་པར་ཁས་ལེན་མཁན་བྱེ་བྲག་སྨྲ་བ་མ་གཏོགས་མེད། གཉིས་པ་ལམ་གྱི་སྤང་བྱ་ལ། ཉོན་སྒྲིབ་དང་ཤེས་སྒྲིབ་གཉིས། དང་པོ་ནི། གང་ཟག་གི་བདག་འཛིན་ཕྲ་རགས་གཉིས་ས་བོན་དང་བཅས་པ་དང་། རྩ་ཉོན་དྲུག ཉེ་ཉོན་ཉི་ཤུ་ལྟ་བུའོ། །གཉིས་པ་ནི། ཆོས་ཀྱི་བདག་འཛིན་བག་ཆགས་དང་བཅས་པ་ལྟ་བུའོ། །ཆོས་ཀྱི་བདག་འཛིན་ནི།

གཟུགས་དང་གཟུགས་འཛིན་ཚད་མ་རྫས་གཞན་དུ་འཛིན་པ་དང་། གཟུགས་གཟུགས་འཛིན་རྟོག་པའི་ཞེན་གཞིར་རང་གི་མཚན་ཉིད་ཀྱིས་གྲུབ་པར་འཛིན་པ་རྣམས་སོ། །ས་བོན་ནི་ཉོན་སྒྲིབ་དང་། བག་ཆགས་ནི་ཤེས་སྒྲིབ་ལ་ཟེར། དེ་ཡང་བྱང་སེམས་རྣམས་ཀྱིས་ཤེས་སྒྲིབ་སྤང་བྱའི་གཙོ་བོར་བྱེད་ཀྱང་། ཉོན་སྒྲིབ་སྤང་བྱའི་གཙོ་བོར་མི་བྱེད། ཐེག་དམན་སློབ་པ་རྣམས་ཀྱིས་ཉོན་སྒྲིབ་སྤང་བྱའི་གཙོ་བོར་བྱེད་ཀྱང་། ཤེས་སྒྲིབ་སྤང་བྱའི་གཙོ་བོར་མི་བྱེད་དོ། །གསུམ་པ་ལམ་གྱི་རང་བཞིན་བཤད་པ་ལ། ཐེག་པ་གསུམ་པོ་རེ་རེ་ལའང་ཚོགས་སྦྱོར་གཉིས། མཐོང་སྒོམ་གཉིས། མི་སློབ་ལམ་དང་ལྔའི་རྣམ་གཞག་བྱེད་ལ། ཐེག་ཆེན་ལ་དེའི་སྟེང་དུ་ས་བཅུའི་རྣམ་གཞག་ཀྱང་ཁས་ལེན་ནོ། །

གསུམ་པ། འབྲས་བུ་མངོན་དུ་བྱེད་ཚུལ་ནི། ཐེག་དམན་རིགས་ངེས་རྣམས་ཀྱིས་གང་ཟག་གི་བདག་མེད་དབང་དུ་བྱས་པའི་ཡོངས་གྲུབ་བསྒོམ་བྱའི་གཙོ་བོར་བྱས་ཏེ། གོམས་པ་མཐར་ཕྱིན་པ་ན་ཐེག་དམན་གྱི་སྒོམ་ལམ་རྡོ་རྗེ་ལྟ་བུའི་ཏིང་ངེ་འཛིན་ལ་བརྟེན་ནས་ཉོན་སྒྲིབ་མ་ལུས་པ་སྤངས་པ་དང་དུས་མཉམ་དུ་ཐེག་དམན་དགྲ་བཅོམ་པའི་འབྲས་བུ་མངོན་དུ་བྱེད་དོ། །ཉན་རང་གཉིས་ཀྱི་བསྒོམ་བྱའི་བདག་མེད་དང་། སྤང་བྱའི་ཉོན་མོངས་ལ་ཁྱད་པར་ཅུང་ཟད་ཀྱང་མེད་པས་ཉན་རང་གཉིས་ལ་ཞུགས་གནས་བརྒྱད་ཀྱི་རྣམ་གཞག་འཐད་ཀྱང་རང་རྒྱལ་ནི་འདོད་པའི་རྟེན་ཅན་དུ་ངེས་པས་དགེ་འདུན་ཉི་ཤུའི་རྣམ་གཞག་བྱར་མེད་དོ། །འོན་ཀྱང་ཉན་རང་གཉིས་ལ་ཁྱད་པར་མེད་པ་མ་ཡིན་ཏེ། ཉན་ཐོས་རིགས་ཅན་རྣམས་ཀྱིས་ཚེ་གསུམ་གྱི་བར་དང་། རང་རྒྱལ་རིགས་ཅན་རྣམས་ཀྱིས་བསྐལ་པ་བརྒྱ་ལ་སོགས་པའི་བར་བསོད་ནམས་ཀྱི་ཚོགས་ཀྱི་གོམ་པ་བསྲིངས་མ་བསྲིངས་ཀྱིས་འབྲས་བུ་ལའང་མཆོག་དམན་ཡོད་དོ། །ལུང་གི་རྗེས་འབྲང་རྣམས་ཀྱིས་ཉན་ཐོས་ལ་ཐེག་དམན་

དགྲ་བཅོམ་པ་ཞི་བ་བསྒྲོད་གཅིག་པུ་བ་དང་། བྱང་ཆུབ་ཡོངས་འགྱུར་བའི་དགྲ་བཅོམ་གཉིས་སུ་དབྱེ་བས། ཐེག་དམན་དགྲ་བཅོམ་པ་ཞི་བ་བསྒྲོད་གཅིག་པུ་བ་ནི་ཐེག་དམན་གྱི་དགྲ་བཅོམ་གྱི་འབྲས་བུ་དེ་ཐོབ་ཟིན་རྗེས་དེ་རང་དུ་སྡོད་པ་ལས་ཐེག་ཆེན་ལམ་དུ་འཇུག་པར་མི་འདོད། བྱང་ཆུབ་ཡོངས་འགྱུར་གྱི་དགྲ་བཅོམ་པ་ནི་ཐེག་དམན་གྱི་དགྲ་བཅོམ་པའི་འབྲས་བུ་ཐོབ་ཟིན་ཀྱང་། དེ་ཙམ་གྱིས་འདོད་པ་མི་རྫོགས་པར་སླར་ཐེག་ཆེན་ལམ་དུ་འཇུག་པར་འདོད་དོ། །དེ་ཡང་ལྷག་བཅས་ནས་ཡིན་གྱི་ལྷག་མེད་ནས་འཇུག་པ་མ་ཡིན་ཏེ་མཐར་ཐུག་ཐེག་པ་གསུམ་དུ་འདོད་པའི་ཕྱིར། རིགས་པའི་རྗེས་འབྲངས་རྣམས་ཀྱིས་ཐེག་དམན་དགྲ་བཅོམ་པ་ཐེག་ཆེན་ལམ་དུ་འཇུག་པར་འདོད་དེ། མཐར་ཐུག་ཐེག་པ་གཅིག་ཏུ་ཁས་ལེན་པའི་ཕྱིར། བྱེ་མདོ་གཉིས་དང་ལུང་གི་རྗེས་འབྲངས་ཀྱི་སེམས་ཙམ་པས་མཐར་ཐུག་ཐེག་པ་གསུམ་དུ་འདོད་པ་ཡིན། དེ་ཡང་སེམས་ཅན་རྣམས་ཐོག་མ་མེད་པ་ནས་རིགས་སམ་ཁམས་མི་འདྲ་བ་གསུམ། དེ་ལས་མོས་པ་མི་འདྲ་བ་གསུམ། དེ་ལས་སྒྲུབ་པའི་མི་འདྲ་བ་གསུམ། དེ་ལས་འབྲས་བུ་མི་འདྲ་བ་གསུམ་འཐོབ་པར་འདོད་པའི་ཕྱིར། དབུ་མ་པ་དང་རིགས་པའི་རྗེས་འབྲངས་ཀྱི་སེམས་ཙམ་པ་རྣམས་ཀྱིས་མཐར་ཐུག་ཐེག་པ་གཅིག་ཏུ་གྲུབ་པར་འདོད་དེ། ཉན་རང་དགྲ་བཅོམ་པ་རྣམས་ལྷག་མེད་དུ་མྱང་ནན་འདས་པ་ན་རིག་པ་རྒྱུད་ཆད་པར་མི་འདོད་དེ། དེས་དེའི་ཚེ་སྔོན་གྱི་ཕུང་པོ་ཀུན་གྱིས་བསྡུས་པའི་རིག་པ་ཙམ་རྒྱུན་ཆད་པར་འདོད་ཀྱང་། རིག་པ་ཙམ་ཞིག་སངས་རྒྱས་ཀྱི་སར་འགྲོ་བར་འདོད་པས་མཐར་ཐུག་ཐེག་པ་གཅིག་ཏུ་གྲུབ་པར་འདོད་དོ། །ཉན་རང་གི་དགྲ་བཅོམ་པ་ལ་ལྷག་བཅས་མྱང་འདས་དང་ལྷག་མེད་མྱང་འདས་གཉིས་སུ་དབྱེའོ། །ཐེག་ཆེན་རིགས་ངེས་རྣམས་ཀྱིས་ཆོས་ཀྱི་བདག་མེད་དབང་དུ་བྱས་པའི་ཡོངས་གྲུབ་བསྒོམ་བྱའི་གཙོ་བོར་

བྱས་ཏེ། གྲངས་མེད་གསུམ་གྱི་ཚོགས་དང་འབྲེལ་བར་ཉམས་སུ་བླངས་ནས་ས་བཅུ་ལམ་ལྔ་རིམ་གྱིས་བགྲོད་དེ་རྒྱུན་མཐའི་བར་ཆད་མེད་ལམ་གྱིས་སྒྲིབ་གཉིས་ཟད་པར་སྤངས་ཏེ། འོག་མིན་དུ་རང་དོན་སྤངས་རྟོགས་ཕུན་ཚོགས་ཆོས་ཀྱི་སྐུ་དང་། གཞན་དོན་འཕྲིན་ལས་ཕུན་ཚོགས་གཟུགས་ཀྱི་སྐུ་གཉིས་མངོན་དུ་བྱེད་དོ། །ཀུན་བཏུས་ཀྱི་རྗེས་འབྲང་འགའ་ཞིག་ལྟར་ན། མིའི་རྟེན་ལའང་འཚང་རྒྱ་བ་ཡོད་པར་ཁས་ལེན་ནོ། །སྐུའི་འཇོག་ཚུལ་ནི། སྤྱིར་རང་གཞན་གྱི་སྐུ་གཉིས་སུ་དབྱེ་བ་དང་། རང་དོན་སྤངས་རྟོགས་ཕུན་ཚོགས་ཆོས་ཀྱི་སྐུ་ལ་ངོ་བོ་ཉིད་སྐུ་དང་། ཡེ་ཤེས་ཆོས་སྐུ་གཉིས། ངོ་བོ་ཉིད་སྐུ་ལ་རང་བཞིན་རྣམ་དག་དང་། གློ་བུར་དྲི་བྲལ་གཉིས། གཞན་དོན་འཕྲིན་ལས་ཕུན་ཚོགས་གཟུགས་ཀྱི་སྐུ་ལ་ལོངས་སྐུ་དང་། སྤྲུལ་སྐུ་གཉིས། སྤྲུལ་སྐུ་ལའང་། བཟོ་བ་སྤྲུལ་སྐུ་དང་། སྐྱེ་བ་སྤྲུལ་སྐུ། མཆོག་གི་སྤྲུལ་སྐུ་གསུམ། མྱང་འདས་ལ་ལྷག་བཅས་མྱང་འདས་དང་། ལྷག་མེད་མྱང་འདས། མི་གནས་པའི་མྱང་འདས་གསུམ་དུ་འདོད་ཅིང་། མི་གནས་པའི་མྱང་འདས་ནི་སངས་རྒྱས་ཀྱི་སར་མ་གཏོགས་མེད། དྲང་ངེས་མདོའི་ཁྱད་པར་འཇོག་ཚུལ་ནི། དངོས་བསྟན་སྒྲ་ཇི་བཞིན་དུ་ཁས་ལེན་དུ་མི་རུང་བའི་མདོ་དེ་དྲང་དོན་གྱི་མདོའི་མཚན་ཉིད། མཚན་གཞི་ནི་དགོངས་འགྲེལ་ལས་བཤད་པའི་འཁོར་ལོ་དང་པོ་དང་། གཉིས་པ་ལྟ་བུའོ། །དེ་ཡང་འཁོར་ལོ་དང་པོ་ནི་ཆོས་ཀྱི་བདག་མེད་སྟོན་དུ་མི་རུང་ལ། གང་ཟག་གི་བདག་མེད་ཙམ་སྟོན་པ་དང་། བདེན་བཞི་ལས་བརྩམས་ནས་རང་གི་མཚན་ཉིད་ཡོད་པ་སོགས་ཀུན་རྫོབ་ཀྱི་བདེན་པ་གཙོ་ཆེ་བའི་ངོས་ནས་བཞག་པས་དྲང་དོན་དང་། འཁོར་ལོ་གཉིས་པ་ནི་ཐེག་ཆེན་གྱི་ཟབ་ལམ་རྒྱས་པར་རྣམ་གྲངས་མཐའ་ཡས་སྟོན་པའི་མདོ་སྡེའི་མཆོག་ཡིན་ཀྱང་། སྒྲ་ཇི་བཞིན་མིན་པའི་དྲང་དོན་ཡིན་ཏེ། གཟུགས་ནས་རྣམ་མཁྱེན་

བར་གྱི་ཆོས་ཐམས་ཅད་ལ་བདེན་པར་ཡོད་མེད་ཀྱི་ཁྱད་པར་མ་ཕྱེ་བར་ངོ་བོ་ཉིད་མེད་ཅེས་པའི་མདོ་ཚིག་རྣམས་དྲང་དོན་དགོངས་གཞི་ཅན་ཡིན་པའི་ཕྱིར། དངོས་བསྟན་སྒྲ་ཇི་བཞིན་དུ་ཁས་ལེན་དུ་རུང་བའི་མདོ་དེ། ངེས་དོན་གྱི་མདོའི་མཚན་ཉིད། མཚན་གཞི་ནི། འཁོར་ལོ་མཐའ་མའི་མདོ་ལྟ་བུའོ། ། དེ་ཡང་སེམས་ཙམ་པས་འཁོར་ལོ་མཐའ་མ་ངེས་དོན་གྱི་མདོར་བཞེད་དེ། གཟུགས་སོགས་ཆོས་རྣམས་ལ་མཚན་ཉིད་གསུམ་གྱི་རྣམ་གཞག་དང་བདེན་པར་ཡོད་མེད་ཀྱི་ཁྱད་པར་གསལ་བར་ཕྱེ་ནས་གཏན་ལ་འབེབས་པར་བྱེད་པས་མཐར་ཐུག་གི་ངེས་དོན་ཡིན་ཞེས་འདོད་པའོ། །

སེམས་ཙམ་པའི་གཞི་ལམ་འབྲས་གསུམ་གྱི་རྣམ་གཞག་གསལ་བར་ཤེས་འདོད་ན། ཆོས་དང་ཆོས་ཉིད་རྣམ་འབྱེད་དང་། དབུས་མཐའ་རྣམ་འབྱེད། མདོ་སྡེ་རྒྱན། མདོ་སྡེ་དགོངས་འགྲེལ། ཐེག་བསྡུས་རྩ་འགྲེལ་སོགས་ན་ཤིན་ཏུ་རྒྱས་པས་གཞུང་དེ་དག་ལ་བརྟེན་ནས་མཁས་པའི་གོ་འཕང་འཐོབ་པར·······བྱའོ། །

ཚིག་འགྲེལ།

རྒྱན་དྲུག འཛམ་གླིང་མཛེས་པར་བྱེད་པའི་རྒྱན་དྲུག་ནི་ཀླུ་སྒྲུབ། ཨཱརྱ་དེ་བ། ཐོགས་མེད། དབྱིག་གཉེན། ཕྱོགས་གླང་། ཆོས་གྲགས་བཅས་དྲུག་གོ། །

《འཇམ་དཔལ་རྩ་རྒྱུད་》 སངས་རྒྱས་བཅོམ་ལྡན་འདས་ཀྱིས་རྗེ་བཙུན་འཇམ་དཔལ་དབྱངས་ལ་གསུངས་པའི་ལེའུ་སུམ་ཅུ་སོ་དྲུག་ཡོད་པའི་ཆོས་ཤིག ནང་དོན་གཙོ་བོ་འཇམ་དཔལ་དབྱངས་ཀྱི་ཡོན་ཏན་བསྟན་ཡོད། ལོ་ཙྪ་བ་ཤཱཀྱ་བློ་གྲོས་ཀྱིས་རྒྱ་གར་སྐད་ནས་བསྒྱུར།

ཆོས་མངོན་པ། སྡེ་སྣོད་གསུམ་གྱི་ཡ་གྱལ་ཞིག ལྷག་པ་ཤེས་རབ་ཀྱི་བསླབ་པ་བརྗོད་བྱའི་གཙོ་བོ་བྱས་ནས་སྟོན་པའི་སྡེ་སྣོད། ཡུམ་རྒྱས་འབྲིང་བསྡུས་གསུམ་ལྟ་བུའོ། །

དགྲ་ལན་གསུམ། ཐེག་པ་ཆེན་པོའི་ཆོས་དང་དགེ་འདུན་གྱི་སྡེ་ལ་མུ་སྟེགས་པའི་དམག་དང་མེར་བསྲེགས་པ་ལ་སོགས་པའི་གནོད་པ་ཆེན་པོ་གསུམ་བྱུང་ནས་ཐེག་ཆེན་གྱི་སྡེ་སྣོད་ཆ་བཅོ་ལྔར་བཏང་བའི་ཆ་གཅིག་ཙམ་ལས་མ་ལུས་ཞེས་གསུངས།

སྒྱུ་འཕྲུལ་དྲ་བའི་དབང་། གསང་སྔགས་ཀྱི་དབང་ཞིག

རྗེ་བཙུན་བྱམས་པ། མཚོན་པའི་སངས་རྒྱས་རྣམ་འདྲེན་ལྔ་པ་ད་ལྟ་བྱང་ཆུབ་སེམས་པའི་ཚུལ་བཟུང་བ་ཉེ་བའི་སྲས་ཆེན་བརྒྱད་ཀྱི་ཡ་གྱལ་ཞིག《གྲུབ་མཐའ་རིན་ཆེན་ཕྲེང་བའི་ཚིག་འགྲེལ་ཐོར་བུ་》ཤོག་གྲངས་65ལ་གསལ།

དགའ་ལྡན་ཡིད་དགའ་ཆོས་འཛིན། འདོད་ལྷ་རིགས་དྲུག་གི་གནས་བཞི་པ་དགའ་ལྡན་ལྷའི་གནས་དེ་ལས་ལོགས་སུ་དགའ་ལྡན་ཡིད་དགའ་ཆོས་འཛིན་ཟེར་བ་ས་བཅུ་ཐོབ་པའི་བྱང་ཆུབ་སེམས་དཔའ་ཤ་སྟག་བཞུགས་པའི་གནས། ཞིང་ཁམས་དེའི་ཆོས་སྟོན་པ་པོ་ནི་རྗེ་བཙུན་བྱམས་པ་མགོན་པོ་ཡིན་པར་གསུངས།

བྱམས་ཆོས་སྡེ་ལྔ། རྗེ་བཙུན་བྱམས་པ་མགོན་པོས་གསུངས་པའི་ཆོས་ལྔ་སྟེ། རྒྱན་རྣམ་གཉིས《མངོན་རྟོགས་རྒྱན་》དང་《མདོ་སྡེ་རྒྱན་》འབྱེད་རྣམ་གཉིས《དབུས་མཐའ་རྣམ་འབྱེད་》དང་《ཆོས་ཉིད་རྣམ་འབྱེད་》《རྒྱུད་བླ་མ་》བཅས་ལྔའོ། །དེ་རྣམས་བསྟན་འགྱུར་གྱི་ཁྲོད་དུ་ཡོད། །

ས་སྡེ་ལྔ། འཕགས་པ་ཐོགས་མེད་ཀྱིས་མཛད་པའི་སེམས་ཙམ་པའི་

བརྟེན་སའི་གཞུང་གི་གཙོ་བོ་ཞིག་སྟེ་《སའི་དངོས་གཞི་》《རྣམ་པར་གཏན་ལ་དབབ་པ་》《གཞི་བསྡུ་བ་》《རྣམ་གྲངས་བསྡུ་བ་》《སྒོ་བསྡུ་བ་》སྟེ་ལྔའོ། །ཞིབ་པར《གྲུབ་མཐའ་རིན་ཆེན་ཕྲེང་བའི་ཚིག་འགྲེལ་ཐོར་བུ》ཤོག་གྲངས 245ཐོག་ཡོད་པར་གཟིགས།

རྣམ་ཤེས་ཚོགས་བརྒྱད། མིག་གི་རྣམ་ཤེས་ནས་ཡིད་ཀྱི་རྣམ་ཤེས་བར་རྣམ་ཤེས་ཚོགས་དྲུག་གི་སྟེང་དུ་ཀུན་གཞི་རྣམ་ཤེས་དང་ཉོན་ཡིད་བསྣན་པས་བརྒྱད་དོ། །དེ་ནི་སེམས་ཙམ་པའི་ཐུན་མོང་མིན་པའི་འདོད་ཚུལ་ཞིག་ཡིན།

ཟག་བཅས་ཉེར་ལེན་གྱི་ཕུང་པོ། རང་རྒྱུ་ལས་ཉོན་གྱིས་བསྐྱེད་པའི་གཟུགས་ལ་སོགས་པའི་ཕུང་པོ་ལྔ། ཕུང་པོ་ལྔ་དེའི་སྐད་ཅིག་མའི་ཆ་ཐམས་ཅད་ཀྱིས་སྲིད་པའི་ཕུང་པོ་ཕྱི་མ་ཉེ་བར་ལེན་པའི་རྒྱུ་བྱེད་པས་ན་དེ་ལྟར་བརྗོད།

འཕགས་པའི་མཉམ་བཞག་ཡེ་ཤེས། ཚིག་འགྲེལ་ཆེ་སྨྲའི་ལམ་གྱི་རྣམ་གཞག་སྐབས་སུ་ཡོད། ལུགས་འདིར་མཉམ་བཞག་དེའི་ཚེ་སེམས་ལ་གཉིས་སྣང་མེད་པས་གཉིས་སྣང་ནུབ་པའི་ཤེས་པ་ཞིག་ཡིན།

ཆོས་ཉིད། སྟོང་ཉིད་ཀྱི་མིང་གི་རྣམ་གྲངས། ལུགས་འདིར་གང་ཟག་རང་སྐྱ་ཐུབ་པའི་རྫས་ཡོད་ཀྱིས་སྟོང་པ་དང་། གཟུགས་དང་གཟུགས་འཛིན་ཚད་མ་རྫས་གཞན་གྱིས་སྟོང་པ་ལྟ་བུའོ། །

རྣམ་དག་ལམ་གྱི་དམིགས་པ། དེ་ལ་རྣམ་པ་གཉིས་ཏེ། ཉོན་མོངས་པའི་སྒྲིབ་པ་རྣམ་པར་དག་པའི་ཡེ་ཤེས་ཀྱི་སྤྱོད་ཡུལ་དང་། ཤེས་བྱའི་སྒྲིབ་པ་རྣམ་པར་དག་པའི་ཡེ་ཤེས་ཀྱི་སྤྱོད་ཡུལ་གཉིས་སོ། །《དབུས་མཐའ་》ལས། རྣམ་དག་སྤྱོད་ཡུལ་རྣམ་གཉིས་ཏེ། ཞེས་གསུངས་པའི་ཕྱིར།

ཐ་སྙད་དཔྱོད་བྱེད་ཀྱི་རིགས་ཤེས། ལུགས་འདིར་གཉིས་སྣང་དང་བཅས་པའི་ཤེས་པ་རྣམས་ཏེ། སོ་སྐྱེའི་རྒྱུད་ཀྱི་བུམ་འཛིན་མིག་ཤེས་དང་བུམ་འཛིན་རྟོག་པ་ལྟ་བུའོ། །རིགས་ཤེས་དེ་རྣམས་ཀྱིས་བུམ་པའི་ཐ་སྙད་ཙམ་ལས་དོན་མཐར་ཐུག་པ་དེ་མ་རྟོགས་སོ། །

དོན་དམ་དཔྱོད་བྱེད་ཀྱི་རིགས་ཤེས། གཉིས་སྣང་ནུབ་པའི་ཤེས་པ་རྣམས་ཏེ། འཕགས་པའི་མཉམ་བཞག་ཡེ་ཤེས་ལྟ་བུའོ། །དེ་ལྟ་བུའི་རིགས་ཤེས་ཀྱི་སྤྱོད་ཡུལ་དུ་དོན་དམ་པའི་ཆོས་ལས་ཐ་སྙད་པའི་ཆོས་རྣམས་མི་བྱེད་པས་སོ། །

གཟུགས་སོགས་དོན་ལྔ། ཕྱི་རོལ་དོན་དུ་སྣང་བའི་གཟུགས་སྒྲ་དྲི་རོ་རེག་བྱ་ལྔའོ། །

ཀུན་གཞི་རྣམ་ཤེས། རྣམ་ཤེས་ཚོགས་བརྒྱད་ཀྱི་ཡ་གྱལ་ཞིག་སྟེ་དེ་ལ་དམིགས་པ། རྣམ་པ། ངོ་བོ། གྲོགས། འཇུག་ལྡོག་བཅས་ཁྱད་པར་ལྔ་ཡི་སྒོ་ནས་བརྗོད་ཡོད་པས་འགྲེལ་བཤད་《གྲུབ་མཐའ་རིན་ཆེན་ཕྲེང་བའི་ཚིག་འགྲེལ་ཐོར་བུ》ཤོག་གྲངས253ཐོག་ཡོད།

མ་བསྒྲིབས་ལུང་མ་བསྟན། ངོ་བོ་ཉོན་མོངས་ཅན་མིན་པས་མ་བསྒྲིབས་པ་དང་། རྣམ་སྨིན་ལ་ལྟོས་ནས་དགེ་མི་དགེ་གང་རུང་དུ་མ་གྲུབ་པའི་ཆ་ནས་ལུང་དོར་བཏང་སྙོམས་སུ་བཞག་པའི་ཆོས་རྣམས་ལ་ཟེར། དཔེར་ན་སྣོད་ཀྱི་འཇིག་རྟེན་དང་རྟག་པའི་ཆོས། སེམས་ཅན་གྱི་དབང་ཤེས་ལ་སོགས་པ་ལྟ་བུའོ། །

སེམས་བྱུང་ཀུན་འགྲོ་ལྔ། སེམས་ཀུན་གྱི་འཁོར་དུ་འགྲོ་བས་ན་ཀུན་འགྲོ་སྟེ། ཚོར་བ། འདུ་ཤེས། སེམས་པ། རེག་པ། ཡིད་ལ་བྱེད་པ་ལྔའོ། །

ཁམས་གོང་མ། གཟུགས་ཁམས་དང་གཟུགས་མེད་ཀྱི་ཁམས་གཉིས་སོ། །ཞིབ་ཕྲ《གྲུབ་མཐའ་རིན་ཆེན་ཕྲེང་བའི་ཚིག་འགྲེལ་ཐོར་བུ》ཤོག་གྲངས254ལ་གཟིགས།

ཉོན་ཡིད། རྣམ་ཤེས་ཚོགས་བརྒྱད་ཀྱི་ཡ་གྱལ་ཞིག་སྟེ་འཕགས་ལམ་མ་ཐོབ་བར་དུ་ཀུན་གཞི་རྣམ་ཤེས་ལ་དམིགས་ནས་རྣམ་པ་ངར་འཛིན་པ་ཞིག ཞིབ་པར《གྲུབ་མཐའ་རིན་ཆེན་ཕྲེང་བའི་ཚིག་འགྲེལ་ཐོར་བུ》ཤོག་གྲངས256ཐོག་ཡོད།

བསྒྲིབས་ལུང་མ་བསྟན། ངོ་བོ་ཉོན་མོངས་པས་སྒྲིབ་ཤིང་རྣམ་སྨིན་དགེ་མི་དགེ་གང་དུའང་ལུང་དུ་མ་བསྟན་པའི་ཆོས་རྣམས་སོ། །མཚན་གཞི་ནི། ཁམས་གོང་མ་གཉིས་ཀྱི་ཉོན་མོངས་པ་ཐམས་ཅད་དོ། །

འཇུག་ཤེས་དྲུག སྒོ་ཁ་ནང་དུ་མི་ཕྱོགས་པར་རང་རང་གི་ཡུལ་ཅེ་བྲག་སོ་སོར་ཐད་ཀར་འཇུག་པའི་ཤེས་པ་སྟེ་རྣམ་ཤེས་ཚོགས་དྲུག་གོ། །

ཚུར་མཐོང་། སོ་སོ་སྐྱེ་བའི་མིང་གི་རྣམ་གྲངས་ཤིག་སྟེ་ཚེ་འདི་ཙམ་གྱི་བདེ་བ་མཐོང་ནས་དོན་དུ་གཉེར་བ་ལས་འཇིག་རྟེན་ཕ་རོལ་དུ་རྟོག་དཔྱོད་གང་ཡང་མི་འཇུག་པའོ། །

ལྷག་པའི་བསླབ་པ་གསུམ། ལྷག་པ་ཞེས་པ་ནི་སྐྱེ་བོ་ཕལ་པ་དང་མུ་སྟེགས་པ་ལས་ཁྱད་པར་དུ་འཕགས་པའམ་ལྷག་པས་ན་ལྷག་པ་ཞེས་བརྗོད། བསླབ་པ་གསུམ་ནི། ལྷག་པ་ཚུལ་ཁྲིམས་ཀྱི་བསླབ་པ། ལྷག་པ་ཏིང་ངེ་འཛིན་གྱི་བསླབ་པ། ལྷག་པ་ཤེས་རབ་ཀྱི་བསླབ་པ་རྣམས་སོ། །ཞིབ་པར《གྲུབ་མཐའ་རིན་ཆེན་ཕྲེང་བའི་ཚིག་འགྲེལ་ཐོར་བུ》ཤོག་གྲངས93ལ་གསལ།

ཚོགས་སྤྱོད། རང་རྒྱལ་ལ་གཉིས་སུ་དབྱེ་བའི་ཡ་གྱལ་ཞིག་སྟེ། ཚོགས་པ་དང་ལྷན་ཅིག་ཏུ་སྒོམ་པ་གཞིར་བྱེད་པས་སོ། །

རིག་པའི་གནས་ལྔ། བཟོ་རིག་པ་དང་། གསོ་བ་རིག་པ། སྒྲ་རིག་པ། གཏན་ཚིགས་རིག་པ། ནང་དོན་རིག་པ་སྟེ་ལྔའོ། །

ཕ་རོལ་ཏུ་ཕྱིན་པ་དྲུག སྦྱིན་པའི་ཕ་རོལ་ཏུ་ཕྱིན་པ་དང་། ཚུལ་ཁྲིམས་ཀྱི་ཕ་རོལ་ཏུ་ཕྱིན་པ། བཟོད་པའི་ཕ་རོལ་ཏུ་ཕྱིན་པ། བརྩོན་འགྲུས་ཀྱི་ཕ་རོལ་ཏུ་ཕྱིན་པ། བསམ་གཏན་གྱི་ཕ་རོལ་ཏུ་ཕྱིན་པ། ཤེས་རབ་ཀྱི་ཕ་རོལ་ཏུ་ཕྱིན་པ་སྟེ་དྲུག་གོ། །

རྩ་ཉོན་དྲུག སེམས་ཉོག་པོར་བྱེད་པའི་རྟེན་གཞིའམ་རྩ་བ་ལྟ་བུར་གྱུར་པས་རྩ་ཉོན་ཏེ། འདོད་ཆགས་ཁོང་ཁྲོ་ང་རྒྱལ་དང་། མ་རིག་ཐེ་ཚོམ་ལྟ་བ་སྟེ། རྩ་བའི་ཉོན་མོངས་རྣམ་པ་དྲུག ཅེས་སོ། །

ཉེ་ཉོན་ཉི་ཤུ། རྩ་ཉོན་གྱི་ཆར་གཏོགས་ཤིང་དེ་དང་ཉེ་བས་ཉེ་ཉོན་ཏེ། ཁྲོ་དང་འཁོན་དུ་འཛིན་པ་དང་། །འཆབ་དང་འཚིག་དང་ཕྲག་དོག་དང་། །སེར་སྣ་དང་ནི་སྒྱུ་བཅས་དང་། །གཡོ་རྒྱགས་རྣམ་འཚེ་ངོ་ཚ་མེད། །ཁྲེལ་མེད་རྨུགས་དང་རྒོད་པ་དང་། མ་དད་པ་དང་ལེ་ལོ་དང་། །བག་མེད་པ་དང་བརྗེད་ངས་དང་། །རྣམ་གཡེང་ཤེས་བཞིན་མ་ཡིན་དང་། །ཞེས་པ་ལྟར་ཉི་ཤུའོ། །

ཆོས་ཀྱི་བདག་འཛིན། ལུགས་འདིར་གཟུགས་དང་གཟུགས་འཛིན་ཚད་མ་རྫས་གཞན་དུ་འཛིན་པ་དང་། གཟུགས་གཟུགས་འཛིན་རྟོག་པའི་ཞེན་གཞིར་རང་གི་མཚན་ཉིད་ཀྱིས་གྲུབ་པར་འཛིན་པ་རྣམས་སོ། །

ཐེག་དམན་སློབ་པ། ཉན་རང་གཉིས་ཀྱི་ཚོགས་ལམ། སྦྱོར་ལམ། མཐོང་ལམ། སྒོམ་ལམ་ལ་གནས་པའི་གང་ཟག་རྣམས་སོ། །

ས་བཅུའི་རྣམ་གཞག བདག་མེད་གཉིས་དང་ཆོས་ཐམས་ཅད་ཀྱི་རང་བཞིན་སྟོང་པ་ཉིད་ཀྱི་ཏིང་ངེ་འཛིན་སྒོམ་པ་ཐེག་ཆེན་གྱི་ས་བཅུ་སྟེ་དང་པོ

རབ་ཏུ་དགའ་བ་དང་། གཉིས་པ་དྲི་མ་མེད་པ། གསུམ་པ་འོད་བྱེད་པ། བཞི་པ་འོད་འཕྲོ་བ། ལྔ་པ་སྦྱང་དཀའ་བ། དྲུག་པ་མངོན་དུ་གྱུར་པ། བདུན་པ་རིང་དུ་སོང་བ། བརྒྱད་པ་མི་གཡོ་བ། དགུ་པ་ལེགས་པའི་བློ་གྲོས། བཅུ་པ་ཆོས་ཀྱི་སྤྲིན་རྣམས་སོ། །ཞེས་པར《གྲུབ་མཐའ་རིན་ཆེན་ཕྲེང་བའི་ཚིག་འགྲེལ་ཐོར་བུ》ཤོག་གྲངས261ཐོག་གསལ།

ཐེག་དམན་རིགས་ངེས། ཐེག་དམན་པ་རྣམས་སྦྱོར་ལམ་བཟོད་ཆེན་དང་ཆོས་མཆོག་གི་གནས་སྐབས་སུ་རང་གི་རིགས་ངེས་པ་ཡིན་ཏེ། དྲོད་རྩེ་མན་ཆད་དུ་ཐེག་ཆེན་ཏུ་ལྡོག་སྲིད་ཅིང་། བཟོད་པ་འབྲིང་མན་ཆད་དུ་རང་རྒྱལ་དུ་ལྡོག་སྲིད་ལ། བཟོད་ཆེན་ཡན་ཐོབ་ནས་ཐེག་པ་གཞན་དུ་མི་ལྡོག་པར་ཉན་ཐོས་པ་རང་སངས་རྒྱས་སུ་རིགས་ངེས་པའི་ཕྱིར་རོ། །

འདོད་པའི་རྟེན་ཅན། འདོད་པའི་ཁམས་ཀྱི་ལྷ་མི་ལ་སོགས་པ་གང་རུང་གི་ལུས་རྟེན་ཅན།

ཐེག་དམན་དགྲ་བཅོམ་པ་ཞི་བ་བགྲོད་གཅིག་བུ་བ། རང་དོན་དུ་ཁྲབ་པ་འདུ་བྱེད་ཀྱི་སྡུག་བསྔལ་ཉེ་བར་ཞི་བའི་ཉེར་ཞི་དེ་ཁོ་ན་ལས་ཐེག་པ་གོང་མའི་ལམ་ལ་ནམ་ཡང་འཇུག་མི་སྲིད་པའི་ཉན་རང་གི་དགྲ་བཅོམ་པའོ། །

བྱང་ཆུབ་ཡོངས་འགྱུར་གྱི་དགྲ་བཅོམ་པ། ཐེག་དམན་གྱི་དགྲ་བཅོམ་པའི་འབྲས་བུ་མངོན་དུ་ཟིན་ཀྱང་། སངས་རྒྱས་ཀྱི་བསྐུལ་བ་སོགས་ལ་བརྟེན་ནས་དེ་ཙམ་གྱིས་འདོད་པ་མ་རྫོགས་པར་སླར་བླ་ན་མེད་པའི་རྫོགས་པའི་བྱང་ཆུབ་ཕྱོགས་སུ་བློ་ཁ་ཡོངས་སུ་འགྱུར་བར་ངེས་པའི་ཉན་རང་གིས་དགྲ་བཅོམ་པའོ། །

རྒྱུན་མཐའི་བར་ཆད་མེད་ལམ། སྲིད་པའི་རྒྱུན་མཐའ་མའི་བར་

ཚད་མེད་ལམ་སྟེ། དེ་ཡི་སྐད་ཅིག་གཉིས་པར་ཐེག་ཆེན་གྱི་འབྲས་བུ་མཐར་ཐུག་ཐོབ་པར་ངེས་ཤིང་དེ་ཐོབ་པ་ལ་བགེགས་སུ་གྱུར་པའི་སྒྲིབ་བྱ་མཐར་ཐུག་འཇོམས་པ་ལ་ཐོགས་པ་མེད་པའི་གཉེན་པོ་བར་ཆད་མེད་ལམ་དེ་ལ་རྒྱུན་མཐའི་བར་ཆད་མེད་ལམ་ཞེས་པའོ། །

རང་དོན་སྤངས་རྟོགས་ཕུན་ཚོགས། བདེ་བར་གཤེགས་པའི་སྤངས་རྟོགས་ཀྱི་ཡོན་ཏན་ཕུན་སུམ་ཚོགས་པ་སྟེ། སྒྲིབ་གཉིས་བག་ཆགས་དང་བཅས་པ་མ་ལུས་པར་བཅོམ་པ་སྤངས་པ་ཕུན་ཚོགས་དང་། ཇི་ལྟ་བ་དང་ཇི་སྙེད་པའི་ཤེས་བྱ་ཐམས་ཅད་ཀྱི་མཚན་ཉིད་ཇི་ལྟ་བ་བཞིན་མངོན་སུམ་དུ་གཟིགས་ཤིང་ཐུགས་སུ་ཆུད་པ་རྟོགས་པ་ཕུན་ཚོགས་གཉིས་སོ། །

གཞན་དོན་འཕྲིན་ལས་ཕུན་ཚོགས། རྫོགས་པའི་སངས་རྒྱས་རྣམས་ཀྱི་སྐུ་གསུང་ཐུགས་ཀྱི་ཚོ་འཕྲུལ་མཐའ་ཡས་པས་གདུལ་བྱ་བསམ་གྱི་མི་ཁྱབ་པའི་དོན་འབད་མེད་ལྷུན་གྱིས་གྲུབ་པ་དང་རྒྱུན་མི་ཆད་པར་གྲུབ་པས་ན་གཞན་དོན་འཕྲིན་ལས་ཕུན་ཚོགས་ཞེས་སོ། །

ངོ་བོ་ཉིད་སྐུ། ཆོས་སྐུ་ལ་གཉིས་སུ་དབྱེ་བའི་ཡ་གྱལ། དག་པ་གཉིས་ལྡན་གྱི་དབྱིངས་མཐར་ཐུག་པའི་སྐུ། ཞིབ་པར《གྲུབ་མཐའ་རིན་ཆེན་ཕྲེང་བའི་ཚིག་འགྲེལ་ཐོར་བུ》ཤོག་གྲངས266ཐོག་གཟིགས།

ཡེ་ཤེས་ཆོས་སྐུ། ཆོས་སྐུ་ལ་གཉིས་སུ་དབྱེ་བའི་ཡ་གྱལ། ཆོས་ཐམས་ཅད་མཁྱེན་པའི་ཡེ་ཤེས་ཀྱི་སྐུ།

རང་བཞིན་རྣམ་དག གཤིས་རྒྱུད་ཀྱི་རང་བཞིན་ལ་དྲི་མས་མ་གོས་པར་རྣམ་པར་དག་པའི་ངོ་བོ་ཉིད་སྐུ།

གློ་བུར་དྲི་བྲལ། གཤིས་རྒྱུད་ལ་གློ་བུར་གྱི་དྲི་མ་ཐམས་ཅད་དང་བྲལ་བའི་ངོ་བོ་ཉིད་སྐུ།

ལོངས་སྐུ། ཅེ་སྐྱའི་ཚིག་འགྲེལ་སྐབས་ཡོད་ལ་ཞིབ་པར《གྲུབ་མཐའ་རིན་ཆེན་ཕྲེང་བའི་ཚིག་འགྲེལ་ཐོར་བུ》ཤོག་གྲངས219ལ་གཟིགས།

སྤྲུལ་སྐུ། སངས་རྒྱས་རྣམས་རང་ཉིད་སངས་རྒྱས་ཟིན་པའི་རྗེས་སུ་སེམས་ཅན་གྱི་དོན་དུ་གང་ལ་གང་འཚམ་པའི་སྤྲུལ་པ་སྣ་ཚོགས་ཀྱིས་འགྲོ་དོན་མཛད་པ་ཞིག

བཟོ་བོའི་སྤྲུལ་སྐུ། སྤྲུལ་སྐུ་རྣམ་གསུམ་གྱི་ནང་གསེས་སངས་རྒྱས་བཅོམ་ལྡན་འདས་ཀྱིས་གདུལ་བྱ་འདུལ་བའི་ཆེད་དུ་བཟོ་བོ་རྣམ་པ་སྣ་ཚོགས་སུ་སྤྲུལ་པ་དཔེར་ན་དྲི་ཟ་རབ་དགའ་འདུལ་བའི་ཕྱིར་དྲི་ཟའི་པི་ཝང་གཏོང་བར་སྤྲུལ་པ་ལྟ་བུའོ། །

སྐྱེ་བ་སྤྲུལ་སྐུ། སངས་རྒྱས་ཀྱིས་སེམས་ཅན་རྣམས་འདུལ་བའི་ཆེད་དུ་བརྒྱ་བྱིན་དང་། རི་དྭགས། བྱ། རྒྱུ། ཟམ་པ་ལ་སོགས་སྐྱེ་གནས་སྣ་ཚོགས་སུ་སྐྱེ་བར་སྟོན་པ།

མཆོག་གི་སྤྲུལ་སྐུ། གདུལ་བྱ་ཐུན་མོང་བའི་སྣང་ངོར་མཛད་པ་བཅུ་གཉིས་ཀྱི་ཚུལ་བསྟན་ཏེ་འགྲོ་བ་གདུལ་བའི་སྐུའི་རྣམ་པར་སྤྲུལ་པའོ། །

མི་གནས་པའི་མྱང་འདས། ཤེས་རབ་ཟབ་པས་སྲིད་པ་འཁོར་བའི་མཐའ་ལ་མི་གནས་པ་དང་། ཐབས་སྙིང་རྗེ་རྒྱ་ཆེ་བས་ཞི་བ་ཉན་རང་གི་མྱང་འདས་ཀྱི་མཐར་མི་གནས་པར་ཡོངས་སུ་མྱ་ངན་ལས་འདས་པ་སྟེ་སངས་རྒྱས་པའོ། །ཞིབ་པར《གྲུབ་མཐའ་རིན་ཆེན་ཕྲེང་བའི་ཚིག་འགྲེལ་ཐོར་བུ》ཤོག་གྲངས266ལ་གཟིགས།

བསམ་གཞིགས་དྲི་བ།

༡. སློབ་དཔོན་ཐོགས་མེད་ཀྱིས་རྗེ་བཙུན་བྱམས་པ་མགོན་པོ་ལོ་ག་ཚོད

ཀྱི་བར་བསྒྲུབས་པ་ཡིན་ནམ། དེའི་ཐོག་ནས་ང་ཚོར་བསླབ་བྱ་ལེན་དགོས་པ་གང་འདུག

༢. སེམས་ཙམ་པའི་སྒྲ་བཤད་དང་མཚན་ཉིད་འཇོག་དགོས།

༣. སེམས་ཙམ་རྣམ་བདེན་པ་དང་རྣམ་རྫུན་པ་གཉིས་ཀྱི་ཁྱད་པར་གང་གིས་འབྱེད་དམ།

༤. རྣམ་རྫུན་དྲི་བཅས་པ་དང་དྲི་མེད་པ་གཉིས་ཀྱི་ཁྱད་པར་གང་གིས་འབྱེད་དམ།

༥. ལུང་གི་རྗེས་འབྲངས་དང་རིག་པའི་རྗེས་འབྲངས་ཀྱི་སེམས་ཙམ་པ་གཉིས་ལུང་དང་རིག་པ་གང་གི་རྗེས་སུ་འབྲངས་པ་ཡིན་ནམ།

༦. སེམས་ཙམ་པའི་ལུགས་ལ་ཤེས་བྱ་ཐམས་ཅད་མཚན་ཉིད་གསུམ་དུ་འདུ་ཚུལ་ཇི་ལྟར་ཡིན་ནམ།

༧. དག་པའི་གཞན་དབང་། མ་དག་པའི་གཞན་དབང་། རྣམ་གྲངས་པའི་ཀུན་བཏགས། མཚན་ཉིད་ཡོངས་སུ་ཆད་པའི་ཀུན་བཏགས་བཅས་ཀྱི་མཚན་གཞི་རེ་འཇོག་དགོས།

༨. ཕྱིན་ཅི་མ་ལོག་པའི་ཡོངས་གྲུབ་ཡོངས་གྲུབ་དངོས་མ་ཡིན་པའི་རྒྱུ་མཚན་གང་ཡིན་ནམ།

༩. ལུགས་འདིར། ཀུན་རྫོབ་བདེན་པ་ཡིན་ན་རང་གི་མཚན་ཉིད་ཀྱིས་གྲུབ་པས་ཁྱབ་བམ་མ་ཁྱབ། མ་ཁྱབ་ན་མཚན་གཞི་བཞག་ནས་རྒྱུ་མཚན་བརྗོད་དགོས།

༡༠. ཡང་ལུགས་འདིར། རྫུན་པ་ཡིན་ན་རྫུན་པར་གྲུབ་པས་ཁྱབ་བམ་མ་ཁྱབ། མ་ཁྱབ་ན་མཚན་གཞི་བཞག་ནས་རྒྱུ་མཚན་བརྗོད་དགོས།

༡༡. ལུགས་འདིར་རྣམ་ཤེས་ཚོགས་བརྒྱད་དུ་འདོད་པ་དེ་གང་དང་

གང་ཡིན་ནམ།

༡༢. ཀུན་གཞི་རྣམ་ཤེས་དེ་དགེ་མི་དགེ་གང་རུང་ཡིན་ནམ། རྒྱུ་མཚན་གང་ཡིན།

༡༣. ལུགས་འདིས་ཆོས་ཀྱི་བདག་མེད་ཀྱི་མཚན་གཞི་གང་འཛོག

༡༤. ཐེག་དམན་རིགས་ངེས་རྣམས་ཀྱི་བསྒོམ་བྱའི་གཙོ་བོར་གང་བྱེད་དམ།

༡༥. ལུང་གི་རྗེས་འབྲངས་དང་རིགས་པའི་རྗེས་འབྲངས་ཀྱི་སེམས་ཙམ་པ་གཉིས་ཀྱིས་སོ་སོར་མཐར་ཐུག་ཐེག་པ་ག་ཚོད་ལ་འདོད་པ་ཡིན་ནམ། དེ་ལྟར་འདོད་པའི་རྒྱུ་མཚན་གང་ཡིན་ནམ།

༡༦. ལུགས་འདིའི་དྲང་ངེས་ཀྱི་མདོའི་ཁྱད་པར་འབྱེད་ཚུལ་ཇི་ལྟར་ཡིན་ནམ།

༡. དབུ་མ་པའི་གྲུབ་མཐའ།

ངོ་བོ་ཉིད་མེད་པར་སྨྲ་བ་དབུ་མ་པའི་གྲུབ་མཐའི་རྣམ་གཞག་བཤད་པ་ལ། སློབ་དཔོན། སྒྲ་བཤད། མཚན་ཉིད། དབྱེ་བ། ཕྱེ་བ་སོ་སོའི་དོན་བཤད་པ་དང་ལྔའོ། །

དང་པོ་གྲུབ་མཐའ་འདིའི་སློབ་དཔོན་ནི། ཤིང་རྟའི་སྲོལ་འབྱེད་རྣམ་པ་གཉིས་ཀྱི་ནང་ཚན་སློབ་དཔོན་ཀླུ་སྒྲུབ་ཞུ་བ་དེ་ཡིན་ཞིང་། དེ་ཡང་འཛམ་གླིང་མཛེས་པར་བྱེད་པའི་རྒྱན་གྱི་གཙོ་བོ། མདོ་རྒྱུད་མང་པོ་ནས་བསྟན་པ་སྐྱོང་བའི་སྐྱེས་ཆེན་དམ་པར་ལུང་གིས་ཟིན་པ་ཞིག་སྟེ། ལང་ཀར་གཤེགས་པའི་མདོ་ལས། ལྷོ་ཕྱོགས་བཻ་དའི་ཡུལ་དུ་ནི། །དགེ་སློང་དཔལ་ལྡན་ཆེར་གྲགས་པ། །དེ་མིང་ཀླུ་ཞེས་འབོད་པ་སྟེ། །ཡོད་དང་མེད་པའི་ཕྱོགས་འཇིག་པ། །ང་ཡི་ཐེག་པ་འཇིག་རྟེན་དུ། །བླ་མེད་ཐེག་ཆེན་རབ་བཤད་ནས། །རབ་ཏུ་དགའ་བའི་ས་བསྒྲུབས་ཏེ། །བདེ་བ་ཅན་དུ་དེ་འགྲོའོ། །ཞེས་གསུངས། སློབ་དཔོན་འདི་ནི་སངས་རྒྱས་མྱ་ངན་ལས་འདས་ནས་ལོ་བཞི་བརྒྱ་སོང་བའི་དུས་སུ་རྒྱ་གར་ལྷོ་ཕྱོགས་བེདརྦྷ་ཡུལ་ན་བྲམ་ཟེ་འབྱོར་ལྡན་ཞིག་གི་ཁྱིམ་དུ་འཁྲུངས། མཚན་མཁན་ལ་བསྟན་པས་རྟགས་དང་མཚན་མ་བཟང་མོད་ཀྱང་ཞག་བདུན་གྱི་ཚེ་ཚད་ལས་མེད་ཟེར། འོན་ཀྱང་བྲམ་ཟེ་དང་དགེ་སློང་ལ་བསྙེན་བཀུར་བྱས་ན་ལོ་བདུན་ཐུབ་པར་བཤད་པས་ལོ་བདུན་ལོན་པ་ན་ཡབ་ཡུམ་གཉིས་ཀྱིས་བུ་ཤི་བར་བལྟ་མི་བཟོད་པར་གཡོག་དང་བཅས་ཏེ་ཡུལ་གཞན་དུ་འཁྲིམ་དུ་བཏང་། རིམ་གྱིས་རྒྱ་གར་ཡུལ་དབུས་ཀྱི་དགོན་པ་ཆེ་ཤོས་ནཱ་ལེནྡྲར་ཐེབས་ཏེ་སློབ་དཔོན་བྲམ་ཟེ་ས་ར་ཧ་དང་མཇལ་ནས་ཚེ་དབང་ཞུས་པས་སྐུ་ཚེ་བསྲིངས་ཏེ་མི་ཡུལ་དུ་ལོ་དྲུག་བརྒྱ་

བཞུགས་པར་གྲགས། དགོན་པའི་མཁན་པོ་སྒྲ་གཅན་ལས་བསྙེན་པར་རྫོགས། མཚན་དགེ་སློང་དཔལ་ལྡན་ཞེས་གསོལ། མདོ་སྔགས་ཀྱི་ཆོས་མང་པོ་གསན་ནས་ཐུགས་སུ་ཆུད། དགུང་ལོ་བརྒྱ་མ་ལོན་ཙམ་ན་སློབ་དཔོན་གྱིས་སྐྱེ་བོ་མང་པོ་ལ་སྡེ་སྣོད་གསུམ་གྱི་ཆོས་འཆད་པ་ན། ཕྱིས་པ་གཉིས་ཆོས་ཉན་དུ་འོང་བས་དྲི་ཞིམ་པོས་ཁོར་ཡུག་ཀུན་ཏུ་ཁྱབ་ཅིང་། ཕྱིར་སོང་པའི་ཚེ་དྲི་ཞིམ་པོ་དེ་མེད་པར་གྱུར། དེའི་རྒྱུ་མཚན་དྲིས་པ་ན། བདག་ཅག་ནི་ཀླུའི་རྒྱལ་པོ་འཇོག་པོའི་བུ་ཡིན། མི་ཡུལ་དུ་འོང་བ་ན་ཙན་དན་གོ་ཤིར་ཥའི་བསྐུངས་བ་བྱུས་པ་ཡིན་ཟེར། ཙན་དན་དེ་སླངས་དུ་ཡོད་དམ་དྲིས་པས། ཁོང་གཉིས་ཀྱིས་ཡབ་ལ་དྲི་འོ་ཟེར། དེས་ཕ་ལ་དྲིས་པས། ཀླུ་རྒྱལ་གྱིས་སློབ་དཔོན་ཀླུའི་ཡུལ་དུ་ཕྱོན་ན་ཕུལ་ཟེར་བར། དགོས་པ་མང་པོའི་ཆེད་སློབ་དཔོན་ཀླུའི་ཡུལ་དུ་ཕྱོན། ཀླུ་མང་པོ་ལ་ཆོས་བསྟན་ནས་ཀླུ་རྣམས་ཤིན་ཏུ་མགུ་བར་གྱུར་ཏེ་ཀླུའི་ཡུལ་དུ་བཞུགས་པར་ཞུས་ཀྱང་མ་བཞུགས་པར་ཤེར་ཕྱིན་འབུམ་དང་ཀླུའི་འདམ་མང་པོ་བསྣམས་ནས་མི་ཡུལ་དུ་ཕྱོན་ཏེ་མཆོད་རྟེན་བྱེ་བ་ཙམ་བཞེངས་པས་མཚན་ཡང་ཀླུ་སྒྲུབ་ཅེས་ཆགས། སྐུ་ཚེའི་སྨད་དུ་རྒྱ་གར་ལྷོ་ཕྱོགས་དཔལ་གྱི་རི་བོར་གཙོ་བཞུགས་གནང་སྟེ་མདོ་བསྔགས་ཀྱི་ཆོས་འཁོར་རྒྱ་ཆེར་བསྐོར། ལྷག་པར་ཐེག་པ་ཆེན་པོའི་ཆོས《རྩ་བ་ཤེས་རབ》མཛད་ནས་དབུ་མའི་ལྟ་བ་སྲོལ་འབྱེད་གནང་སྟེ་གདུལ་བྱ་གྲངས་ལས་འདས་པ་ཐེག་པ་ཆེན་པོའི་ལམ་དུ་འཁྲིད་པར་མཛད། དབུ་མའི་གཞུང་འདིའི་སྲོལ་འཛིན་གྱི་སློབ་དཔོན་གྱི་ནང་ནས་ཆེས་ཁྱད་དུ་འཕགས་པ་ནི་སློབ་དཔོན་ཨརྱ་དེ་བ་ཡིན་ཞིང་། སློབ་དཔོན་ཀླུ་སྒྲུབ་དང་ཨརྱ་དེ་བ་རྣམ་གཉིས་ནི་ཐལ་རང་གཉིས་ཀས་ཁས་ལེན་ལ། ཡབ་སྲས་འདི་གཉིས་ཀྱི་དགོངས་པ་མཐར་ཐུག་ཐལ་འགྱུར་བའི་ལུགས་སུ་གནས་ཀྱང་གཞུང་གི་བསྟན་ཚོད་ལ་ཐལ་འགྱུར་བའི་ཐུན་མོང་མ་ཡིན་པའི་རྣམ་གཞག

གསལ་བར་མ་ཕྱེ་བས་ཐལ་རང་གི་ཕྱོགས་གཉིས་ཀའི་སྤྱི་ལ་ཞུགས་པས་ཁོང་རྣམ་གཉིས་ལ་གཞུང་ཕྱི་མོའི་དབུ་མ་པར་གྲགས། འཕགས་པ་ཡབ་སྲས་ཀྱི་དངོས་སློབ་སློབ་དཔོན་སངས་རྒྱས་བསྐྱངས་ནི་སློབ་དཔོན་ཐོགས་མེད་ཀྱི་རྗེས་ཙམ་ལ་བྱོན་ནས་ཀླུ་སྒྲུབ་ཡབ་སྲས་ཀྱི་དགོངས་པ་དབུ་མ་ཐལ་འགྱུར་དུ་བཀྲལ་བའི་བསྟན་བཅོས་དབུ་མ་རྩ་ཤེས་ཀྱི་འགྲེལ་པ《བུདྡྷ་པཱ་ལི་ཏ》མཛད་ནས་རྩ་ཤེས་ལས་གསུངས་པའི་རིག་པ་རྣམས་དབུ་མ་ཐལ་འགྱུར་བའི་ལུགས་སུ་བཀྲལ། དེའི་རྗེས་སློབ་དཔོན་ལེགས་ལྡན་འབྱེད་བྱོན་ནས་འཕགས་པ་ཡབ་སྲས་ཀྱི་དགོངས་པ་དབུ་མ་རང་རྒྱུད་དུ་བཀྲལ་བའི་རང་གཞུང《དབུ་མ་སྙིང་པོ》དང་དེའི་འགྲེལ་པ《རྟོག་གེ་འབར་བ》དབུ་མ་རྩ་བ་ཤེས་རབ་ཀྱི་དགོངས་པ་འགྲེལ་བའི་བསྟན་བཅོས《ཤེས་རབ་སྒྲོན་མེ》སོགས་མཛད་དེ། སློབ་དཔོན་སངས་རྒྱས་བསྐྱངས་ཀྱི་འགྲེལ་པ་ལ་སྐྱོན་མང་དུ་བརྗོད་ཅིང་། རང་རྒྱུད་ཀྱི་གཏན་ཚིགས་འགོད་དགོས་པའི་རྒྱུ་མཚན་མང་དུ་གསུངས་ནས་དབུ་མ་རང་རྒྱུད་པའི་ཤིང་རྟའི་སྲོལ་འབྱེད་པར་མཛད། དེའི་རྗེས་སུ་སློབ་དཔོན་ཟླ་བ་གྲགས་པས་སློབ་དཔོན་ལེགས་ལྡན་འབྱེད་ཀྱིས་སངས་རྒྱས་བསྐྱངས་ལ་སྐྱོན་བརྗོད་པ་རྣམས་ལེགས་པར་སུངས་ཤིང་། འཕགས་པ་ཡབ་སྲས་ཀྱི་དགོངས་པ་སངས་རྒྱས་བསྐྱངས་ཀྱིས་བཀྲལ་བ་ལྟར་གནས་ཤིང་། རང་རྒྱུད་དུ་མི་གནས་པ་དང་། དབུ་མ་ཡིན་ན་རང་རྒྱུད་བྱ་མི་རིགས་པའི་སྒྲུབ་བྱེད་དང་། རང་མཚན་དང་རང་རྒྱུད་ཀྱི་སྦྱོར་བ་ཁས་ལེན་པ་ལ་གནོད་བྱེད་མང་དུ་བསྟན་ནས་འཕགས་པ་ཡབ་སྲས་ཀྱི་དགོངས་པ་མཐར་ཐུག་དབུ་མ་ཐལ་འགྱུར་དུ་བཀྲལ་བའི་གཞུང《དབུ་མ་རྩ་བ་ཤེས་རབ》ཀྱི《འགྲེལ་པ་ཚིག་གསལ》དང་། དབུ་མའི་བསྟན་བཅོས་ཆེན་པོ《དབུ་མ་འཇུག་པ》དང་དེའི་རང་འགྲེལ། 《བཞི་བརྒྱའི་འགྲེལ་པ》སོགས་མཛད་དེ་སངས་རྒྱས་བསྐྱངས་ཀྱི་རྒྱུད་པ་བཟུང་ནས་དབུ་མ

ཐལ་འགྱུར་བའི་ཤིང་རྟའི་སྲོལ་གཏོད། མགོན་པོ་ཞི་བ་ལྷ་ཡང་དེ་དང་མཐུན་པར་བགྲལ། དེའི་རྗེས་སུ་སློབ་དཔོན་ཞི་བ་འཚོས《དབུ་མ་རྒྱན་》མཛད་ནས་རྣལ་འབྱོར་སྤྱོད་པའི་དབུ་མ་རང་རྒྱུད་པའི་ཤིང་རྟའི་སྲོལ་འབྱེད། སློབ་དཔོན་ཀ་མ་ལ་ཤཱི་ལ་དང་། སེང་གེ་བཟང་པོ་ཡང་དེའི་རྗེས་འབྲངས་སོ། །

གཉིས་པ་སྒྲ་བཤད་ནི། ཅིའི་ཕྱིར་དབུ་མ་པ་ཞེས་བྱ་ཞེ་ན། རྟག་ཆད་ཀྱི་མཐའ་གཉིས་དང་བྲལ་བའི་དབུས་ཁས་ལེན་པས་ན་དབུ་མ་པ་ཞེས་བརྗོད། མིང་གི་རྣམ་གྲངས་ལ་ངོ་བོ་ཉིད་མེད་པར་སྨྲ་བ་ཞེས་ཀྱང་ཟེར་ཏེ། ཆོས་རྣམས་ལ་བདེན་གྲུབ་ཀྱི་ངོ་བོ་ཉིད་མེད་པར་སྨྲ་བས་ན་དེ་ལྟར་བརྗོད།

གསུམ་པ་མཚན་ཉིད་ནི། བདེན་གྲུབ་ཀྱི་ཆོས་རྡུལ་ཙམ་ཡང་མེད་པར་ཁས་ལེན་པའི་ནང་པའི་གྲུབ་མཐའ་སྨྲ་བའི་གང་ཟག་དེ། དབུ་མ་པའི་མཚན་ཉིད།

བཞི་པ་དབྱེ་བ་ནི། དེ་ལ་དབྱེ་ན། དབུ་མ་རང་རྒྱུད་པ་དང་། ཐལ་འགྱུར་པ་གཉིས།

ལྔ་པ་ཕྱེ་བ་སོ་སོའི་དོན་བཤད་པ་ལ། རང་རྒྱུད་པ་དང་ཐལ་འགྱུར་བའི་ལུགས་བཤད་པ་གཉིས།

དང་པོ་ལ་སློབ་དཔོན། སྒྲ་བཤད། མཚན་ཉིད། དབྱེ་བ། གྲུབ་མཐའི་འདོད་ཚུལ་དང་ལྔའོ། །

དང་པོ་སློབ་དཔོན་ནི། སློབ་དཔོན་ལེགས་ལྡན་འབྱེད་ཡིན། སློབ་དཔོན་འདིས་དབུ་མ་རང་རྒྱུད་པ་དང་མདོ་སྡེ་སྤྱོད་པའི་དབུ་མ་རང་རྒྱུད་པ་གཉིས་སྲོལ་གཅིག་ཙར་ཕྱེ་བ་ཡིན།

གཉིས་པ་སྒྲ་བཤད་ནི། ཅིའི་ཕྱིར་དབུ་མ་རང་རྒྱུད་པ་ཞེས་བྱ་ཞེ་ན། ཚུལ་གསུམ་རང་ངོས་ནས་གྲུབ་པའི་རྟགས་ཡང་དག་ལ་བརྟེན་ནས་བདེན

དངོས་འགོག་པར་བྱེད་པས་ན་དེ་ལྟར་བརྗོད་པའི་ཕྱིར།

གསུམ་པ་མཚན་ཉིད་ནི། རང་གི་མཚན་ཉིད་ཀྱིས་གྲུབ་པ་ཐ་སྙད་དུ་ཁས་ལེན་པའི་ངོ་བོ་ཉིད་མེད་པར་སྨྲ་བ་དེ་རང་རྒྱུད་པའི་མཚན་ཉིད། དེ་ཡང་རང་རྒྱུད་པས་རང་གི་མཚན་ཉིད་ཀྱིས་གྲུབ་པ་དང་། རང་བཞིན་གྱིས་གྲུབ་པ། རང་ངོས་ནས་གྲུབ་པ་གསུམ་ནི་ཐ་སྙད་དུ་གྲུབ་པར་བཞེད་དེ་དེ་མ་གྲུབ་ན་ཆད་ལྟར་འགྲོ་བར་འདོད་དོ། །འོན་ཀྱང་བདེན་པ་གྲུབ་པ་དང་། དོན་དམ་པར་གྲུབ་པ་དང་། དེ་ཁོ་ན་ཉིད་དུ་གྲུབ་པ། ཡང་དག་པར་གྲུབ་པ་བཞི་ནི་ཐ་སྙད་དུའང་མི་བཞེད་དོ། །

བཞི་པ་དབྱེ་བ་ནི། དེ་ལ་དབྱེ་ན། རྣལ་འབྱོར་སྤྱོད་པའི་དབུ་མ་རང་རྒྱུད་པ་དང་། མདོ་སྡེ་སྤྱོད་པའི་དབུ་མ་རང་རྒྱུད་པ་གཉིས། ཕྱི་དོན་ཁས་མི་ལེན་ཞིང་། རང་རིག་ཁས་ལེན་པའི་དབུ་མ་པ་དེ། དང་པོའི་མཚན་ཉིད། མཚན་གཞི་ནི་སློབ་དཔོན་ཞི་བ་འཚོ་ལྟ་བུ། རང་རིག་ཁས་མི་ལེན་ཞིང་ཕྱི་དོན་རང་གི་མཚན་ཉིད་ཀྱིས་གྲུབ་པ་ཁས་ལེན་པའི་དབུ་མ་དེ། གཉིས་པའི་མཚན་ཉིད། མཚན་གཞི་ནི། སློབ་དཔོན་ལེགས་ལྡན་འབྱེད་ལྟ་བུ། སྒྲ་བཤད་ཀྱང་ཡོད་དེ། གཞིའི་རྣམ་གཞག་སེམས་ཙམ་པ་དང་མཐུན་པར་ཁས་ལེན་པས་ན་རྣལ་འབྱོར་སྤྱོད་པའི་དབུ་མ་པ་དང་། མདོ་སྡེ་པ་ལྟར་རྡུལ་ཕྲ་རབ་བསགས་པའི་ཕྱི་རོལ་དོན་ཁས་ལེན་པས་ན་མདོ་སྡེ་སྤྱོད་པའི་དབུ་མ་པ་ཞེས་བརྗོད་དོ། རྣལ་འབྱོར་སྤྱོད་པའི་དབུ་མ་རང་རྒྱུད་པ་ལ་ཡང་རྣམ་བདེན་པ་དང་མཐུན་པའི་དབུ་མ་པ་དང་། རྣམ་རྫུན་པ་དང་མཐུན་པའི་དབུ་མ་གཉིས་ཡོད།

ལྔ་པ་གྲུབ་མཐའི་འདོད་ཚུལ་ལ། རྣལ་འབྱོར་སྤྱོད་པའི་དབུ་མ་རང་རྒྱུད་པའི་ལུགས་བཤད་པ་དང་། མདོ་སྡེ་སྤྱོད་པའི་དབུ་མ་རང་རྒྱུད་པའི་ལུགས་བཤད་པ་གཉིས། དང་པོ་ལ་གཞི་ལམ་འབྲས་གསུམ་ལས། དང་པོ

གཞིའི་རྣམ་གཞག་ལ་ཡུལ་དང་ཡུལ་ཅན་གཉིས་ལས། དང་པོ་ནི། གཞི་གྲུབ་
ན་རང་གི་མཚན་ཉིད་ཀྱིས་གྲུབ་པས་ཁྱབ་པར་བཞེད་དེ། ཆོས་གང་ཡིན་ཀྱང་
བཏགས་དོན་བཙལ་ན་རྙེད་པར་འདོད་པའི་ཕྱིར། དེས་ན་ཆོས་ཐམས་ཅད་
ཐ་སྙད་ཙམ་དུ་རང་གི་མཚན་ཉིད་ཀྱིས་གྲུབ་པ་དང་རང་བཞིན་གྱིས་གྲུབ་པ་
དང་། རང་གི་སྡོད་ལུགས་ངོས་ནས་གྲུབ་པར་འདོད་ཀྱང་། དོན་དམ་པར་
གྲུབ་པ་དང་། བདེན་པར་གྲུབ་པ་དང་། ཡང་དག་པར་གྲུབ་པ་དང་། དེ་ཁོ་
ན་ཉིད་དུ་གྲུབ་པ་སོགས་ཐ་སྙད་ཙམ་དུ་གྲུབ་པར་མི་བཞེད་དོ། །ཤེས་བྱ་ལ་
དབྱེ་ན། དོན་དམ་བདེན་པ་དང་། ཀུན་རྫོབ་བདེན་པ་གཉིས་ལས། རང་
མངོན་སུམ་དུ་རྟོགས་པའི་མངོན་སུམ་ཚད་མས་རང་ཉིད་གཉིས་སྣང་ནུབ་པའི་
ཚུལ་གྱིས་རྟོགས་པར་བྱ་བ་དེ་དོན་དམ་བདེན་པའི་མཚན་ཉིད། མཚན་གཞི་
ནི། བུམ་པ་བདེན་སྟོང་ལྟ་བུའོ། །རང་མངོན་སུམ་དུ་རྟོགས་པའི་མངོན་
སུམ་ཚད་མས་རང་ཉིད་གཉིས་སྣང་དང་བཅས་པའི་ཚུལ་གྱིས་རྟོགས་པར་བྱ་བ་
དེ་ཀུན་རྫོབ་བདེན་པའི་མཚན་ཉིད། མཚན་གཞི་ནི་བུམ་པ་ལྟ་བུའོ། །དོན་
དམ་བདེན་པ་ལ་རྒྱས་པར་ཕྱེ་ན། སྟོང་ཉིད་བཅུ་དྲུག་དང་། བསྡུ་ན་སྟོང་
ཉིད་བཞི་ཡོད། ཀུན་རྫོབ་བདེན་པ་ལ་དབྱེ་ན། ཡང་དག་ཀུན་རྫོབ་དང་ལོག་
པའི་ཀུན་རྫོབ་གཉིས་ལས། ཐ་སྙད་པའི་ཚད་མས་རྙེད་པའི་དོན་གང་ཞིག
རང་སྣང་བའི་བློ་ལ་སྣང་བ་ལྟར་དོན་བྱེད་ནུས་པའི་ཆོས་དེ་ཡང་དག་ཀུན་རྫོབ་
བདེན་པའི་མཚན་ཉིད། མཚན་གཞི་ནི། ཆུ་དང་རྟ་ལ་སོགས་པ་ལྟ་བུའོ། །
ཐ་སྙད་པའི་ཚད་མས་རྙེད་པའི་དོན་གང་ཞིག་རང་སྣང་བའི་བློ་ལ་སྣང་བ་ལྟར་
དོན་བྱེད་མི་ནུས་པའི་ཆོས་དེ་ལོག་པའི་ཀུན་རྫོབ་བདེན་པའི་མཚན་ཉིད།
མཚན་གཞི་ནི། མིག་རྒྱུའི་ཆུ་དང་། སྒྱུ་མའི་རྟ་ལ་སོགས་པ་ལྟ་བུའོ། །ཇི་
སྐད་དུ། སྣང་དུ་འདྲ་ཡང་དོན་བྱེད་དག །ནུས་པའི་ཕྱིར་དང་མི་ནུས་

ཕྱིར། །ཡང་དག་ཡང་དག་མ་ཡིན་པའི། །ཀུན་རྫོབ་ཀྱི་ནི་དབྱེ་བ་བྱས། །ཞེས་པ་ལྟར་རོ། །ལུགས་འདིས་ཤེས་པ་ཡིན་ན་ཡང་དག་ཀུན་རྫོབ་ཡིན་པས་ཁྱབ་པར་འདོད་དོ། །གཉིས་པ་ཡུལ་ཅན་གྱི་འདོད་ཚུལ་ལ། གང་ཟག་ཤེས་པ། རྫོད་བྱེད་ཀྱི་སྒྲ་གསུམ་འཇོག་ལ། ཡིད་ཀྱི་རྣམ་པར་ཤེས་པ་གང་ཟག་གི་མཚན་གཞི་དང་། ཀུན་གཞི་དང་ཉོན་ཡིད་ཁས་མི་ལེན་ཞིང་། རྣམ་ཤེས་ཚོགས་དྲུག་ཏུ་འདོད་པ་རང་རྒྱུད་པ་གཉིས་ཀ་མཐུན་ནོ། །བློ་ལ་ཚད་མ་དང་། ཚད་མིན་གྱི་བློ་གཉིས། ཚད་མ་ལ་མངོན་སུམ་ཚད་མ་དང་རྗེས་དཔག་ཚད་མ་གཉིས། མངོན་སུམ་ཚད་མ་ལ་དབང་པོའི་མངོན་སུམ། ཡིད་ཀྱི་མངོན་སུམ། རང་རིག་མངོན་སུམ། རྣལ་འབྱོར་མངོན་སུམ་བཞིར་ཡོད། མངོན་སུམ་ཕྱི་མ་གཉིས་ལ་མ་འཁྲུལ་བའི་ཤེས་པས་ཁྱབ་པར་ཁས་ལེན་ནོ། །ཕྱི་རོལ་དོན་དུ་གྲུབ་པ་ཁས་མི་ལེན་པས་སྔོན་པོ་དང་སྔོན་འཛིན་མངོན་སུམ་གཉིས་རྫས་གཅིག་ཏུ་འདོད་དོ། །

གཉིས་པ་ལམ་གྱི་རྣམ་གཞག་ལ་གསུམ་ལས། ལམ་གྱི་དམིགས་པ། ལམ་གྱི་སྤང་བྱ། ལམ་གྱི་རང་བཞིན་གསུམ་ལས། དང་པོ་ནི། བདེན་བཞི་ཁྱད་ཆོས་མི་རྟག་སོགས་བཅུ་དྲུག་དང་། གང་ཟག་རྟག་གཅིག་རང་དབང་ཅན་གྱིས་སྟོང་པ་གང་ཟག་གི་བདག་མེད་རགས་པ་དང་། གང་ཟག་རང་རྐྱ་ཐུབ་པའི་རྫས་ཡོད་ཀྱིས་སྟོང་པ་གང་ཟག་གི་བདག་མེད་ཕྲ་མོར་བཞེད། གཟུགས་དང་གཟུགས་འཛིན་ཚད་མ་རྫས་གཞན་གྱིས་སྟོང་པ་ཆོས་ཀྱི་བདག་མེད་རགས་པ་དང་། ཆོས་ཐམས་ཅད་བདེན་གྲུབ་ཀྱིས་སྟོང་པ་ཆོས་ཀྱི་བདག་མེད་ཕྲ་མོར་བཞེད་དོ། །བདག་མེད་ཕྲ་མོ་གཉིས་དགག་བྱའི་སྒོ་ནས་འབྱེད་པ་ཡིན་གྱི་སྟོང་གཞིའི་སྒོ་ནས་འབྱེད་པ་མ་ཡིན་ཏེ། གཞི་གང་ཟག་གི་སྟེང་དུ་དགག་བྱ་བདེན་གྲུབ་བཀག་པ་དེ་ཆོས་ཀྱི་བདག་མེད་ཕྲ་མོ་དང་གཞི་གང་ཟག

གི་སྙིང་དུ་རང་རྐྱ་ཐུབ་པའི་རྫས་ཡོད་དུ་གྲུབ་པ་བཀག་པ་དེ་གང་ཟག་གི་བདག་མེད་ཕྲ་མོ་ཡིན་པའི་ཕྱིར། གཉིས་པ་ལམ་གྱི་སྤང་བྱ་ནི། གང་ཟག་གི་བདག་འཛིན་ཉོན་སྒྲིབ་དང་། ཆོས་ཀྱི་བདག་འཛིན་ཤེས་སྒྲིབ་ཏུ་འདོད་ཅིང་། ཤེས་སྒྲིབ་ལ་ཡང་གཟུང་འཛིན་རྫས་གཞན་དུ་འཛིན་པ་ལྟ་བུ་ཤེས་སྒྲིབ་རགས་པ་དང་། ཕུང་སོགས་ཀྱི་ཆོས་བདེན་གྲུབ་ཏུ་འཛིན་པ་ལྟ་བུ་ཤེས་སྒྲིབ་ཕྲ་མོར་འདོད། བདག་འཛིན་གཉིས་འཛིན་སྟངས་ཀྱི་སྒོ་ནས་འབྱེད་པ་ཡིན་གྱི་དམིགས་པའི་སྒོ་ནས་འབྱེད་པ་མ་ཡིན་ཏེ། གཞི་གང་ཟག་ལ་དམིགས་ནས་བདེན་གྲུབ་ཏུ་འཛིན་པ་དེ་ཆོས་ཀྱི་བདག་འཛིན་དང་། གཞི་གང་ཟག་ལ་དམིགས་ནས་རང་རྐྱ་ཐུབ་པའི་རྫས་ཡོད་དུ་གྲུབ་པར་འཛིན་པ་དེ་གང་ཟག་གི་བདག་འཛིན་ཡིན་པའི་ཕྱིར། གསུམ་པ་ལམ་གྱི་རང་བཞིན་ནི། ལམ་ལྔ་གསུམ་བཅོ་ལྔ་དང་ཐེག་ཆེན་ལ་ས་བཅུའི་རྣམ་གཞག་ཁས་ལེན་པ་འདྲ་ལ། ཁྱད་པར་ནི། རྣལ་འབྱོར་སྤྱོད་པའི་དབུ་མ་རང་རྒྱུད་པས་རང་རྒྱལ་གྱི་བར་ཆད་མེད་ལམ་དང་། རྣམ་གྲོལ་ལམ་གཉིས་ལ་གཉིས་སྟོང་གི་རྣམ་པ་ཅན་དགོས་པར་འདོད་པ་དང་། མདོ་སྡེ་སྤྱོད་པའི་དབུ་མ་རང་རྒྱུད་པས་དེ་ལྟར་མི་འདོད་དོ། །

གསུམ་པ་འབྲས་བུའི་རྣམ་གཞག་ལ། ཉན་ཐོས་རིགས་ངེས་རྣམས་ཀྱིས་གང་ཟག་གི་བདག་མེད་རྟོགས་པའི་ལྟ་བ་བསྒོམ་བྱའི་གཙོ་བོར་བྱས་ཏེ། མཐར་སྒོམ་ལམ་རྡོ་རྗེ་ལྟ་བུའི་ཏིང་ངེ་འཛིན་ལ་བརྟེན་ནས་ཉོན་སྒྲིབ་མ་ལུས་པར་སྤངས་པ་དང་དུས་མཉམ་དུ་དགྲ་བཅོམ་པའི་འབྲས་བུ་མངོན་དུ་བྱེད་དོ། །རང་རྒྱལ་རིགས་ངེས་རྣམས་ཀྱིས་གཟུང་འཛིན་གཉིས་སྟོང་གི་ལྟ་བ་བསྒོམ་བྱའི་གཙོ་བོ་བྱས་ཏེ། མཐར་བསྒོམ་ལམ་རྡོ་རྗེ་ལྟ་བུའི་ཏིང་ངེ་འཛིན་ལ་བརྟེན་ནས་ཉོན་སྒྲིབ་དང་། ཤེས་སྒྲིབ་རགས་པ་མ་ལུས་པར་སྤངས་པ་དང་།

དུས་མཉམ་དུ་རང་རྒྱལ་དགྲ་བཅོམ་པའི་འབྲས་བུ་མངོན་དུ་བྱེད་དོ། །ཉན་རང་གཉིས་ལ་སྤྱངས་བྱའི་སྒྲིབ་པ་དང་རྟོགས་བྱའི་བདག་མེད་ལ་ཁྱད་པར་འབྱེད་པ་འདི་ནི་རྣལ་འབྱོར་སྤྱོད་པའི་དབུ་མ་རང་རྒྱུད་པའི་ལུགས་ཁོ་ན་ཡིན་གྱི་གཞན་སུས་ཀྱང་དེ་ལྟར་མི་བཞེད་དོ། དེས་ན་རང་རྒྱལ་ནི་ཤེས་སྒྲིབ་རགས་པ་སྤྱངས་བྱའི་གཙོ་བོར་བྱེད་པའི་ཕྱིར། ཞུགས་གནས་བརྒྱད་ཀྱི་རྣམ་གཞག་མི་བརྩི་ཡང་། ཉན་ཐོས་ལ་གང་ཟག་ཡ་བརྒྱད་ཡོད་པར་བཞེད་དོ། །ཐེག་དམན་གྱི་མྱང་འདས་ལ་ལྷག་བཅས་མྱང་འདས་དང་། ལྷག་མེད་མྱང་འདས་གཉིས་ལས། དང་པོ་ནི། སྐུ་ཚེའི་འདུ་བྱེད་མ་བཏང་བར་ཕུང་པོའི་ལྷག་མ་དང་བཅས་པའི་མྱང་འདས་དང་། གཉིས་པ་ནི། སྐུ་ཚེའི་འདུ་བྱེད་བཏང་ནས་ཕུང་པོའི་ལྷག་མ་མེད་པར་མྱ་ངན་ལས་འདས་པ་ཞིག་གོ །ཉན་རང་དགྲ་བཅོམ་གང་རུང་ཡིན་ན་ཐེག་ཆེན་ལམ་དུ་འཇུག་པས་ཁྱབ་སྟེ། མཐར་ཐུག་ཐེག་པ་གཅིག་ཏུ་གྲུབ་པར་འདོད་པའི་ཕྱིར། དེས་ན་ལུགས་འདི་ལ་ཉན་རང་གཉིས་སྤང་བྱ་དང་། རྟོགས་རིགས་མི་འདྲ་བའི་དབང་གིས་འཐོབ་བྱའི་འབྲས་བུ་ལའང་མཆོག་དམན་ཡོད་དོ། །ཐེག་ཆེན་རིགས་ངེས་རྣམས་ཀྱིས་བྱང་ཆུབ་མཆོག་ཏུ་སེམས་བསྐྱེད་དེ། ཚོགས་ལམ་ཆེན་པོའི་གནས་སྐབས་སུ་ཆོས་རྒྱུན་གྱི་ཏིང་ངེ་འཛིན་ལ་བརྟེན་ནས་མཆོག་གི་སྤྲུལ་སྐུ་ལས་གདམས་ངག་དངོས་སུ་ཉན་ཏེ། དེའི་དོན་དངོས་ཉམས་སུ་བླངས་པ་ལ་བརྟེན་ནས་སྟོང་པ་ཉིད་ལ་དམིགས་པའི་སྒོམ་བྱུང་གི་ཤེས་རབ་ཐོག་མར་སྐྱེས་པའི་ཚེ་སྦྱོར་ལམ་དུ་འཕོས་པ་ཡིན། དྲོད་ཀྱི་གནས་སྐབས་སུ་མཐོང་སྤང་ཀུན་ནས་ཉོན་མོངས་གཟུང་རྟོག་མངོན་གྱུར་པ་ཉམས་སྨད་པར་བྱེད་ཅིང་། རྩེ་མོ་ཐོབ་པའི་ཚེ་མཐོང་སྤངས་རྣམ་བྱང་གཟུང་རྟོག་མངོན་གྱུར་པ་ཉམས་སྨད་པར་བྱེད། བཟོད་པ་ཐོབ་པའི་ཚེ་མཐོང་སྤང་རྫས་འཛིན་རྟོག་པ་མངོན་གྱུར་པ་ཉམས་སྨད་

པར་བྱེད། ཆོས་མཆོག་ཐོབ་པའི་ཚེ་མཐོང་སྤང་བཏགས་འཛིན་རྟོགས་པ་མངོན་གྱུར་པ་ཉམས་སྨོད་པར་བྱེད་དོ། །སྦྱོར་ལམ་དྲོད་ལ་སྣང་བ་ཐོབ་པའི་ཏིང་ངེ་འཛིན་དང་། རྩེ་མོར་སྣང་བ་མཆེད་པའི་ཏིང་ངེ་འཛིན། བཟོད་པར་དེ་ཁོ་ན་ཉིད་ཀྱི་ཕྱོགས་གཅིག་ལ་ཞུགས་པའི་ཏིང་ངེ་འཛིན། ཆོས་མཆོག་ལ་བར་ཆད་མེད་པའི་ཏིང་ངེ་འཛིན་བཅས་ཟེར་ཞིང་། དེ་ཡང་ཐེག་ཆེན་རིགས་ངེས་ཀྱི་བྱང་སེམས་ཚོགས་ལམ་པ་དེས་སྟོང་ཉིད་ལ་དམིགས་པའི་སྒོམ་བྱུང་གི་ཤེས་རབ་སྐྱེས་པས་ན་སྣང་བ་ཐོབ་པའི་ཏིང་ངེ་འཛིན་ཞེས་བྱ་ལ། ཤེས་རབ་ལ་གསལ་སྣང་གོང་དུ་མཆེད་ཅིང་འཕེལ་བས་ན་སྣང་བ་མཆེད་པའི་ཏིང་ངེ་འཛིན་ཞེས་བྱའོ། །སྟོང་ཉིད་དོན་སྤྱིའི་ཚུལ་གྱིས་ལེགས་པར་ཁོང་དུ་ཆུད་པའི་རྗེས་སུ་ཞུགས་པའི་ཏིང་ངེ་འཛིན་ཡིན་པས་ན་དེ་ཁོ་ན་ཉིད་ཀྱི་ཕྱོགས་གཅིག་ལ་ཞུགས་པའི་ཏིང་ངེ་འཛིན་ཞེས་བྱའོ། །དེ་མ་ཐག་ཏུ་མཐོང་ལམ་བར་ཆད་མེད་ལམ་སྐྱེ་བས་ན་བར་ཆད་མེད་པའི་ཏིང་ངེ་འཛིན་ཞེས་བྱའོ། །དེའི་མཇུག་ཐོགས་སུ་མཐོང་ལམ་བར་ཆད་མེད་ལམ་གྱིས་ཉོན་སྒྲིབ་ཀུན་བཏགས་དང་། ཤེས་སྒྲིབ་ཀུན་བཏགས་ས་བོན་དང་བཅས་པ་སྤངས་ནས་རྣམ་གྲོལ་ལམ་དང་། འགོག་པའི་བདེན་པ་གཉིས་མངོན་དུ་བྱེད་དོ། །སྒོམ་ལམ་སྐོར་དགུས་སྒོམ་སྤང་ཉོན་མོངས་བཅུ་དྲུག་གི་ས་བོན་དང་། སྒོམ་སྤང་ཤེས་སྒྲིབ་བརྒྱ་དང་བརྒྱད་ཀྱི་ས་བོན་རིམ་ཅན་དུ་སྤོང་བར་བྱེད་དོ། །མཐར་རྒྱུན་མཐའི་བར་ཆད་མེད་ལམ་ལ་བརྟེན་ནས་ཉོན་མོངས་པ་དང་། ཤེས་བྱའི་སྒྲིབ་པ་ལྷན་སྐྱེས་གཉིས་ཅིག་ཅར་སྤངས་ནས་སྐད་ཅིག་གཉིས་པ་ལ་བླ་ན་མེད་པའི་བྱང་ཆུབ་ཐོབ་པར་འགྱུར་ཏེ་རིགས་ངེས་ཀྱི་འབྲས་བུ་མངོན་དུ་བྱེད་ཚུལ་ལོ། །ཐེག་ཆེན་གྱི་མྱང་འདས་དང་། མི་གནས་པའི་མྱང་འདས་དོན་གཅིག་ཏུ་འདོད་ཅིང་། སངས་རྒྱས་ཀྱི་སྐུ་ལ་བཞིར་གྲངས་ངེས་ཏེ། རང་དོན་གྱི་སྐུ

ནི། ངོ་བོ་ཉིད་སྐུ་དང་ཡེ་ཤེས་ཆོས་སྐུ་གཉིས། གཞན་དོན་གྱི་སྐུ་ནི་ལོངས་སྐུ་དང་། སྤྲུལ་སྐུ་གཉིས་སོ། །རང་དོན་གྱི་སྐུ་ལ་ཆོས་སྐུ་དང་། གཞན་དོན་གྱི་སྐུ་ལ་གཟུགས་སྐུ་ཞེས་བྱ་ལ། འདི་གཉིས་རྒྱུ་ཚོགས་གཉིས་བསགས་པ་ལས་བྱུང་བའོ། །འཇོག་ཚུལ་འདི་སེམས་ཙམ་པ་དང་། དབུ་མ་ཐལ་རང་གསུམ་འདོད་ཚུལ་གཅིག་མཐུན་ནོ། །སངས་རྒྱས་ཀྱི་བཀའ་ལ་དྲང་དོན་དང་ངེས་དོན་གྱི་འཇོག་ཚུལ་ནི། དགོངས་འགྲེལ་ལས་བཤད་པའི་འཁོར་ལོ་དང་པོ་དྲང་དོན་དང་། །བར་པ་དང་མཐའ་མ་གཉིས་ལ་དྲང་ངེས་གཉིས་གཉིས་ཡོད་པར་འདོད་དེ། དོན་དམ་བདེན་པ་དངོས་བསྟན་བསྟན་བྱའི་གཙོ་བོར་བྱས་པའང་ཡིན། རང་གི་བསྟན་དོན་སྒྲ་ཇི་བཞིན་ཁས་བླངས་སུ་རུང་བའི་མདོ་ཡང་ཡིན་པའི་གཞི་མཐུན་དེ་ངེས་དོན་གྱི་མདོའི་མཚན་ཉིད། མཚན་གཞི་ནི། 《ཡུམ་རྒྱས་འབྲིང་བསྡུས་གསུམ》ལྟ་བུ། ཀུན་རྫོབ་བདེན་པ་དངོས་བསྟན་བསྟན་བྱའི་གཙོ་བོར་བྱས་པ་དང་རང་གི་བསྟན་དོན་སྒྲ་ཇི་བཞིན་དུ་ཁས་བླང་དུ་མི་རུང་བའི་མདོ་གང་རུང་དུ་དམིགས་པ་དེ་དྲང་དོན་གྱི་མདོའི་མཚན་ཉིད། མཚན་གཞི་ནི་དགོངས་འགྲེལ་ལས་གསུངས་པའི་འཁོར་ལོ་དང་པོ་དང་། 《ཤེས་རབ་སྙིང་པོ》ལྟ་བུའོ། །《ཤེས་རབ་སྙིང་པོ》འཁོར་ལོ་བར་པ་ཡིན་ཡང་། རང་རྒྱུད་པས་དྲང་དོན་གྱི་མདོ་ལ་འདོད་དེ། དོན་དམ་བདེན་པ་དངོས་བསྟན་བསྟན་བྱའི་གཙོ་བོར་བྱས་རུང་རང་གི་བསྟན་བྱ་སྒྲ་ཇི་བཞིན་ཁས་ལེན་དུ་མི་རུང་བའི་ཕྱིར།

གཉིས་པ་མདོ་སྡེ་སྤྱོད་པའི་དབུ་མ་རང་རྒྱུད་པའི་ལུགས་ལ། གཞི་ལམ་འབྲས་གསུམ་ལས། དང་པོ་ནི། ལུགས་འདིས་ཕྱི་དོན་འདོད་ཅིང་རང་རིག་ཁས་མི་ལེན་པ་ཙམ་མ་གཏོགས་ཕལ་ཆེར་སྔ་མ་དང་འདྲའོ། །གཉིས་པ་ལམ་གྱི་ཁྱད་པར་ལ་ཉན་རང་རིགས་ངེས་ལ་ཆོས་ཀྱི་བདག་མེད་རྟོགས་པ་མེད་པར

བཞེད་ཅིང་། གཟུང་འཛིན་རྫས་གཞན་གྱིས་སྟོང་པར་རྟོགས་པའི་ཡེ་ཤེས་ཁས་མི་ལེན་པ། ཕྱི་རོལ་དོན་འཛིན་གྱི་རྟོག་པ་ཡང་ཤེས་སྒྲིབ་ཏུ་མི་འདོད་དོ། །

གསུམ་པ་འབྲས་བུའི་རྣམ་གཞག་ལ་ཉན་རང་གཉིས་སྤང་བྱའི་སྒྲིབ་པ་དང་། རྟོག་བྱའི་བདག་མེད་ལ་ཕྲ་རགས་མེད་པས་རྟོགས་རིགས་མི་འདྲ་བ་མེད་ཅིང་། ཞུགས་གནས་བརྒྱད་ཀྱི་རྣམ་གཞག་གཉིས་ཀ་ལ་བྱེད་དོ། །ཁྱད་པར་འདི་རྣམས་ཚང་མ་ཕྱི་དོན་ཁས་ལེན་མི་ལེན་ལས་བྱུང་བའོ། །རྣལ་འབྱོར་སྤྱོད་པའི་དབུ་མ་རང་རྒྱུད་པ་ལྟར་ན། ཐེག་ཆེན་རིགས་ངེས་རྣམས་ཀྱིས་མཐར་སྒོམ་ལམ་རྡོ་རྗེ་ལྟ་བུའི་ཏིང་ངེ་འཛིན་ལ་བརྟེན་ནས་ཉོན་མོངས་པ་དང་ཤེས་བྱའི་སྒྲིབ་པ་ཕྲ་མོ་ཅིག་ཅར་དུ་སྤངས་ནས་སྐད་ཅིག་གཉིས་པ་ལ་ཆོས་ཀྱི་སྐུ་མངོན་དུ་བྱེད་པར་བཞེད་ལ། མདོ་སྡེ་སྤྱོད་པའི་དབུ་མ་རང་རྒྱུད་པ་ལྟར་ན། ཐེག་ཆེན་རིགས་ངེས་རྣམས་ཀྱིས་སྒྲིབ་གཉིས་རིམ་ཅན་དུ་སྤོང་བར་བཞེད་དེ། ས་བརྒྱད་པ་ཐོབ་པའི་ཚེ་ཉོན་མོངས་ས་བོན་དང་བཅས་པ་ཟད་པར་སྤངས་ལ་ས་ཕྱི་མ་གསུམ་གྱིས་ཉོན་མོངས་པའི་བག་ཆགས་དང་བདེན་འཛིན་གྱི་སྒྲིབ་པ་གཉིས་ཟད་པར་སྤངས་ནས་སྐད་ཅིག་གཉིས་པ་ལ་བླ་ན་མེད་པའི་བྱང་ཆུབ་ཐོབ་པར་བཞེད་དོ། །འོན་ཀྱང་ཐལ་འགྱུར་བ་ལྟར་ཉོན་སྒྲིབ་མ་ཟད་བར་དུ་ཤེས་སྒྲིབ་སྤོང་བའི་འགོ་མི་རྩོམ་པར་བཞེད་པའང་མིན་ཏེ། ཉོན་སྒྲིབ་སྤང་མཚར་གོང་ཤེས་སྒྲིབ་ཀུན་བཏགས་སྤང་འགོ་ཚུགས་པར་འདོད་དོ། །མི་འདྲ་བའི་ཁྱད་པར་དེ་ཙམ་ཞིག་མ་གཏོགས་གཞི་ལམ་འབྲས་གསུམ་གྱི་རྣམ་གཞག་ཕལ་ཆེ་བ་རྣལ་འབྱོར་སྤྱོད་པའི་དབུ་མ་རང་རྒྱུད་པ་དང་མཐུན་ནོ། །

ཚིག་འགྲེལ།

ནཱ་ལེན་དྲ། གོ་དོན་ནི་སྦྱིན་པ་ལ་མི་སྐྱོ་བའི་དོན་ཡིན། ཛམ་བུ་རྒྱ་གར་གྱི་ནང་པའི་ཆོས་སྡེ་ཐམས་ཅད་ཀྱི་གཙོ་བོ་ཞིག་དང་། ཨཱཙཱ་རྱ་དེ་བ། ཞི་བ་འཚོ། སློབ་དཔོན་ཟླ་བ་གྲགས་པ་ལ་སོགས་པའི་པཎ་གྲུབ་མང་པོ་དེ་ནས་བྱོན་པ་ཡིན།

སྡེ་སྣོད་གསུམ། འདུལ་བའི་སྡེ་སྣོད། མདོ་སྡེའི་སྡེ་སྣོད། མངོན་པའི་སྡེ་སྣོད་གསུམ་མོ། ཞིབ་པར《གྲུབ་མཐའ་རིན་ཆེན་ཕྲེང་བའི་ཚིག་འགྲེལ་ཐོར་བུ》ཤོག་གྲངས93ཐོག་ཡོད།

ཤེར་ཕྱིན་འབུམ། སངས་རྒྱས་ཤཱཀྱ་ཐུབ་པས་བྱ་རྒོད་ཕུང་པོའི་རིར་གསུངས་པའི་ཟབ་མོ་སྟོང་པ་ཉིད་ཀྱི་ཆོས་འཕགས་པ་ཤེས་རབ་ཀྱི་ཕ་རོལ་ཏུ་ཕྱིན་པ་སྟོང་ཕྲག་བརྒྱ་པ་ཞེས་བྱ་བ་ཤོ་ལོ་ཀ་འབུམ་ཡོད་པ་ཞིག

《རྩ་བ་ཤེས་རབ》 ཤེར་ཕྱིན་གྱི་དངོས་བསྟན་གྱི་སྟོང་ཉིད་རྣམས་ཟབ་མོ་དབུ་མའི་ལྟ་བའི་ཐོག་ནས་གསལ་བར་མཛད་པའི་བསྟན་བཅོས་ཀྱི་ཐོག་མ། སློབ་དཔོན་ཀླུ་སྒྲུབ་ཀྱིས་མཛད་པའོ། །

སློབ་དཔོན་ལེགས་འབྱེད། རྒྱ་གར་གྱི་དབུ་མ་རང་རྒྱུད་པའི་ཤིང་རྟའི་སྲོལ་འབྱེད་པ་པོ། ཞིབ་པ《གྲུབ་མཐའ་རིན་ཆེན་ཕྲེང་བའི་ཚིག་འགྲེལ་ཐོར་བུ》ཤོག་གྲངས273ཐོག་གསལ།

ཚུལ་གསུམ། གཞལ་བྱ་སྒྲིག་སྦྱར་རྟོགས་བྱེད་རྟགས་ཡང་དག་འགོད་པའི་ཚུལ་གསུམ་སྟེ། ཕྱོགས་ཆོས། རྗེས་ཁྱབ། ལྡོག་ཁྱབ་བོ། །

བདེན་དངོས། དབུ་མ་རྣམས་ཀྱིས་དགག་བྱའི་གཙོ་བོ་ཞིག་སྟེ་ཐོག་མ་མེད་པ་ནས་གོམས་པའི་ལྷན་སྐྱེས་མ་རིག་པའི་དབང་གིས་རང་རེའི་བློ་ལ་སྣང་བའི་གཟུགས་ལ་སོགས་པའི་ཕྱི་ནང་གི་དངོས་པོ་རྣམས་རང་རང་གི་མཚན་ཉིད་དུ་བདེན་པར་ཞེན་པའི་བདེན་འཛིན་དེའོ། །

སློབ་དཔོན་ཞི་བ་འཚོ། རྣལ་འབྱོར་སྤྱོད་པའི་དབུ་མ་རང་རྒྱུད་པའི་ཤིང་རྟའི་སྲོལ་འབྱེད་པ་པོ། སློབ་དཔོན་འདིས་ཐེག་པ་ཆེན་པོའི་ལམ་གྱི་རིམ་པ་སྟོན་པའི་བསྟན་བཅོས《དབུ་མ་རྒྱན》མཛད་ནས་ཤེར་ཕྱིན་མན་ངག་ཉིན་མོ་ལྟར་གསལ་བར་མཛད། ཞིབ་པ《གྲུབ་མཐའ་རིན་ཆེན་ཕྲེང་བའི་ཚིག་འགྲེལ་ཐོར་བུ》ཤོག་གྲངས་273ཐོག་གསལ།

གཉིས་སྣང་། རང་རེ་སོ་སྐྱེ་རྣམས་ལ་གཟུགས་སོགས་ཕྱི་རོལ་དོན་དུ་རྟོག་པའི་ཞེན་གཞིར་ཚུགས་ཐུབ་ཏུ་ཚུར་ལིང་ངེར་གྲུབ་རྒྱུ་ཡོད་པ་ལྟར་སྣང་བ་དེའོ། །

སྟོང་ཉིད་བཅུ་དྲུག ཤེས་བྱ་ལ་གང་ཇི་སྙེད་ཅིག་སྲིད་པའི་ཆོས་ཐམས་ཅད་ལ་བདེན་གྲུབ་ཀྱིས་མི་སྟོང་པ་མེད་པར་བསྟན་པའི་ཆེད་དུ་སྟོང་ཉིད་བཅུ་དྲུག་གསུངས་ཏེ། ༡. ནང་སྟོང་པ་ཉིད། ༢. ཕྱི་སྟོང་པ་ཉིད། ༣. ཕྱི་ནང་སྟོང་པ་ཉིད། ༤. སྟོང་པ་ཉིད་སྟོང་པ་ཉིད། ༥. ཆེན་པོ་སྟོང་པ་ཉིད། ༦. དོན་དམ་སྟོང་པ་ཉིད། ༧. འདུས་བྱས་སྟོང་པ་ཉིད། ༨. འདུས་མ་བྱས་སྟོང་པ་ཉིད། ༩. མཐའ་ལས་འདས་པ་སྟོང་པ་ཉིད། ༡༠. ཐོག་མ་དང་མཐའ་མེད་པ་སྟོང་པ་ཉིད། ༡༡. དོར་བ་མེད་པ་སྟོང་པ་ཉིད། ༡༢. རང་བཞིན་སྟོང་པ་ཉིད། ༡༣. ཆོས་ཐམས་ཅད་སྟོང་པ་ཉིད། ༡༤. རང་གི་མཚན་ཉིད་སྟོང་པ་ཉིད། ༡༥. མ་དམིགས་པ་སྟོང་པ་ཉིད། ༡༦. དངོས་པོ་མེད་པའི་ངོ་བོ་ཉིད་སྟོང་པ་ཉིད་བཅས་བཅུ་དྲུག་གོ །དེ་རྣམས་ཀྱི་འགྲེལ་བཤད། 《གྲུབ་མཐའ་རིན་ཆེན་ཕྲེང་བའི་ཚིག་འགྲེལ་ཐོར་བུ》ཤོག་གྲངས277ཐོག་གསལ།

སྟོང་ཉིད་བཞི། སྟོང་ཉིད་བཅུ་དྲུག་ཏུ་གསུངས་པ་དེ་དག་སྒྲར་བསྡུས་ན་བཞིར་བསྡུས་སྟེ། དངོས་པོ་སྟོང་པ་ཉིད་དང་། དངོས་མེད་སྟོང་པ

ཉིད། རང་བཞིན་སྟོང་པ་ཉིད། གཞན་གྱི་དངོས་པོ་སྟོང་པ་ཉིད་དང་བཞིའོ། །

སྟོང་གཞི། སྟོང་ཉིད་གདན་ལ་ཕེབས་སའི་གཞི་སྟེ་ཆོས་ཐམས་ཅད་དོ། །

གཉིས་སྟོང་གི་རྣམ་པ་ཅན། གཟུགས་དང་གཟུགས་འཛིན་ཚད་མ་རྫས་གཞན་གྱིས་སྟོང་པར་རྟོགས་པའི་རྣམ་པ་ཅན།

གང་ཟག་ཡ་བརྒྱད། འདི་དང་ཞུགས་གནས་བརྒྱད་དང་། སྐྱེས་བུ་ཟུང་བཞི་ཡ་བརྒྱད་རྣམས་དོན་གཅིག་ཡིན་པས། ཞིབ་པ《གྲུབ་མཐའ་རིན་ཆེན་ཕྲེང་བའི་ཚིག་འགྲེལ་ཐོར་བུ》ཤོག་གྲངས208ཐོག་གསལ།

ཆོས་རྒྱུན་གྱི་ཏིང་ངེ་འཛིན། རང་གི་བདག་རྐྱེན་བསམ་གཏན་དངོས་གཞི་ལ་བརྟེན་ནས་བྱུང་ཞིང་། ཐར་བཟུང་ཟིན་པའི་ཚིག་དོན་རྣམས་མི་བརྗེད་པའི་མཁྱེན་པ་ཞིག་སྟེ། ཚོགས་ལམ་ཆེན་པོའི་གནས་སྐབས་སུ་ཐོབ་པར་འགྱུར་རོ། །

སྒོམ་བྱུང་གི་ཤེས་རབ། ཤེས་རབ་ལ་རྣམ་པ་གསུམ་དུ་ཕྱེ་བའི་ནང་གསེས་ཤིག་སྟེ་ཐོས་བསམ་གྱི་ཤེས་རབ་ཀྱིས་སྒྲོ་འདོགས་ཆོད་ཅིང་ངེས་པ་རྙེད་པའི་དོན་དེ་ཉིད་ཁ་ནང་དུ་ཕྱོགས་ནས་རིགས་པས་དཔྱད་འཇོག་ཅི་རིགས་ཀྱི་སྒོ་ནས་ཡང་ཡང་འདྲིས་པར་བྱེད་པའི་ཤེས་རབ་ཞིག་གོ། །

མཐོང་སྤངས། མཐོང་ལམ་ངོ་སྐལ་དུ་གྱུར་པའི་སྤང་བྱ་སྟེ། ཉོན་མོངས་ཀུན་བཏགས་ཀྱི་ཆ་དང་ཤེས་སྒྲིབ་རགས་པ་རྣམས་སོ། །

ཀུན་ཉོན་གཟུང་རྟོག རང་གི་དམིགས་ཡུལ་དུ་གྱུར་པའི་ཀུན་ནས་ཉོན་མོངས་པའི་ཕྱོགས་ཀྱི་ཆོས་ལ་དམིགས་ནས་ལོངས་སྤྱོད་བྱར་བདེན་པར་འཛིན་པའི་བདེན་འཛིན་ཀུན་བཏགས་དེའོ། །

རྣམ་བྱང་གཟུང་རྟོག རང་གི་དམིགས་ཡུལ་དུ་གྱུར་པའི་རྣམ་བྱང་ཕྱོགས་ཀྱི་ཆོས་ལ་དམིགས་ནས་ཡོངས་སྤྱོད་བྱར་བདེན་པར་འཛིན་པའི་བདེན་འཛིན་ཀུན་བཏགས་དེའོ། །ཞིབ་པར《གྲུབ་མཐའ་རིན་ཆེན་ཕྲེང་བའི་ཚིག་འགྲེལ་ཐོར་བུ》ཤོག་གྲངས283ཐོག་གསལ།

རྫས་འཛིན་རྟོག་པ། རང་གི་དམིགས་ཡུལ་དུ་གྱུར་པའི་འཛིན་པའི་ཆོས་ལ་དམིགས་ནས་ཡོངས་སྤྱོད་བྱེད་དུ་བདེན་པར་འཛིན་པའི་བདེན་འཛིན་ཀུན་བཏགས་དེའོ། །

བཏགས་འཛིན་རྟོག་པ། རང་གི་དམིགས་ཡུལ་དུ་གྱུར་པའི་བཏགས་པའི་ཆོས་ལ་དམིགས་ནས་ཡོངས་སྤྱོད་བྱེད་དུ་བདེན་པར་འཛིན་པའི་བདེན་འཛིན་ཀུན་བཏགས་དེའོ། །

སྣང་བ་ཐོབ་པའི་ཏིང་ངེ་འཛིན། བྱང་ཆུབ་སེམས་དཔའི་མོས་པ་སྤྱོད་པའི་ཆ་བཞིའི་ནང་གསེས་ཞིག་སྟེ། སྦྱོར་ལམ་དྲོད་ཀྱི་ཚེ་རང་རྒྱུད་ཀྱི་ཡེ་ཤེས་ཀྱིས་བདེན་བཞིའི་ཆོས་རྣམས་ལ་དམིགས་ནས་བསྒོམ་པས་ཕྱི་ནང་གི་ཆོས་ལ་མིང་དུ་བཏགས་པའི་མིང་ཐམས་ཅད་སྒྱུ་མ་ཙམ་ལས་དོན་དམ་པར་རང་བཞིན་མེད་པར་རྟོགས་པ་ལ་གསལ་སྣང་ཐོབ་པའི་ཏིང་ངེ་འཛིན་སྐྱེས་པའོ། །

སྣང་བ་མཆེད་པའི་ཏིང་ངེ་འཛིན། བྱང་ཆུབ་སེམས་དཔའི་མོས་པ་སྤྱོད་པའི་ཆ་བཞིའི་ནང་གསེས་ཞིག་སྟེ། སྦྱོར་ལམ་རྩེ་མོའི་ཚེ་སྔར་བཞིན་བསྒོམ་པས་མིང་གིས་བརྗོད་པའི་དོན་གྱི་དངོས་པོ་ལ་སྒྱུ་མ་ཙམ་ལས་དོན་དམ་པར་རང་བཞིན་མེད་པར་རྟོགས་པ་ལ་གསལ་སྣང་གོང་དུ་མཆེད་ཅིང་འཕེལ་བའི་ཏིང་ངེ་འཛིན་སྐྱེས་པའོ། །

དེ་ཁོ་ན་ཉིད་ཀྱི་ཕྱོགས་གཅིག་ལ་ཞུགས་པའི་ཏིང་ངེ་འཛིན།

བྱང་ཆུབ་སེམས་དཔའི་སོས་པ་སྦྱོད་པའི་ཆ་བཞིའི་ནང་གསེས་ཞིག་སྟེ། སྦྱོར་ལམ་བཟོད་པའི་ཚེ་སྔར་བཞིན་བསྒོམ་པས་ཆོས་རྣམས་ཀྱི་མིང་དེ་དག་སྟོང་པ་ཉིད་དུ་ཤེས་པའི་ཤེས་རབ་སྐྱེས་པས་སོ་སྐྱེ་ཡིན་ཀྱང་ཆོས་ཉིད་ཀྱི་དོན་ལ་དོན་སྤྱིའི་ཚུལ་གྱིས་ལེགས་པར་ཁོང་སུ་ཆུད་པའི་རྗེས་སུ་ཞུགས་པའི་ཏིང་ངེ་འཛིན་སྐྱེས་པའོ། །

བར་ཆད་མེད་པའི་ཏིང་ངེ་འཛིན། བྱང་ཆུབ་སེམས་དཔའི་སོས་པ་སྦྱོད་པའི་ཆ་བཞིའི་ནང་གསེས་ཞིག་སྟེ། སྦྱོར་ལམ་ཆོས་མཆོག་གི་ཚེ་སྔར་བཞིན་བསྒོམ་པས་མིང་དེ་དག་གིས་བརྗོད་པའི་དོན་གྱི་ཆོས་ཐམས་ཅད་སྟོང་པ་ཉིད་དུ་ཤེས་པའི་ཤེས་རབ་སྐྱེས་ཏེ་དེ་མ་ཐག་ཏུ་མཐོང་ལམ་བར་ཆད་མེད་ལམ་ཐོབ་པས་མཐོང་ལམ་གྱི་སྔར་ལོག་དེ་མ་ཐག་ཡིན་པས་དེ་དང་ཉེ་བའི་ཆ་ནས་དེ་ལྟར་བརྗོད།

མཐོང་ལམ་བར་ཆད་མེད་ལམ། མཐོང་ལམ་གྱི་ངོ་སྐལ་དུ་གྱུར་པའི་སྤང་བྱ་ཀུན་བཏགས་ཀྱི་ཆ་རྣམས་ལམ་གཞན་གྱིས་བར་མ་ཆོད་པར་མཉམ་བཞག་ཐུན་གཅིག་ལ་སྤོང་ས་བས་ན་དེ་ལྟར་བརྗོད། དེ་དང་བཟོད་པ་བརྒྱད་དོན་གཅིག

ཉོན་སྒྲིབ་དང་ཤེས་སྒྲིབ་ཀུན་བཏགས། རང་གི་བློས་དཔྱད་པ་བྱས་ནས་སམ་ཡང་ན་གྲུབ་མཐའ་ངན་པས་བློ་བསྒྱུར་བའི་དབང་གིས་བྱུང་བའི་ཉོན་མོངས་པ་དང་དེས་བཞག་པའི་བག་ཆགས་རྣམས་སོ། །ཞིབ་པ《གྲུབ་མཐའ་རིན་ཆེན་ཕྲེང་བའི་ཚིག་འགྲེལ་ཐོར་བུ》ཤོག་གྲངས286ཐོག་གསལ།

རྣམ་གྲོལ་ལམ། རང་རྒྱུ་བར་ཆད་མེད་ལམ་གྱི་མཇུག་ཐོགས་སུ་བྱུང་ཞིང་། རང་གི་ངོ་བསྐལ་གྱི་སྤང་བྱ་ལས་གསར་དུ་རྣམ་པར་གྲོལ་བའི་ལམ་ཡིན་པས་དེ་ལྟར་བརྗོད། དེ་དང་ཤེས་པ་བརྒྱད་དོན་གཅིག མཛོད་ལས།

བཟོད་དང་ཤེས་ལ་གོ་རིམ་བཞིན། བར་ཆད་མེད་དང་རྣམ་གྲོལ་ལམ། ཞེས་གསུངས་སོ། །

སྒོམ་ལམ་སྐོར་དགུ། སྒོམ་སྤང་ཉོན་མོངས་སྐོར་དགུའི་གཉེན་པོའི་ལམ་དགུ་ལ་གོ་བ་ཡིན།

སྒོམ་སྤངས་ཉོན་མོངས་བཅུ་དྲུག སྒོམ་སྤངས་ལ་ཉོན་སྒྲིབ་དང་ཤེས་སྒྲིབ་གཉིས་སུ་ཡོད་པ་ལས། སྒོམ་སྤངས་ཉོན་མོངས་བཅུ་དྲུག་ནི། རང་གི་གཉེན་པོ་སྒོམ་ལམ་བར་ཆད་མེད་ལམ་གྱི་ངོ་སྐལ་གྱི་སྤང་བྱར་གྱུར་པའི་སྒོམ་སྤངས་ཉོན་མོངས་དེ་ལ། འདོད་ཁམས་ཀྱི་སྒོམ་སྤངས་ཉོན་མོངས་དྲུག་སྟེ། འདོད་ཆགས། ཁོང་ཁྲོ། ང་རྒྱལ། མ་རིག་པ། འཇིག་ཚོགས་སུ་ལྟ་བ། མཐར་འཛིན་ལྟ་བ་བཅས་དྲུག་དང་། ཁམས་གོང་མ་གཉིས་ན་ཁོང་ཁྲོ་མེད་པས་གཟུགས་ཁམས་དང་གཟུགས་མེད་ཁམས་སོ་སོར་སྒོམ་སྤངས་ཉོན་མོངས་ལྷག་མ་ལྔ་རེ་སྟེ་ཁྱོན་སྒོམ་སྤངས་ཉོན་མོངས་བཅུ་དྲུག་ཡོད་པར《མངོན་པ་ཀུན་བཏུས》ལས་གསུངས་སོ། །

སྒོམ་སྤངས་ཤེས་སྒྲིབ་བརྒྱ་དང་བརྒྱད། ཐེག་ཆེན་གྱི་སྒོམ་སྤངས་སུ་གྱུར་པའི་ཤེས་སྒྲིབ་དེ་ལ་བརྒྱ་དང་བརྒྱད་ཡོད་དེ། འདོད་པའི་ཁམས་ཀྱི་སྒོམ་སྤངས་ཤེས་སྒྲིབ་འཇུག་པ་གཟུང་རྟོག་དགུ། ཤེས་སྒྲིབ་ལྡོག་པ་གཟུང་རྟོག་དགུ། ཤེས་སྒྲིབ་རྫས་འཛིན་རྟོག་པ་དགུ། ཤེས་སྒྲིབ་བཏགས་འཛིན་རྟོག་པ་དགུ་བཅས་འདོད་ཁམས་སྒོམ་སྤངས་ཤེས་སྒྲིབ་སུམ་ཅུ་སོ་དྲུག དེ་ལྟར་གཟུགས་ཁམས་དང་གཟུགས་མེད་ཁམས་གཉིས་པོ་རེ་རེ་ལའང་སོ་དྲུག་སོ་དྲུག་རེ་ཕྱེ་བས་ཁྱོན་སྒོམ་སྤངས་ཤེས་སྒྲིབ་བརྒྱ་དང་བརྒྱད་ཡོད་དོ། །

སྒྲིབ་པ་ལྷན་སྐྱེས། གྲུབ་མཐས་བློ་བསྒྱུར་བ་དང་དཔྱད་པ་བྱས་པ་ལ་མི་ལྟོས་པར་ཐོག་མ་མེད་པ་ནས་གོམས་པའི་ལྷན་སྐྱེས་མ་རིག་པའི་དབང་གིས

རང་གི་རྒྱུད་ལ་དུས་སྐབས་ཐམས་ཅད་དུ་ངམ་ངམ་ཤུགས་ཀྱིས་སྐྱེ་བའི་ངར་འཛིན་དང་ཕུང་པོ་བདེན་འཛིན་ལ་སོགས་པ་རྣམས་སོ། །

《ཡུམ་རྒྱས་འབྲིང་བསྡུས་གསུམ་》ཡུམ་རྒྱས་པ་འབུམ། འབྲིང་ཉི་ཁྲི། བསྡུས་པ་བརྒྱད་སྟོང་རྣམས་སོ། །

《ཤེས་རབ་སྙིང་པོ་》ཤེས་རབ་ཀྱི་ཕ་རོལ་དུ་ཕྱིན་པ་སྟོན་པ། དེ་བཞིན་གཤེགས་པའི་ཐུགས་ཀྱི་ཕྱིན་བརླབས་ཏེ་གསུངས་པའི་མདོ་ཞིག

ས་བརྒྱད་པ། བྱང་ཆུབ་སེམས་དཔའི་ས་བཅུའི་ནང་གསེས་བརྒྱད་པ་མི་གཡོ་བའི་སའོ། །ཞིབ་པར《གྲུབ་མཐའ་རིན་ཆེན་ཕྲེང་བའི་ཚིག་འགྲེལ་ཐོར་བུ་》ཤོག་གྲངས261ཐོག་གསལ།

བསམ་གཞིགས་དྲི་བ།

༡. མགོན་པོ་ཀླུ་སྒྲུབ་ཀྱིས་ཀླུ་ཡུལ་ནས་ཆོས་གང་གདན་དྲངས་པ་ཡིན་ནམ།

༢. གཞུང་ཕྱི་མོའི་དབུ་མ་པ་ཞུ་བ་དེ་སུ་དང་སུ་ཡིན་ནམ།

༣.《རྩ་བ་ཤེས་རབ་》《བུད་ཏྲ་པཱ་ལི་ཏ་》《དབུ་མ་སྙིང་པོ་》《རྟོག་གེ་འབར་བ་》《ཤེས་རབ་སྒྲོན་མེ་》《འགྲེལ་པ་ཚིག་གསལ་》《དབུ་མ་འཇུག་པ་》《དབུ་མ་རྒྱན་》བཅས་ཀྱི་རྩོམ་པ་པོ་སུ་ཡིན་ངོས་འཛིན་ནས་གང་ཞིག་གཞུང་ཕྱི་མོའི་དབུ་མ་པ་དང་གང་ཞིག་དབུ་མ་ཐལ་འགྱུར་བ། གང་ཞིག་དབུ་མ་མ་རང་རྒྱུད་དུ་བཀྲལ་བའི་བསྟན་བཅོས་ཡིན་པ་ངོས་བཟུང་དགོས།

༤. དབུ་མ་པའི་སྒྲ་བཤད་དང་མཚན་ཉིད་འཛོག་དགོས།

༥. དབུ་མ་པ་ལ་དབྱེ་ན་གང་དང་གང་ཡོད་དམ།

༦. དབུ་མ་རང་རྒྱུད་པའི་ཤིང་རྟའི་སྲོལ་སུས་ཕྱེ་བ་ཡིན་ནམ། དེ་ལ

དབྱེ་ན་གང་དང་གང་ཡོད་དམ།

༧. དབུ་མ་རང་རྒྱུད་པའི་སྒྲ་བཤད་དང་མཚན་ཉིད་འཇོག་དགོས།

༨. རྣལ་འབྱོར་སྤྱོད་པའི་དབུ་མ་རང་རྒྱུད་པའི་ཤིང་རྟའི་སྲོལ་འབྱེད་པ་པོ་སུ་ཡིན་ནམ། དེའི་མཚན་ཉིད་དང་སྒྲ་བཤད་འཇོག་དགོས།

༩. མདོ་སྡེ་སྤྱོད་པའི་དབུ་མ་རང་རྒྱུད་པའི་མཚན་ཉིད་དང་སྒྲ་བཤད་འཇོག་དགོས།

༡༠. རྣལ་འབྱོར་སྤྱོད་པའི་དབུ་མ་རང་རྒྱུད་པའི་ལུགས་ལ། རང་གི་མཚན་ཉིད་ཀྱི་གྲུབ་པ། བདེན་པར་གྲུབ་པ། དེ་ཁོ་ན་ཉིད་དུ་གྲུབ་པ། རང་བཞིན་གྱི་གྲུབ་པ། ཡང་དག་པར་གྲུབ་པ་རྣམས་ལས་གང་ཞིག་ཐ་སྙད་ཙམ་དུ་གྲུབ་པར་བཞེད་པ་དང་གང་ཞིག་ཐ་སྙད་ཙམ་དུ་ཡང་མི་གྲུབ་པར་བཞེད་པའི་དབྱེ་བ་འབྱེད་དགོས།

༡༡. དེའི་ལུགས་ཀྱི་བདེན་གཉིས་ཀྱི་ཁྱད་པར་གང་གིས་འབྱེད་དམ།

༡༢. ལུགས་འདིར་བདག་མེད་ཕྲ་མོ་གཉིས་དགག་བྱའི་སྒོ་ནས་འབྱེད་པ་ཡིན་ནམ། སྟོང་གཞིའི་སྒོ་ནས་འབྱེད་པ་ཡིན། རྒྱུ་མཚན་གང་ཡིན་ནམ།

༡༣. ལུགས་འདིས་ལམ་གྱི་སྤང་བྱ་ལ་གང་བྱེད་དམ།

༡༤. ལུགས་འདིར་ཉན་རང་གཉིས་ཀྱི་སྤང་རྟོག་ལ་ཁྱད་པར་ཡོད་དམ་མེད། ཡོད་ན་སོ་སོར་གང་འཇོག

༡༥. དབུ་མ་རང་རྒྱུད་པ་མན་ཆད་ཀྱིས་ལྷག་བཅས་མྱང་འདས་དང་ལྷག་མེད་མྱང་འདས་གཉིས་ཀྱི་གོ་དོན་གང་ལ་བྱེད་དམ།

༡༦. རྣལ་འབྱོར་སྤྱོད་པའི་དབུ་མ་རང་རྒྱུད་པའི་ལུགས་སུ་ཐེག་ཆེན་རིགས་ཅན་རྣམས་སྦྱོར་ལམ་དྲོད་ཀྱི་གནས་སྐབས་སུ་མཐོང་སྤངས་________ ཉམས་སྨྲོད་པར་བྱེད། རྩེ་མོ་ཐོབ་པའི་ཚེ་མཐོང་སྤངས་________ ཉམས་

སྨྲོད་པ་བྱེད།

༡༧. སངས་རྒྱས་ཀྱི་སྐུ་ལ་གཟུགས་སྐུ་དང་ཆོས་སྐུ་གཉིས་སུ་ཕྱེ་བ་དེ་རྒྱུ་གང་བསགས་པ་ལས་འབྱུང་བ་ཡིན་ནམ།

༡༨. དྲང་དོན་དང་ངེས་དོན་གྱི་མདོའི་མཚན་གཞི་རེ་འཛོག་དགོས།

གཉིས་པ། དབུ་མ་ཐལ་འགྱུར་བའི་ལུགས་བཤད་པ་ལ། མཚན་ཉིད། སྒྲ་བཤད། འདོད་ཚུལ་དང་གསུམ།

དང་པོ་མཚན་ཉིད་ནི། རང་གི་མཚན་ཉིད་ཀྱི་གྲུབ་པ་ཐ་སྙད་ཙམ་དུ་ཡང་མི་བཞེད་པའི་ངོ་བོ་ཉིད་མེད་པར་སྨྲ་བ་དེ་ཐལ་འགྱུར་བའི་མཚན་ཉིད། མཚན་གཞི་ནི། སངས་རྒྱས་བསྐྱངས། ཟླ་གྲགས། ཞི་བ་ལྷ་ལྟ་བུའོ། །

གཉིས་པ་སྒྲ་བཤད་ནི། ཅིའི་ཕྱིར་ཐལ་འགྱུར་བ་ཞེས་བྱ་ཞེ་ན། ཐལ་འགྱུར་ཙམ་གྱིས་ཕྱི་རོལ་གྱི་རྒྱུད་ལ་བསྒྲུབ་བྱ་རྟོགས་པའི་རྗེས་དཔག་སྐྱེ་བར་འདོད་པས་ན་དེ་ལྟར་བརྗོད་པའི་ཕྱིར། དེ་ཡང་བསྒྲུབ་བྱ་རྟོགས་པའི་རྗེས་དཔག་སྐྱེ་བ་ལ་ཚུལ་གསུམ་གྱི་རྟགས་སྦྱོར་མི་དགོས་པར། གཞན་གྱི་ལོག་རྟོགས་དགག་པའི་ཆེད་དུ་ནང་འགལ་བརྗོད་པའི་ཐལ་འགྱུར་ཙམ་གྱིས་ཕྱི་རོལ་གྱི་རྒྱུད་ལ་རྗེས་དཔག་སྐྱེ་བར་འདོད་པས་སོ། །ཐལ་རང་གཉིས་ཀྱི་ལྟ་ཚུལ་གྱི་ཁྱད་པར་ནི། སྤྱིལ་གཞི་ཧ་སླང་སྣང་བ་ལ་འཛིན་སྟངས་གཉིས་ཡོད་དེ། ཧ་སླང་སྤྱིལ་མཁན་སྦྱུ་མ་མཁན་དང་། ལྟད་མོ་བ་གཉིས་སྣང་ཚུལ་གཅིག་ཀྱང་འཛིན་ཚུལ་མི་འདྲ་བ་གཉིས་བྱུང་བ་ལྟར། ཐལ་འགྱུར་བའི་ལྟ་བ་ནི་སྒྱུ་མ་མཁན་རང་གི་ལྟ་བ་དང་འདྲ་བར་ཧ་སླང་སྣང་བ་ལྟར་དོན་དངོས་སུ་མ་གྲུབ་པར་འཛིན་པ་དང་རང་རྒྱུད་པའི་ལྟ་བ་ནི་ལྟད་མོ་བ་དང་འདྲ་བར་ཧ་སླང་སྣང་བ་ལྟར་ཡུལ་རང་ངོས་ནས་གྲུབ་པར་འཛིན་པ་དེ་ཡིན།

གསུམ་པ། གྲུབ་མཐའི་འདོད་ཚུལ་ལ། གཞི་ལམ་འབྲས་གསུམ་ལས།

དང་པོ་ལ། ཡུལ་དང་ཡུལ་ཅན་གཉིས། དང་པོ་ཡུལ་གྱི་འདོད་ཚུལ་ལ། གཞི་གྲུབ་ན་རང་གི་མཚན་ཉིད་ཀྱིས་མ་གྲུབ་པས་ཁྱབ་པར་ཁས་ལེན་ཏེ། གཞི་གྲུབ་ཚད་ལ་རྟོག་པས་བཏགས་ཙམ་གྱིས་ཁྱབ་པར་ཁས་ལེན་པ་གང་ཞིག

དེའི་ཚིག་ཟུར་གྱི་ཙམ་སྦྲས་རང་གི་མཚན་ཉིད་ཀྱིས་གྲུབ་པ་གཙོད་པར་བཞེད་པའི་ཕྱིར། དེས་ན་རང་གི་མཚན་ཉིད་ཀྱིས་གྲུབ་པ་དང་། རང་བཞིན་གྱིས་གྲུབ་པ། རང་ངོས་ནས་གྲུབ་པ། བདེན་པར་གྲུབ་པ་རྣམས་དོན་གཅིག་ཏུ་འདོད་ཅིང་། འདུས་བྱས་དང་འདུས་མ་བྱས་ཀྱི་ཆོས་ཐམས་ཅད་ལ་རང་གི་མཚན་ཉིད་ཀྱིས་གྲུབ་པ་ཐ་སྙད་ཙམ་དུ་ཡང་མི་བཞེད་ལ། བཏགས་དོན་བཙལ་ན་རྙེད་རྒྱུ་མེད་པར་དོད་དེ། ཀླངས་འཁོར་ཞེས་པ་བཏགས་དོན་བཙལ་ན་མི་རྙེད་པ་ལྟ་བུའོ། །ཐལ་འགྱུར་བའི་ཁྱད་ཆོས་གཙོ་བོ་ནི། བརྟེན་ནས་བཏགས་པའི་གཏན་ཚིགས་ལ་བརྟེན་ནས་ཕྱི་ནང་གི་ཆོས་རྣམས་ལ་རང་གི་མཚན་ཉིད་ཀྱིས་གྲུབ་པ་མ་ལུས་པར་ཁེགས་ཀྱང་། ཐ་སྙད་དུ་མིང་རྐྱང་བཏགས་ཡོད་ཙམ་ལ་བཅིངས་འགྲོལ་དང་། རྒྱུ་འབྲས་དང་། གཞལ་བྱ་འཇལ་བྱེད་ལ་སོགས་པ་གཞན་ངོར་སྐྱེལ་མི་དགོས་པར་རང་ལུགས་ལ་བསྙོན་མེད་དུ་འཇོག་ཤེས་པ་ཡིན། གཞི་གྲུབ་དང་། ཡུལ་དང་། ཤེས་བྱ་རྣམས་དོན་གཅིག དེ་ལ་དབྱེ་ན། མངོན་ལྐོག་གཉིས་སུ་དབྱེ་བ་དང་། བདེན་པ་གཉིས་སུ་དབྱེ་བའོ། །དང་པོ་ནི། རྟགས་ལ་མ་བརྟེན་པར་མྱོང་སྟོབས་ཀྱིས་རྟོགས་ནུས་པའི་ཆོས་དེ་མངོན་གྱུར་གྱི་མཚན་ཉིད། མཚན་གཞི་ནི་གཟུགས་སྒྲ་དྲི་རོ་རེག་བྱ་ལྟ་བུ་དང་། སྦྲུག་རྩེ་དང་ཀ་བ་ལྟ་བུའོ། །དེས་ན་ལུགས་འདིར་མངོན་སུམ་ལ་ཤེས་པ་ཡིན་མི་དགོས་པར་བཞེད་པས། མངོན་སུམ་དང་། མངོན་གྱུར། དབང་པོའི་ཡུལ། ལྐོག་ཏུ་མ་གྱུར་པའི་ཆོས་བཞི་དོན་གཅིག་མིང་གི་རྣམ་གྲངས་སོ། །རྒྱུ་མཚན་ནམ་རྟགས་ལ་བརྟེན་ནས་རྟོགས་དགོས་པའི་ཆོས་དེ་ལྐོག་གྱུར་གྱི་མཚན་ཉིད། མཚན་གཞི་ནི། སྒྲ་མི་རྟག་པ་དང་། སྒྲ་གང་ཟག་གི་བདག་མེད་ལྟ་བུའོ། །ལྐོག་གྱུར་དང་། མངོན་སུམ་མ་ཡིན་པའི་ཆོས་དང་། རྗེས་དཔག་གི་གཞལ་བྱ་རྣམས་དོན་གཅིག་མིང་གི་

རྣམ་གྲངས་སོ། དེས་ན་ལུགས་འདི་ལ་མངོན་ལྐོག་གཉིས་དང་། གཞལ་བྱའི་གནས་གསུམ་འགལ་བར་བཞེད་པས། མངོན་ལྐོག་གཉིས་ཀྱི་དབྱེ་ཚུལ་དེ་གྲུབ་མཐའ་གོང་མ་རྣམས་དང་ཐད་དེ་ལྡོག་ཕྱོགས་ཡིན་ནོ། །གཉིས་པ་བདེན་པ་གཉིས་སུ་དབྱེ་ཚུལ་ནི། མཐར་ཐུག་དཔྱོད་བྱེད་ཀྱི་ཚད་མས་རྙེད་དོན་གང་ཞིག མཐར་ཐུག་དཔྱོད་བྱེད་ཀྱི་ཚད་མ་རང་ཉིད་ལ་མཐར་ཐུག་དཔྱོད་བྱེད་ཀྱི་ཚད་མར་སོང་བ་དེ་རང་ཉིད་དོན་དམ་བདེན་པ་ཡིན་པའི་མཚན་ཉིད། མཚན་གཞི་ནི། བུམ་པ་རང་བཞིན་གྱིས་མེད་པ་ལྟ་བུའོ། །སྟོང་ཉིད་བཅུ་དྲུག་སོགས་ཀྱི་དབྱེ་བ་རང་རྒྱུད་པ་དང་འདྲའོ། །དེ་ཡང་མཐར་ཐུག་དཔྱོད་བྱེད་ཀྱི་ཚད་མ་དང་དོན་དམ་དཔྱོད་བྱེད་ཀྱི་ཚད་མ་གཉིས་དོན་གཅིག་པར་སྟོང་ཉིད་རྟོགས་པའི་ཚད་མ་ལ་གོ་དགོས་ཤིང་། དེའི་རྙེད་དོན་ནི་འཛིན་སྟངས་ཀྱི་ཡུལ་གཙོ་བོར་གོ་དགོས་ཏེ། སྟོང་ཉིད་དེ་འཇོག་གོ། །ཐ་སྙད་དཔྱོད་བྱེད་ཀྱི་ཚད་མས་རྙེད་དོན་གང་ཞིག ཐ་སྙད་དཔྱོད་བྱེད་ཀྱི་ཚད་མ་རང་ཉིད་ལ་ཐ་སྙད་དཔྱོད་བྱེད་ཀྱི་ཚད་མར་སོང་བ་དེ་རང་ཉིད་ཀུན་རྫོབ་བདེན་པ་ཡིན་པའི་མཚན་ཉིད། མཚན་གཞི་ནི། ཤེས་བྱ་ཐ་སྙད་པ་བུམ་པ་སོགས་དང་། ཤེས་པ་ཐ་སྙད་པ་བུམ་འཛིན་རྟོགས་པ་སོགས་དང་། རྗོད་བྱེད་ཐ་སྙད་པ་བུམ་པའི་མིང་ལྟ་བུ་སོགས་ཡིན། དབུ་མ་རང་རྒྱུད་པས་ཡུལ་ཅན་ཤེས་པ་ལ་ཡང་དག་ཀུན་རྫོབ་ཀྱིས་ཁྱབ་པར་འདོད་ཀྱང་། ཡུལ་ལ་ལྟོས་ཏེ་ཡང་ལོག་ཀུན་རྫོབ་གཉིས་སུ་དབྱེ་ལ། ཐལ་འགྱུར་བའི་ལུགས་ལ། ཀུན་རྫོབ་པའི་ཡུལ་དང་ཡུལ་ཅན་གང་དུའང་ཡང་དག་ཀུན་རྫོབ་དང་། ལོག་པའི་ཀུན་རྫོབ་གཉིས་སུ་མི་འབྱེད་དེ། ཡང་དག་ཀུན་རྫོབ་མེད་པའི་ཕྱིར་ཀུན་རྫོབ་ཡིན་ན་ཡང་དག་མ་ཡིན་དགོས་པའི་ཕྱིར། དེ་ཡིན་ན་ལོག་པ་ཡིན་དགོས་པའི་ཕྱིར། འོན་ཀྱང་ཐལ་འགྱུར་བས་འཇིག་རྟེན་རང་དགའ་བའི་ཤེས་པའི་ངོ་ལ་ལྟོས་ཏེ་

ཡང་ལོག་གཉིས་སུ་འབྱེད་དེ། འཁྲུལ་གྱི་འཁྲུལ་རྒྱུས་བསླད་པའི་ཤེས་པ་ཡུལ་དང་བཅས་པ་ནི་འཇིག་རྟེན་རང་དགའ་བའི་ཤེས་ངོ་ལ་ལྟོས་ཏེ་ལོག་པའོ། ། མཚན་གཞི་ནི། མི་ཡོང་ནང་གི་བྱད་བཞིན་གྱི་གཟུགས་བརྙན་དང་གཟུགས་བརྙན་དེ་འཛིན་པའི་ཤེས་པ་ལྟ་བུའོ། ། ཁྲུལ་གྱི་འཁྲུལ་རྒྱུས་མ་བསླད་པའི་ཤེས་པ་ཡུལ་དང་བཅས་པ་ནི་འཇིག་རྟེན་རང་དགའ་བའི་ཤེས་ངོ་ལ་ལྟོས་ཏེ་ཡང་དག་གོ མཚན་གཞི་ནི། གཟུགས་དང་གཟུགས་འཛིན་མིག་ཤེས་ལྟ་བུའོ། ། འཇིག་རྟེན་ཤེས་ངོ་ལ་ལྟོས་ཏེ་ཡང་དག་ཡིན་ན་ཡོད་པས་མ་ཁྱབ་སྟེ། གཟུགས་བདེན་གྲུབ་དེ་དེ་ཡིན་པའི་ཕྱིར། གཞན་ཡང་ཐལ་འགྱུར་བའི་ལུགས་ལ་ཐུན་མོང་མ་ཡིན་པའི་ཁྱད་ཆོས་ཆེན་པོ་བརྒྱད་ཡོད་དེ། རྣམ་ཤེས་ཚོགས་དྲུག་ལས་ངོ་བོ་ཐ་དད་པའི་ཀུན་གཞི་རྣམ་ཤེས་ཁས་མི་ལེན་པ་དང་། རང་རིག་འགོག་ཚུལ་ཐུན་མོང་མ་ཡིན་པ། རང་རྒྱུད་ཀྱི་རྟགས་ཁས་མི་ལེན་ཚུལ་ཐུན་མོང་མ་ཡིན་པ། ཕྱི་དོན་ཁས་ལེན་ཚུལ་ཐུན་མོང་མ་ཡིན་པ། ཆོས་ཀྱི་བདག་འཛིན་ཉོན་སྒྲིབ་ཏུ་འཇོག་ཚུལ་ཐུན་མོང་མ་ཡིན་པ། ཉན་རང་འཕགས་པ་ལ་ཆོས་ཀྱི་བདག་མེད་རྟོགས་པ་ཡོད་པར་ཁས་ལེན་ཚུལ་ཐུན་མོང་མ་ཡིན་པ། ཞིག་པ་དངོས་པོར་ཁས་ལེན་ཚུལ་ཐུན་མོང་མ་ཡིན་པ། དུས་གསུམ་འཇོག་ཚུལ་ཐུན་མོང་མ་ཡིན་པ་བཅས་སོ། །

གཉིས་པ་ཡུལ་ཅན་གྱི་འདོད་ཚུལ་ནི། གང་ཟག ཤེས་པ། རྗོད་བྱེད་ཀྱི་སྒྲ་གསུམ་ལས། རང་གི་གདགས་གཞི་ཕུང་པོ་བཞིའམ་ལྔ་ལ་བརྟེན་ནས་བཏགས་པའི་ང་ཙམ་དེ་གང་ཟག་གི་མཚན་གཞིར་འདོད། ཙམ་སྒྲས་རང་གི་མཚན་ཉིད་ཀྱིས་གྲུབ་པ་དེ་གཅོད་ལ་གང་ཟག་ལ་ལྡན་མིན་འདུ་བྱེད་ཀྱིས་ཁྱབ། དེས་ན་ཐལ་འགྱུར་བས་གང་ཟག་གི་འཇོག་ཚུལ་ནི། ཕུང་པོའི་ཚོགས་པ་གང་ཟག་གི་གདགས་གཞི་དང་། གང་ཟག་དེའི་བཏགས་ཆོས། ཐ

སྣང་དུ་ངའོ་སྙམ་པའི་བློ་གང་ཟག་འཛིན་བྱེད་ཀྱི་བློ་ཡིན་པར་ངེས་པའི་སྒོ་ནས་ཤེས་དགོས་ཤིང་། ཕུང་པོའི་ཚོགས་པ་ལ་བརྟེན་ནས་ངའོ་སྙམ་པའི་བློ་དེའི་ཡུལ་གྱི་ང་ཙམ་དེ་ལ་བདག་གམ་གང་ཟག་ཅེས་བྱ་ལ། དེ་ཐ་སྙད་དུ་ཡོད་ཅིང་ལས་འབྲས་ཀྱི་རྟེན་དུ་གྱུར་པའི་བདག་ཅེས་བྱའོ། །ཤེས་པ་ལ་ཚད་མ་དང་ཚད་མིན་གྱི་ཤེས་པ་གཉིས་ཡོད། ཚད་མ་ལ་མངོན་སུམ་གྱི་ཚད་མ་དང་། རྗེས་དཔག་གི་ཚད་མ་གཉིས། ཚད་མའི་འདོད་ཚུལ་འདི་ལ་ཡང་ཐལ་འགྱུར་བའི་ལུགས་ཀྱི་ཐུན་མོང་མ་ཡིན་པའི་བཞེད་ཚུལ་ཡོད་དེ། རང་གི་འཛིན་སྟངས་ཡུལ་ལ་མི་བསླུ་བའི་རིག་པ་དེ་ཚད་མའི་མཚན་ཉིད་ཅེས་པ་ལས། ཚད་མ་ལ་གསར་རྟོགས་མི་དགོས་པར་འདོད་པས་བཅད་ཤེས་ཀྱང་ཚད་མར་བཞེད་དོ། །མངོན་སུམ་ཚད་མ་ལ་དབང་པོའི་མངོན་སུམ་ཚད་མ་དང་། ཡིད་ཀྱི་མངོན་སུམ་ཚད་མ་དང་། རྣལ་འབྱོར་མངོན་སུམ་ཚད་མ་དང་གསུམ་ཡོད། རང་རིག་མངོན་སུམ་ཁས་མི་ལེན། དེ་ཡང་མངོན་སུམ་ཚད་མའི་བཞེད་ཚུལ་ལ་ཡང་ལུགས་འདིས་ཐུན་མོང་མ་ཡིན་པའི་འདོད་ཚུལ་ཡོད་དེ། མངོན་སུམ་ལ་རྟོག་བྲལ་མི་དགོས་པར་རྟགས་ལ་མ་བལྟོས་པར་རང་གི་འཛིན་སྟངས་ཀྱི་གཞལ་བྱ་མངོན་སུམ་ལ་མི་བསླུ་བ་ཙམ་ཞིག་མངོན་སུམ་དུ་འདོད་པས་མངོན་སུམ་ཚད་མ་ལ་རྟོག་མེད་མངོན་སུམ་ཚད་མ་དང་རྟོག་བཅས་མངོན་སུམ་ཚད་མ་གཉིས་སུ་འདོད་པའི་དང་པོ་ནི། གཟུགས་འཛིན་དབང་པོའི་མངོན་སུམ་ལྟ་བུ་དང་། གཉིས་པ་ནི་སྒྲ་མི་རྟག་རྟོགས་ཀྱི་རྗེས་དཔག་སྐད་ཅིག་གཉིས་པ་དང་སྔོ་འཛིན་དབང་མངོན་གྱིས་དྲངས་ནས་སྐྱེས་པའི་སྔོན་པོ་དོན་མཐུན་དུ་དྲན་པའི་དྲན་ཤེས་ལྟ་བུའོ། དེས་ན་རང་རྒྱུད་པ་མན་ཆད་ཀྱིས་ཚད་མ་དང་། དཔྱད་ཤེས་གཉིས་འགལ་བར་བཞེད་ཀྱང་། ལུགས་འདིས་བཅད་ཤེས་ཡིན་ན་མངོན་སུམ་ཚད་མ་ཡིན་པས་ཁྱབ་པར་འདོད་དོ། །རྣལ་འབྱོར་མངོན་སུམ་

ཡའང་ལུགས་འདིའི་ཐུན་མོང་མ་ཡིན་པའི་བཞེད་ཚུལ་ཡོད་དེ། རང་རྒྱུད་པ་མན་ཆད་ཀྱིས་རྣལ་འབྱོར་མངོན་སུམ་ལ་འཕགས་པའི་ཡེ་ཤེས་ཀྱིས་ཁྱབ་པར་བཞེད་ཀྱང་། ལུགས་འདི་ལ་བདག་མེད་ཕྲ་མོ་རྟོགས་པའི་སྔ་རོལ་དུ་ཡང་བདེན་བཞི་ཁྱད་ཆོས་རགས་པ་བཅུ་དྲུག་དང་གང་ཟག་གི་བདག་མེད་རགས་པ་སོགས་རྟོགས་པའི་རྣལ་འབྱོར་མངོན་སུམ་ཡོད་པར་བཞེད་པས་སོ་སྐྱེའི་རྒྱུད་ལའང་རྣལ་འབྱོར་མངོན་སུམ་ཡོད་པར་གསུངས་སོ། དེས་ན་སེམས་ཅན་རྒྱུད་ཀྱི་དབང་ཤེས་ལ་འཁྲུལ་ཤེས་ཀྱིས་ཁྱབ། རྣལ་འབྱོར་མངོན་སུམ་ལ་འཁྲུལ་མ་འཁྲུལ་གཉིས་ཡོད། མཉམ་བཞག་ཟག་མེད་ཀྱི་ངོ་བོར་གྱུར་པའི་རྣལ་འབྱོར་མངོན་སུམ་དེ་མ་འཁྲུལ་བ་དང་། ཚུར་མཐོང་རྒྱུད་ཀྱི་ཕྲ་བའི་མི་རྟག་པ་མངོན་སུམ་དུ་རྟོགས་པའི་རྣལ་འབྱོར་མངོན་སུམ་དེ་འཁྲུལ་ཤེས་ཡིན་པའི་ཕྱིར། ཕྱི་མ་དེར་ཐལ། སོ་སྐྱེའི་རྒྱུད་ཀྱི་ཤེས་པ་ཡིན་པའི་ཕྱིར། རང་རིག་མངོན་སུམ་མི་འདོད། དེ་ཡང་ལུགས་འདིའི་ཐུན་མོང་མ་ཡིན་པའི་བཞེད་ཚུལ་ཞིག་སྟེ། རང་རིག་མངོན་སུམ་མི་འདོད་དེ་རང་རིག་མི་འདོད་པའི་ཕྱིར། 《སྤྱོད་འཇུག》ལས། འཇིག་རྟེན་གྱིས་ནི་མགོན་པོས་ཀྱང་། །སེམས་ཀྱིས་སེམས་མི་མཐོང་། །ཞེས་དང་། རལ་གྲིའི་སོ་ནི་རང་ལ་རང་། །ཇི་ལྟར་མི་གཅོད་དེ་བཞིན་ཡིད། །ཅེས་གསུངས་པ་ལྟར། དམིགས་པ་གང་ཡིན་པ་དེ་ཉིད་སེམས་ཡིན་ན་སེམས་ཀྱིས་སེམས་ཇི་ལྟར་མཐོང་བར་གྱུར་ཏེ་དཔེར་ན་རལ་གྲིའི་སོ་དེ་ཉིད་ཀྱིས་རང་གྲིའི་སོ་དེ་ཉིད་གཅོད་པ་མི་ནུས་ལ། སོར་མོའི་རྩེ་མོ་དེ་ཉིད་ཀྱིས་སོར་མོའི་རྩེ་མོ་དེ་ཉིད་རེག་པར་མི་ནུས་པ་ལྟར་རོ། །རྗེས་དཔག་ལ་དབྱེ་ན། དངོས་སྟོབས་རྗེས་དཔག གྲགས་པའི་རྗེས་དཔག དཔེ་ཉེར་འཇལ་གྱི་རྗེས་དཔག ཡིད་ཆེས་རྗེས་དཔག་དང་བཞི་ཡོད། རང་རྒྱུད་པ་མན་ཆད་ཀྱིས་ཡུལ་ལ་འཁྲུལ་ན་རྟོགས་པ་ཁས་མི་ལེན་ཤིང་། འདི་ལུགས་ཀྱིས

ཡུལ་དེ་ལ་འཁྲུལ་ཡང་ཡུལ་དེ་རྟོགས་པར་མི་འགལ་ཏེ། སྒྲ་མི་རྟག་རྟོགས་ཀྱི་རྗེས་དཔག་དེ་སྒྲ་མི་རྟག་པ་ལ་འཁྲུལ་ཡང་། དེ་རྟོགས་པར་ཁས་ལེན་པའི་ཕྱིར། ཇི་སྐད་དུ། འཁྲུལ་ཡང་ཚད་མར་མི་འགལ་མི་བསླུའི་དོན། ཞེས་པ་ལྟར་རོ། །གཉིས་སྣང་ཅན་གྱི་ཤེས་པ་ཡིན་ན། རང་གི་སྣང་ཡུལ་ལ་མངོན་སུམ་ཚད་མ་ཡིན་པས་ཁྱབ་སྟེ། སྒྲ་རྟག་འཛིན་རྟོགས་པ་དེ་རང་གི་སྣང་བ་ལ་མངོན་སུམ་ཚད་མ་ཡིན་པའི་ཕྱིར། ཤེས་པ་ཡིན་ན་རང་གི་གཞལ་བྱ་རྟོགས་པས་ཁྱབ་སྟེ། རི་བོང་རྭའི་དོན་སྤྱི་རི་བོང་རྭ་འཛིན་རྟོགས་པའི་གཞལ་བྱ་དང་། སྒྲ་རྟག་པའི་དོན་སྤྱི་སྒྲ་རྟག་འཛིན་རྟོགས་པའི་གཞལ་བྱ་ཡིན་པའི་ཕྱིར།

གཉིས་པ། ལམ་གྱི་རྣམ་གཞག་ལ་གསུམ་ལས། དང་པོ་ལམ་གྱི་དམིགས་པ་ནི། རང་རྒྱུད་པ་མན་ཆད་ཀྱིས་གང་ཟག་རང་རྐྱ་ཐུབ་པའི་རྫས་ཡོད་ཀྱིས་སྟོང་པ་གང་ཟག་གི་བདག་མེད་ཕྲ་མོར་འཛོག་ཅིང་། ལུགས་འདི་ལ་གང་ཟག་རང་རྐྱ་ཐུབ་པའི་རྫས་ཡོད་ཀྱིས་སྟོང་པ་གང་ཟག་གི་བདག་མེད་རགས་པ་དང་། གང་ཟག་བདེན་པས་སྟོང་པ་གང་ཟག་གི་བདག་མེད་ཕྲ་མོར་འདོད་དོ། ཆོས་ཀྱི་བདག་མེད་འཛོག་ཚུལ་ནི་ཕུང་སོགས་ཀྱི་ཆོས་རྣམས་བདེན་གྲུབ་ཀྱིས་སྟོང་པ་ཆོས་ཀྱི་བདག་མེད་ཕྲ་མོར་འདོད་པས་བདག་མེད་ཕྲ་མོ་གཉིས་དགག་བྱའི་སྒོ་ནས་འབྱེད་པ་མ་ཡིན་ཏེ། བདག་མེད་གཉིས་ཀ་དགག་བྱ་བདེན་གྲུབ་བཀག་པ་མཚུངས་པའི་ཕྱིར། དེས་ན་དེ་གཉིས་སྟོང་གཞིའི་སྒོ་ནས་འབྱེད་པ་ཡིན་ཏེ། གཞི་གང་ཟག་གི་སྟེང་དུ་དགག་བྱ་བདེན་གྲུབ་བཀག་པ་གང་ཟག་གི་བདག་མེད་ཕྲ་མོ་དང་། གཞི་ཕུང་སོགས་ཀྱི་སྟེང་དུ་དགག་བྱ་བདེན་གྲུབ་བཀག་པ་ཆོས་ཀྱི་བདག་མེད་ཕྲ་མོར་འཛོག གང་ཟག་གི་བདག་མེད་ཕྲ་མོ་དང་ཆོས་ཀྱི་བདག་མེད་ཕྲ་མོ་གཉིས་ལ་ཕྲ་རགས་མེད་ཅིང་གནས་ལུགས་མཐར་ཐུག་ཏུ་འདོད་དོ། །གཉིས་པ་ལམ་གྱི་སྤང་བྱ་ནི།

བདག་འཛིན་ཕྲ་རག་ས་བོན་དང་བཅས་པ་དང་། དེའི་དབང་གིས་བྱུང་བའི་དུག་གསུམ་ས་བོན་དང་བཅས་པ་ཉོན་སྒྲིབ་དུ་འདོད་དེ། བདེན་འཛིན་ཉོན་སྒྲིབ་ཏུ་འདོད་པའི་ཕྱིར། དེ་ཡང་མིང་བརྟས་བཞག་པ་ཙམ་མ་ཡིན་པའི་ཡོད་པར་འཛིན་པའི་བདག་འཛིན་ཕྲ་མོའི་ཡུལ་བདེན་གྲུབ་དེ་གང་ཟག་གི་སྟེང་དུ་ཡོད་པར་འཛིན་པ་ནི་གང་ཟག་གི་བདག་འཛིན་དང་ཆོས་ཀྱི་སྟེང་དུ་ཡོད་པར་འཛིན་པ་ནི་ཆོས་ཀྱི་བདག་འཛིན་ཡིན། བདག་འཛིན་ཉོན་སྒྲིབ་ཏུ་འདོད་པ་དེ་ཡང་ལུགས་འདིའི་ཐུན་མོང་མིན་པའི་ཁྱད་ཆོས་ཞིག་སྟེ། གང་ཟག་གི་བདག་མེད་མཚན་ཉིད་རྫོགས་པར་རྟོགས་པ་ལ་ཆོས་ཀྱི་བདག་མེད་ཕྲ་མོ་ཡང་ངེས་པར་རྟོགས་དགོས། དེ་ལྟར་མ་རྟོགས་ན་གཟུགས་ལ་སོགས་པའི་ཕུང་པོ་བདེན་པར་དམིགས་པས་གང་ཟག་གི་བདག་མེད་ཀྱང་མཚན་ཉིད་རྫོགས་པར་རྟོགས་པར་མི་འགྱུར། དེས་ན་ཉན་རང་གི་དགྲ་བཅོམ་པ་ཡིན་ན་ཆོས་ཀྱི་བདག་འཛིན་སྤངས་པས་ཁྱབ་པ་དང་ཆོས་ཀྱི་བདག་མེད་རྟོགས་པས་ཁྱབ་པར་བཞེད། ཆོས་དང་གང་ཟག་བདེན་པར་འཛིན་པའི་བདེན་འཛིན་གཉིས་ཀ་ཉོན་སྒྲིབ་དུ་འདོད་ཅིང་། གཙོ་བོ་ཐར་པ་ཐོབ་པ་ལ་བར་དུ་གཅོད་པའི་སྒྲིབ་པར་འཛོག་གོ། །ཐལ་འགྱུར་བས་བདེན་འཛིན་ཉོན་སྒྲིབ་ཏུ་འདོད་པ་དང་། རང་རྒྱུད་པས་བདེན་འཛིན་ཤེས་སྒྲིབ་ཏུ་འདོད། སེམས་ཙམ་པ་དང་བྱེ་མདོ་གཉིས་ཀྱིས་བདེན་འཛིན་ཤེས་སྒྲིབ་ཏུ་མི་འདོད་དེ་སྔར་བཤད་མི་རྩི་བའི་ཕྱིར། ཐལ་འགྱུར་བའི་ལུགས་སུ་ཤེས་སྒྲིབ་གང་འཛོག་ཞེ་ན། བདེན་འཛིན་གྱི་བག་ཆགས་དང་། དེའི་དབང་གིས་བྱུང་བའི་གཉིས་སྣང་འཁྲུལ་བའི་ཆ་དང་། བདེན་གཉིས་ངོ་བོ་ཐ་དད་དུ་འཛིན་པའི་དྲི་མ་རྣམས་ཤེས་སྒྲིབ་ཏུ་འདོད་དེ། གཙོ་བོ་ཐམས་ཅད་མཁྱེན་པ་འཐོབ་པ་ལ་བར་དུ་གཅོད་པའོ། གསུམ་པ་ལམ་གྱི་རང་བཞིན་ནི། ཐེག་པ་གསུམ་ལ་ཤེས་རབ་ཀྱི་རྟོགས་རིགས་མི་འདྲ་བ་མེད་

དེ། འཕགས་པ་ལ་ཆོས་ཀྱི་བདག་མེད་མངོན་སུམ་དུ་རྟོགས་པས་ཁྱབ་པ་ཁས་ལེན་པའི་ཕྱིར། དེ་ཡང་ལུགས་འདིའི་ཐུན་མོང་མ་ཡིན་པའི་བཞེད་ཚུལ་ཞིག་སྟེ། དབུ་མ་རང་རྒྱུད་པ་མན་ཆད་ཀྱིས་སངས་རྒྱས་འཐོབ་པ་ལ་སྟོང་ཉིད་རྟོགས་དགོས་པར་བཞེད་ཀྱང་། ཐར་པ་ཙམ་ཐོབ་པ་ལ་ཆོས་ཀྱི་བདག་མེད་རྟོགས་མི་དགོས་པར་མི་རྟག་སོགས་བཅུ་དྲུག་རྟོགས་ཟིན་གོམས་པ་ལ་བརྟེན་ནས་ཉོན་མོངས་ཟད་པར་སྤངས་པས་གྲོལ་བ་དགྲ་བཅོམ་པའི་འབྲས་བུ་འཐོབ་པར་བཞེད། ལུགས་འདིར་ཐར་པ་ཙམ་ཐོབ་པར་འདོད་པས་ཀྱང་སྟོང་ཉིད་རྟོགས་དགོས་པར་བཞེད་ལ། ཉན་རང་འཕགས་པ་རྣམས་ཀྱིས་ཀྱང་ཆོས་ཀྱི་བདག་མེད་ཕྲ་མོ་མ་རྟོགས་ན་སེམས་བདེན་འཛིན་གྱི་དམིགས་པ་དང་བཅས་ཏེ་བདེན་འཛིན་གྱི་ཞེན་ཡུལ་རིགས་པས་སུན་འབྱིན་མི་ནུས་པས་གང་ཟག་གི་བདག་མེད་ཀྱང་མཚན་ཉིད་རྫོགས་པར་རྟོགས་པ་མེད་ཅིང་། ཇི་སྲིད་སེམས་བདེན་འཛིན་དང་བཅས་པ་རྣམས་དེ་སྲིད་དུ་སངས་རྒྱས་འཐོབ་པ་ལྟ་ཞོག་ཐེག་དམན་གྱི་མྱ་ངན་ལས་འདས་པའང་ཐོབ་མི་ནུས་པས་ཉན་རང་འཕགས་པ་རྣམས་ཀྱིས་ཀྱང་ཆོས་ཀྱི་བདག་མེད་མངོན་སུམ་དུ་རྟོགས་ནས་རང་གི་བྱང་ཆུབ་མངོན་དུ་བྱེད་པར་བཞེད་དོ། །

གསུམ་པ་འབྲས་བུའི་རྣམ་གཞག་ནི། ཐེག་དམན་རིགས་ངེས་རྣམས་ཀྱིས་བདག་མེད་པའི་ལྟ་བ་རིགས་པ་མདོར་བསྡུས་ཙམ་གྱིས་བསྒོམ་པ་ལ་བརྟེན་ནས། མཐར་ཐེག་དམན་གྱི་སྒོམ་ལམ་རྡོ་རྗེ་ལྟ་བུའི་ཏིང་ངེ་འཛིན་གྱིས་བདེན་འཛིན་ས་བོན་དང་བཅས་པ་སྤངས་པ་དང་དུས་མཉམ་དུ་རང་གི་བྱང་ཆུབ་མངོན་དུ་བྱེད་དོ། །དབུ་མ་རང་རྒྱུད་པ་མན་ཆད་ཀྱིས་ལྷག་མེད་མྱང་འདས་ཐོབ་པ་ལ་དེའི་སྔོན་དུ་ལྷག་བཅས་མྱང་འདས་ཐོབ་དགོས་པར་འདོད་ཀྱང་། ལུགས་འདི་ལ་ཐུན་མོང་མ་ཡིན་པའི་བཞེད་ཚུལ་ཡོད་དེ། ལྷག་བཅས་ཀྱི་སྔོན་

ད་ལྷག་མེད་མྱང་འདས་ཐོབ་དགོས་པར་བཞེད་དོ། །དེ་ཡང་དགྲ་བཅོམ་རང་རྒྱུད་པ་མན་ཆད་ཀྱིས་ཉོན་མོངས་སྤངས་པའི་མྱང་འདས་གཞིར་བྱས་པ་ལ་ཟག་བཅས་ཀྱི་ཕུང་པོའི་རྒྱུན་མ་ལོག་པ་དང་ལོག་པ་ཙམ་ལ་རིམ་བཞིན་ལྷག་བཅས་དང་ལྷག་མེད་བྱེད་ཅིང་། ལུགས་འདིར་ནི་ཉོན་མོངས་སྤངས་པ་གཞིར་བྱས་པ་ལ་བདེན་སྣང་གི་ལྷག་མ་ཡོད་པ་དང་མེད་པ་ལ་རིམ་བཞིན་ལྷག་བཅས་དང་ལྷག་མེད་དུ་གསུངས་ཏེ། ཉོན་མོངས་ས་བོན་དང་བཅས་པ་སྤངས་པ་ན་མྱང་འདས་ཐོབ་ལ་དེ་ཡང་ཉོན་མོངས་ཟད་ཀྱང་དེའི་བག་ཆགས་ཀྱི་འཁྲུལ་པའི་ལྷག་མ་དང་བཅས་པ་ནི་ལྷག་བཅས་མྱང་འདས་དང་། འཁྲུལ་པའི་ལྷག་མ་མེད་པའི་མྱང་འདས་ནི་ལྷག་མེད་མྱང་འདས་ཡིན། དེའི་དབང་གིས་ཐོབ་པའི་ཚེ་ཡང་ལྷག་མེད་སྔོན་ལ་ཐོབ་ཅིང་། དེའི་རྗེས་སུ་ལྷག་བཅས་མྱང་འདས་ཐོབ་པར་གསུངས་ཏེ། ཉན་རང་དགྲ་བཅོམ་མཉམ་བཞག་པའི་རྒྱུད་ལ་འཁྲུལ་སྣང་མེད་པས་ན་བདེན་སྣང་གི་བློ་མེད། དེས་ན་དེའི་ཚེ་ལྷག་མེད་མྱང་འདས་དང་། མཉམ་བཞག་ལས་ལངས་ནས་རྗེས་ཐོབ་ཡེ་ཤེས་ཀྱི་སྐབས་ཆོས་སྣ་བ་དང་། འཚོ་བ་སྐྱོད་པ། ཡུལ་དང་འཕྲད་པ་སོགས་ཀྱི་དབང་གིས་སླར་འཁྲུལ་སྣང་ཡོད་པས། མྱང་འདས་དེའི་ཚེ་ལྷག་བཅས་མྱང་འདས་ཡིན་ནོ། །ཐེག་བསྡུས་ལས། མི་ཞིག་མིག་ནི་བཙུམ་པ་ལྟར། །རྣམ་རྟོག་མེད་པའི་ཤེས་དེ་འདྲ། །ཞེས་མཉམ་བཞག་སྣང་མེད་དང་། དེ་ཉིད་མིག་ནི་ཕྱེ་བ་ལྟར། །དེ་རྗེས་ཐོབ་པའི་ཤེས་དེ་འདྲ། །ཞེས་གསུངས་པ་ལྟར་རོ། །ཉན་རང་གཉིས་ལ་ཞུགས་གནས་ཀྱི་རྣམ་གཞག་ཁས་ལེན་ཞིང་། ཞུགས་གནས་བརྒྱད་པོ་གང་རུང་ལ་འཕགས་པས་ཁྱབ་པར་ཁས་ལེན་ནོ། །ཐེག་ཆེན་གྱི་བྱང་ཆུབ་མངོན་དུ་བྱེད་ཚུལ་ནི། བྱང་སེམས་རྣམས་ཀྱིས་བདག་མེད་པའི་ལྟ་བ་རིགས་པའི་རྣམ་གྲངས་མཐའ་ཡས་པའི་སྒོ་ནས་རྒྱས་པར་བསྒོམ་སྟེ་སྒྲིབ་པ་སྤོང་བར་བྱེད་

ལ། དེ་ཡང་ཉོན་སྒྲིབ་ཟད་པར་མ་སྤངས་པར་ཤེས་སྒྲིབ་སྤོང་བའི་མགོ་མི་རྩོམ་ལ་ཤེས་སྒྲིབ་སྤོང་བའི་མགོ་ས་བརྒྱད་པ་ནས་རྩོམ་པ་ཡིན་ཞིང་། དམན་ལམ་སྔོན་དུ་མ་སོང་བའི་བྱང་སེམས་རྣམས་ཀྱིས་ས་བརྒྱད་པ་ཐོབ་པ་ན་ཉོན་སྒྲིབ་ཟད་པར་སྤངས་ཏེ་མཐར་རྒྱུན་མཐའི་བར་ཆད་མེད་ལམ་ལ་བརྟེན་ནས་ཤེས་སྒྲིབ་མ་ལུས་པར་སྤངས་པ་དང་དུས་མཉམ་དུ་སྐུ་བཞིའི་གོ་འཕང་མངོན་དུ་བྱེད་དོ། ། སྐུ་བཞིའི་འཇོག་ཚུལ་དང་དབྱེ་ཚུལ་རྣམས་སེམས། རང་། ཐལ་གསུམ་གཅིག་མཐུན་ནོ། ། སྡུད་འདས་དང་འགོག་བདེན་ལ་དོན་དམ་བདེན་པས་ཁྱབ་པར་འདོད་དོ། དྲང་ངེས་ཀྱི་མདོ་འཇོག་ཚུལ་ལ། ཀུན་རྫོབ་བདེན་པ་དངོས་བསྟན་བསྟན་བྱའི་གཙོ་བོར་བྱས་པའི་མདོ་དྲང་དོན་གྱི་མདོའི་མཚན་ཉིད། དོན་དམ་བདེན་པ་དངོས་བསྟན་བསྟན་བྱའི་གཙོ་བོར་བྱས་པའི་མདོ་ངེས་དོན་གྱི་མདོའི་མཚན་ཉིད། དགོངས་འགྲེལ་ལས་བཤད་པའི་འཁོར་ལོ་གསུམ་གྱི་དང་པོ་དང་། ཐ་མ་ལ་དྲང་དོན་གྱི་མདོས་ཁྱབ་སྟེ། དེ་ལ་སྟོང་ཉིད་དངོས་སུ་སྟོན་པའི་མདོ་མེད་པའི་ཕྱིར། དེའི་བར་པ་ལ་ངེས་དོན་གྱི་མདོས་ཁྱབ་པར་བཞེད་དེ། 《ཤེས་རབ་སྙིང་པོ》ངེས་དོན་གྱི་མདོ་ཡིན་པའི་ཕྱིར། དབུ་མའི་ལྟ་བ་གཏན་ལ་འབེབས་བྱེད་ཀྱི་གཏན་ཚིགས་ཆེན་པོ་ལྔ་གསུངས་པ་ལས་མཐའ་གཉིས་བསལ་ནས་དབུ་མའི་ལྟ་བ་བརྒྱུད་ལ་བསྐྱེད་པར་བྱེད་པར་རྟེན་འབྲེལ་གྱི་གཏན་ཚིགས་འདི་ལས་ལྷག་པ་མེད་པའི་ཕྱིར་རིགས་པའི་རྒྱལ་པོ་རྟེན་འབྲེལ་ཆེན་པོའི་གཏན་ཚིགས་ཞེས་བསྔགས་པ་མཛད། དེ་ཡང་རྟག་ཆད་ཀྱི་མཐའ་གཉིས་སེལ་ཚུལ་ལ། ཐལ་འགྱུར་བའི་ལུགས་འདིར་ལྟ་བ་རྣམ་པར་དག་པའི་གོལ་སའི་གཙོ་བོ་རྣམ་པ་གཉིས་ཏེ། གཅིག་ནི་ཆོས་ཐམས་ཅད་རང་གི་མཚན་ཉིད་ཀྱིས་གྲུབ་པར་འཛིན་པའི་སྒྲོ་འདོགས་ཀྱི་ཆ་རྟག་ལྟ་དང་། གཅིག་ཤོས་ནི་དགག་བྱའི་ཚད་བཀག་དྲག་པས་བཅིངས་འགྲོལ

དང་རྒྱུ་འབྲས་ལ་སོགས་པ་ཐ་སྙད་ཙམ་དུའང་རང་ངོས་ནས་ངེས་པ་དྲང་དུ་མེད་པར་སོང་བའི་སྐྱུར་འདེབས་ཀྱི་ཆ་ཆད་ལྟ་ལྟ་བུའོ། །བརྟེན་ནས་བཏགས་པའི་གཏན་ཚིགས་ལ་བརྟེན་ནས་ཕྱི་ནང་གི་ཆོས་རྣམས་ལ་རང་གི་མཚན་ཉིད་ཀྱིས་གྲུབ་པ་མ་ལུས་པར་ཁེགས་ཀྱང་། ཐ་སྙད་དུ་མིང་རྐྱང་བཏགས་ཡོད་ཙམ་ཞིག་གཞན་ངོར་སྐྱེལ་མི་དགོས་པར་རང་ལུགས་སུ་བསྟན་མེད་དུ་འཇོག་ཤེས་པ་ཡིན་ཏེ། ཕྱི་ནང་གི་དངོས་པོ་འདི་དག་ཆོས་ཅན། བདེན་པར་མ་གྲུབ་སྟེ། རྟེན་ཅིང་འབྲེལ་འབྱུང་ཡིན་པའི་ཕྱིར། ཞེས་པ་རྟག་པའི་མཐའ་སེལ་ཚུལ་དང་། ཡང་དེ་ཆོས་ཅན། ཐ་སྙད་དུའང་མེད་པ་མ་ཡིན་ཏེ། རྟེན་འབྲེལ་ཡིན་པའི་ཕྱིར། ཞེས་པ་ཆད་པའི་མཐའ་སེལ་ཚུལ་ཡིན། འདི་ནི་ལུགས་འདིའི་ཁྱད་ཆོས་ཐུན་མོང་མ་ཡིན་པའོ། །རྩ་ཤེས་ལས། རྟེན་ཅིང་འབྲེལ་བར་འབྱུང་བ་གང་། དེ་ནི་ངོ་བོ་ཉིད་ཀྱིས་ཞི། དེ་ནི་རྟེན་ནས་གདགས་པ་སྟེ། དེ་ཉིད་དབུ་མའི་ལམ་ཡིན་ནོ། །ཞེས་གསུངས་པ་ལྟར་རོ། །དེས་ན་གོང་དུ་བཤད་ཟིན་པའི་ནང་པས་སངས་རྒྱས་པའི་གྲུབ་མཐའ་བཞི་པོ་ལ་རྟག་ཆད་ཀྱི་མཐའ་སྤོང་ཚུལ་མི་འདྲ་བ་རེ་ཡོད་དེ། བྱེ་བྲག་སྨྲ་བས་འབྲས་བུ་སྐྱེ་བའི་ཚེ་རྒྱུ་འགག་པས་རྟག་པའི་མཐའ་སྤོང་ལ། རྒྱུའི་མཇུག་ཐོགས་སུ་འབྲས་བུ་འབྱུང་བས་ཆད་པའི་མཐའ་སྤོང་ངོ་ཟེར་རོ། །མདོ་སྡེ་པ་རྣམས་ཀྱིས་འདུས་བྱས་རྣམས་རྒྱུན་མི་ཆད་པར་འཇུག་པས་ཆད་པའི་མཐའ་སྤོང་ཞིང་། སྐད་ཅིག་གིས་འཇིག་པས་རྟག་པའི་མཐའ་ལས་གྲོལ་ཞེས་འདོད་དོ། །སེམས་ཙམ་པ་དག་གིས་ཀུན་བཏགས་བདེན་པར་མ་གྲུབ་པས་རྟག་པའི་མཐའ་སྤོང་ལ། གཞན་དབང་བདེན་པར་གྲུབ་པས་ཆད་པའི་མཐའ་སྤོང་ངོ་ཞེས་སྨྲའོ། །དབུ་མ་པ་རྣམས་ཆོས་ཐམས་ཅད་ཐ་སྙད་དུ་ཡོད་པས་ཆད་པའི་མཐའ་ལས་གྲོལ་ཞིང་། དོན་དམ་དུ་མེད་པས་རྟག་པའི་མཐའ་ལས་གྲོལ་

ཞེས་བཞེད་དོ། གྲུབ་མཐའ་གོང་མ་གོང་མ་རྣམས་ཀྱིས་འོག་མ་འོག་མའི་གྲུབ་
མཐའ་ཐུན་མོང་མ་ཡིན་པ་རྣམས་འགོག་པར་བྱེད་ཀྱང་། འོག་མ་འོག་མའི་ལྟ་
བ་གོ་བ་དེ། གོང་མ་གོང་མའི་ལྟ་བ་གོ་བའི་ཐབས་དམ་པར་སྣང་བས། གྲུབ་
མཐའ་གོང་མ་ལ་མཆོག་ཏུ་བཟུང་ནས་འོག་མ་ལ་སྨད་པར་མི་བྱའོ། །

ཚིག་འགྲེལ།

སློབ་དཔོན་སངས་རྒྱས་བསྐྱངས། རྒྱ་གར་གྱི་དབུ་མ་ཐལ་
འགྱུར་བའི་སློབ་དཔོན་ཆེན་པོ་ཞིག སློབ་དཔོན་ཀླུ་སྒྲུབ་ཀྱི་ཞབས་ལ་བསྟེན་
ནས་དབུ་མ《རྩ་བ་ཤེས་རབ》ཀྱི་འགྲེལ་པ《བུདྡྷ་པཱ་ལི་ཏ》མཛད་དེ་རྩ་ཤེས་
ནས་གསུངས་པའི་རིགས་པ་རྣམས་དབུ་མ་ཐལ་འགྱུར་བའི་ལུགས་སུ་བཀྲལ།

ཟླ་གྲགས། རྒྱ་གར་གྱི་དབུ་མ་ཐལ་འགྱུར་བའི་སློབ་དཔོན་ཆེན་པོ་
དཔལ་ལྡན་ཟླ་བ་གྲགས་པ་ཞུ་བ་དེ་ཡིན། སློབ་དཔོན་ཀླུ་སྒྲུབ་ཀྱི་ཞབས་རྡུལ་སྤྱི་
བོས་བླངས་ཏེ། འཕགས་པ་ཡབ་སྲས་ཀྱི་དགོངས་པ་མཐར་ཐུག་དབུ་མ་ཐལ་
འགྱུར་དུ་བཀྲལ་བའི་གཞུང《དབུ་མ་རྩ་བ་ཤེས་རབ་ཀྱི་འགྲེལ་པ་ཚིག་གསལ》
དང་། དབུ་མའི་བསྟན་བཅོས་ཆེན་པོ《དབུ་མ་འཇུག་པ》དང་དེའི་རང་
འགྲེལ་སོགས་མཛད།

ཞི་བ་ལྷ། རྗེ་བཙུན་འཇམ་དཔལ་དབྱངས་ཀྱིས་མངོན་སུམ་དུ་རྗེས་སུ་
བཟུང་ནས་མདོ་སྔགས་ཀྱི་བཀའ་དང་གདམས་པ་མ་ལུས་པ་ཡོངས་སུ་ཆུད་ཀྱང་།
ཕྱི་རོལ་དམ་པ་མ་ཡིན་པའི་སྐྱེ་བོ་རྣམས་ཀྱི་ངོར་སྤྱོད་ལམ་ཟ་ཉལ་བཤང་བ་མ་
གཏོགས་གླེགས་བམ་ཀློག་པ་སོགས་གཞན་གང་ཡང་མ་མཐོང་བས་འདུ་ཤེས་
གསུམ་པ་ཞེས་གྲགས། ནམ་ཞིག་དཔལ་ན་ལེན་དྲའི་དགེ་འདུན་ཐམས་ཅད་
འདུས་པའི་དབུས་སུ《བྱང་ཆུབ་སེམས་དཔའི་སྤྱོད་པ་ལ་འཇུག་པ》ཞེས་པའི་

བསྟན་བཅོས་ཆེན་པོ་གསུང་བཞིན་ནམ་མཁའ་ལ་ཇོ་མཐོ་ཇོ་མཐོར་སོང་ནས་མཐར་སྐུ་མི་སྣང་བར་གསུང་གྲགས་པ་ཞིག་བྱུང་།

ཕྱི་རྒོལ། ཕྱི་རྒོལ་གྱིས་སུན་འབྱིན་པར་ལེན་འདེབས་པ་པོའི་རྒོལ་བ་ལ་ཟེར།

བསྒྲུབ་བྱ། རྟགས་སམ་རྒྱུ་མཚན་ལ་བརྟེན་ནས་བསྒྲུབ་རྒྱུའི་ཆོས་དང་ཆོས་ཅན་གྱི་ཚོགས་པ་དེ་ལ་བསྒྲུབ་བྱ་ཞེས་བརྗོད།

གཞལ་བྱའི་གནས་གསུམ། མངོན་གྱུར། ལྐོག་གྱུར། ཤིན་ཏུ་ལྐོག་གྱུར་གསུམ་མོ། །

མཐར་ཐུག་དཔྱོད་བྱེད་ཀྱི་ཚད་མ། ཡང་དག་པར་གཟིགས་པའི་འཕགས་པའི་ཡེ་ཤེས་རྣམས་སོ། །

ཐ་སྙད་དཔྱོད་བྱེད་ཀྱི་ཚད་མ། འཇིག་རྟེན་པའི་བརྡའམ་ཐ་སྙད་ལ་འཇུག་ཅིང་དཔྱོད་པའི་བློ་རྣམས་སོ། །

ཕུང་པོ་བཞིའམ་ལྔ། ཕུང་པོ་ལྔ་ནི། གཟུགས་ཀྱི་ཕུང་པོ། ཚོར་བའི་ཕུང་པོ། འདུ་ཤེས་ཀྱི་ཕུང་པོ། འདུ་བྱེད་ཀྱི་ཕུང་པོ། རྣམ་པར་ཤེས་པའི་ཕུང་པོ་རྣམས་སོ། །ཕུང་པོ་བཞི་ནི་འདི་རྣམས་ལས་གཟུགས་ཀྱི་ཕུང་པོ་ཕུད་པའི་ལྷག་མ་བཞིའོ། །

འཛིན་སྟངས་ཡུལ། བློ་དོན་མཐུན་གྱི་ཇི་ལྟར་བཟུང་བ་ལྟར་གྲུབ་པའི་ཆོས་དེ་འཛིན་སྟངས་ཡུལ་གྱི་མཚན་ཉིད། དེ་དང་ཤེས་བྱ་དོན་གཅིག མཚན་གཞི་ནི་བུམ་པ་ལྟ་བུའོ། །བུམ་པ་དེ་བུམ་འཛིན་མིག་ཤེས་དང་བུམ་འཛིན་རྟོག་པའི་འཛིན་སྟངས་ཀྱི་ཡུལ་ཡིན་ནོ། །

《སྤྱོད་འཇུག》《བྱང་ཆུབ་སེམས་དཔའི་སྤྱོད་པ་ལ་འཇུག་པ》ཞེས་ཏེ་སློབ་དཔོན་ཞི་བ་ལྷས་མཛད་པ། ནང་དོན་ནི་ཐེག་པ་ཆེན་པོའི་བྱང་ཆུབ

སེམས་སྐྱོང་གི་མན་ངག་གཙོ་བོར་སྟོན་པ་ཞིག་ཡིན།

དངོས་སྟོབས་རྗེས་དཔག རང་གི་རྟེན་དངོས་པོའི་སྟོབས་ཞུགས་ཀྱི་རྟགས་ཡང་དག་ལ་བརྟེན་ནས་རང་གི་འཛིན་སྟངས་ཡུལ་དུ་གྱུར་པའི་གཞལ་བྱ་ལྐོག་གྱུར་ལ་མི་བསླུ་བའི་ཤེས་པ་ཞིག་ལ་ཟེར།

གྲགས་པའི་རྗེས་དཔག རང་གི་བརྟེན་གྲགས་རྟགས་ཡང་དག་ལ་བརྟེན་ནས་བརྡ་འམ་འདོད་པ་ཙམ་གྱིས་བཞག་པའི་ཡུལ་ལ་མི་བསླུ་བའི་ཤེས་པ་ཞིག་ལ་ཟེར།

དཔེ་ཉེར་འཇལ་གྱི་རྗེས་དཔག ཚུལ་གསུམ་པའི་གཏན་ཚིགས་དང་ཐལ་འགྱུར་གཞན་གྱིས་བཀོད་པ་མེད་ཀྱང་དཔེ་དོན་ཆོས་མཐུན་པའམ་འདྲ་བ་ཞིག་རྒྱུ་མཚན་དུ་བྱས་ནས་གཞལ་བའི་རྗེས་དཔག་ལ་ཟེར།

ཡིད་ཆེས་རྗེས་དཔག རང་གི་རྟེན་ཡིད་ཆེས་ཀྱི་རྟགས་ཡང་དག་ལ་བརྟེན་ནས་རང་གི་འཛིན་སྟངས་ཡུལ་དུ་གྱུར་པའི་གཞལ་བྱ་ཤིན་ཏུ་ལྐོག་གྱུར་ལ་མི་བསླུ་བའི་ཤེས་པ་ཞིག་ལ་ཟེར།

རི་བོང་རྭའི་དོན་སྤྱི། རི་བོང་རྭ་འཛིན་རྟོག་པའི་སྣང་ངོ་ལ་རི་བོང་རྭར་སྒྲོ་བཏགས་པའི་ཆ་སྙོལ་སྣང་བ་དེ་ལ་ཟེར།

བདེན་གཉིས་ངོ་བོ་ཐ་དད་དུ་འཛིན་པ། བདེན་གཉིས་ངོ་བོ་ཐ་དད་དུ་འཛིན་པའི་ཆ་ནི་ལུགས་འདིར་ཤེས་སྒྲིབ་ཏུ་འདོད་པ་ཡིན་ཏེ་ཐལ་འགྱུར་བའི་ལུགས་ལ། བདེན་གཉིས་བདེན་སྟོང་དུ་ངོ་བོ་དབྱེར་མེད་པས་ངོ་བོ་གཅིག་ལ། རང་རང་གི་ལྟོས་གཞིའི་ལྡོག་ཆ་ནས་ཐ་དད་པ་ཡིན་པ་བྱས་པ་དང་མི་རྟག་པ་ལྟ་བུ་ཡིན་པར་འདོད། ཞིབ་པར《གྲུབ་མཐའ་རིན་ཆེན་ཕྲེང་བའི་ཚིག་འགྲེལ་ཐོར་བུ》ཤོག་གྲངས304ཐོག་གསལ།

《མདོ་སྡེ་ས་བཅུ་པ་》དེ་བཞིན་གཤེགས་པའི་སྐུས་བྱིན་གྱིས

བརླབས་ཏེ་གསུངས་པའི་མདོ། སློབ་དཔོན་ཐོགས་མེད་ཀྱིས་བྱམས་པ་བསྒྲུབས་ནས་མི་ཡུལ་དུ་གདན་དྲངས་པ་ཡིན།

《ཐེག་བསྡུས་》 བྱམས་པ་དང་འབྲེལ་བའི་ཆོས་ཉི་ཤུའི་ནང་གསེས་སྡོམ་རྣམ་གཉིས་ཀྱི་ཡ་གྱལ་ཞིག་སྟེ། ཐེག་པ་ཆེན་པོའི་སྡོམ《ཐེག་བསྡུས་》ཞེས་པ་སློབ་དཔོན་ཐོགས་མེད་ཀྱིས་མཛད་པའོ། །

དམན་ལམ་སྔོན་དུ་མ་སོང་བའི་བྱང་སེམས། ཐེག་པ་གསུམ་ལ་འགྲོ་མི་སྲིད་སྟོབས་ཆེ་ཆུང་གསུམ་ཡོད་པ་ལས་སྔར་ཉན་རང་གི་ལམ་ལ་ཞུགས་མི་དགོས་པར་ཐད་ཀར་ཐེག་ཆེན་ལམ་ལ་ཞུགས་ནས་རང་གི་བྱང་ཆུབ་མངོན་དུ་བྱེད་པའི་འགྲོ་མི་སྲིད་སྟོབས་ཆེན་པོ་རྣམས་ལ་ཟེར།

གཏན་ཚིགས་ཆེན་པོ་ལྔ། དབུ་མའི་ལྟ་བ་གཏན་ལ་འབེབས་བྱེད་ཀྱི་གཏན་ཚིགས་ཆེན་པོ་ལྔ་སྟེ། གཅིག་དུ་བྲལ་གྱི་གཏན་ཚིགས། རྡོ་རྗེ་གཟེགས་མའི་གཏན་ཚིགས། ཡོད་མེད་སྐྱེ་འགོག་གི་གཏན་ཚིགས། མུ་བཞི་སྐྱེ་འགོག་གི་གཏན་ཚིགས། རྟེན་འབྲེལ་གྱི་གཏན་ཚིགས་བཅས་ལྔའོ། །

རྟེན་འབྲེལ་གྱི་གཏན་ཚིགས། དབུ་མའི་ལྟ་བ་གཏན་འབེབས་བྱེད་ཀྱི་གཏན་ཚིགས་ཆེན་པོ་ལྔའི་ནང་གསེས་ཆོས་ཐམས་ཅད་བདེན་མེད་དུ་སྒྲུབ་པའི་རིགས་པའི་རྒྱལ་པོ་རྟེན་འབྲེལ་ཆེན་པོའི་གཏན་ཚིགས་སོ། །ཞིབ་པར《གྲུབ་མཐའ་རིན་ཆེན་ཕྲེང་བའི་ཚིག་འགྲེལ་ཐོར་བུ》ཤོག་གྲངས་88དང་308ཐོག་གཟིགས།

བསམ་གཞིགས་དྲི་བ།

༡. དབུ་མ་ཐལ་འགྱུར་པའི་མཚན་ཉིད་དང་སྒྲ་བཤད་འཇོག་དགོས།

༢. གཞི་གྲུབ་ཚད་ལ་རྟོག་པས་བཏགས་ཙམ་གྱིས་ཁྱབ་ཅེས་པའི་ཙམ་

སྒྲས་གང་གཅོད་དམ།

༣. ཐལ་འགྱུར་བའི་ལུགས་སུ་མངོན་ཤློག་གཉིས་འགལ་ལམ་མི་འགལ། རྒྱུ་མཚན་གང་ཡིན་ནམ།

༤. ཐལ་འགྱུར་བའི་ལུགས་ལ་ཀུན་རྫོབ་བདེན་པ་ལ་ཡང་དག་ཀུན་རྫོབ་དང་ལོག་པའི་ཀུན་རྫོབ་ཀྱི་དབྱེ་བ་འབྱེད་དམ། རྒྱུ་མཚན་གང་ཡིན་ནམ།

༥. ལུགས་འདིའི་གང་ཟག་གི་འཇོག་ཚུལ་ཇི་ལྟར་ཡིན་ནམ།

༦. ཚད་མ་ལ་གསར་རྟོགས་དགོས་སམ་མི་དགོས།

༧. ལུགས་འདིར་རང་རིག་འདོད་དམ་མི་འདོད། རྒྱུ་མཚན་གང་།

༨. དབུ་མ་རང་རྒྱུད་པ་མན་ཆད་དང་ཐལ་འགྱུར་བའི་ལུགས་ཀྱི་གང་ཟག་གི་བདག་མེད་ཕྲ་རགས་འཇོག་ཚུལ་མཚུངས་སམ། མ་མཚུངས་ན་སོ་སོར་གང་འཇོག

༩. ཐལ་འགྱུར་བའི་ལུགས་སུ་བདག་མེད་ཕྲ་མོ་གཉིས་དགག་བྱའི་སྒོ་ནས་འབྱེད་པ་ཡིན་ནམ། སྟོང་གཞིའི་སྒོ་ནས་འབྱེད་པ་ཡིན། རྒྱུ་མཚན་གང་ཡིན་ནམ།

༡༠. ལུགས་འདིར་ལྷག་བཅས་དང་ལྷག་མེད་མྱང་འདས་གཉིས་ལ་གང་སྔོན་དུ་ཐོབ་པར་འདོད་དམ། རྒྱུ་མཚན་གང་ཡིན་ནམ།

༡༡. བྱང་སེམས་རྣམས་ཀྱིས་ཉོན་སྒྲིབ་དང་ཤེས་སྒྲིབ་སྤོང་ཚུལ་ཇི་ལྟར་ཡིན་ནམ།

༡༢. དྲང་དོན་དང་ངེས་དོན་གྱི་མདོའི་མཚན་ཉིད་སོ་སོར་འཇོག་དགོས། འཁོར་ལོ་གསུམ་ལ་དྲང་ངེས་ཀྱི་ཁྱད་པར་ཇི་ལྟར་འབྱེད་དམ།

༡༣. ཐལ་འགྱུར་བའི་ལྟ་བ་གཏན་ལ་འབེབས་བྱེད་ཀྱི་རིག་པའི་རྒྱལ་པོའི་གཏན་ཚིགས་ཞེས་བསྔགས་པ་བརྗོད་པའི་གཏན་ཚིགས་དེ་གང་ཡིན་ནམ།

༡༩. ནང་པ་སངས་རྒྱས་པའི་གྲུབ་མཐའ་བཞི་པོའི་རྟག་ཆད་ཀྱི་མཐའ་སྤོང་ཚུལ་མི་འདྲ་བ་སོ་སོ་ནས་འཇོག་དགོས།

ལེའུ་གསུམ་པ། བོད་དར་གྲུབ་མཐའ་ཁག་གི་འབྱུང་ཚུལ་མདོར་བསྡུས་ཙམ་བཤད་པ།

ས་བཅད་དང་པོ། བསྟན་པ་སྔ་དར་བཤད་པ།

སྔོན་བོད་གངས་ཅན་གྱི་ལྗོངས་འདི་ནི་འཇམ་དཔལ་རྩ་རྒྱུད་ལས། ཁ་བ་ཅན་གྱི་མཚོ་བྲི་ནས། །ས་ལའི་ནགས་སུ་འབྱུང་བར་འགྱུར། །ཞེས་ལུང་བསྟན་པ་ལྟར། སྔར་གྱི་དུས་སུ་བོད་ཀྱི་ས་ཆ་ཕལ་ཆེ་བ་རྒྱ་མཚོ་ཆེན་པོར་ནུབ་ཅིང་། ངན་སོང་གི་གནས་ལྟར་ཡང་། མཚོ་རིམ་གྱིས་བྲི་ནས་ཕ་སྤྲེའུ་བྱང་ཆུབ་སེམས་དཔའ་དང་། མ་སྲིན་མོ་བྲག་སྲིན་གཉིས་འདུས་པ་ལས་སྤྲེའུ་ཕྲུག་མང་དུ་འཕེལ་ཞིང་དེ་དག་རིམ་གྱིས་མིར་གྱུར་ཏེ། བོད་ཀྱི་འགྲོ་བ་རྣམས་ཆགས་པར་གསུངས་སོ། །དེ་ལྟར་བོད་ཀྱི་འགྲོ་བ་མིའི་རིགས་རྣམས་ཆགས་ཤིང་འཕེལ་ནས། བོད་ཀྱི་རྒྱལ་པོ་དང་པོ་གཉའ་ཁྲི་བཙན་པོ་བྱོན་ཏེ། ཡར་ཀླུང་གཞུང་དུ་ཕོ་བྲང་ཡུམ་བུ་བླ་མཁར་བཙིགས་ཏེ་རྒྱལ་ས་འཛིན། དེ་ནས་བོད་རྒྱལ་གདུང་རབས་ཉེར་བརྒྱད་པ་ལྷ་ཐོ་ཐོ་རི་གཉན་བཙན་དུས་མདོ་སྡེ་ཟ་མ་ཏོག་དང་། མདོ་ལ་སྤྱ་བ་དཔང་སྐོང་ཕྱག་རྒྱ་པ། གཟུངས་ལ་སྤྱ་བ་སྙིང་པོ་ཡི་གེ་དྲུག་པ། གསེར་གྱི་མཆོད་རྟེན་ཁྲུ་གང་པ་སོགས་རྒྱལ་པོའི་ཕྱག་ཏུ་སོན། བཙན་པོ་འཁོར་བཅས་རྣམས་ཀྱིས་དེའི་དོན་མ་ཤེས་པས་མཚན་གཉན་པོ་གསང་བ་ཞེས་བཏགས་ནས་མཆོད་པ་བྱས་པ་ལས་དམ་པའི་ཆོས་ཀྱི་དབུ་བརྙེས། སྐབས་དེར་རྒྱལ་པོའི་རྨི་ལམ་དུ་མི་རབས་ལྔ་ནས་འདིའི་དོན་ཤེས་པར་འགྱུར་རོ་ཞེས་ལུང་བསྟན་བྱུང་བ་བཞིན། དེ་ནས་མི་རབས་ལྔ་པ་བོད་རྒྱལ་གདུང་རབས་སོ་གསུམ་པ་ཆོས་རྒྱལ་སྲོང་བཙན་སྒམ་པོ་ཡི་དུས་སུ་ཐོན་མི་སམྦྷོ་

སོགས་སློ་རྙོ་བ་བཅུ་དྲུག་རྒྱ་གར་དུ་ཡི་གེ་བསླབ་པར་བཏང་། ཐོན་མིས་རྒྱ་གར་གྱི་པཎྜི་ཏ་ལྷ་རིག་པའི་སེང་གེ་དང་། བྲམ་ཟེ་ལི་བྱིན་སོགས་ལས་སྐད་ཡིག་ལེགས་པར་སྦྱངས། དེ་ནས་ཐོན་མི་བོད་དུ་ཕྱིན་ཏེ་བོད་ཡིག་གསར་བཟོ་གནང་། ཡི་གེ་དྲུག་པ་དང་། ཟ་མ་ཏོག དཔང་སྐོང་ཕྱག་རྒྱ་པ་སོགས་དམ་པའི་ཆོས་ཀྱི་གཞུང་མང་པོ་བོད་ཡིག་ཏུ་བསྒྱུར། འདི་ནི་བོད་དུ་ཆོས་བསྒྱུར་པའི་ཐོག་མ་ཡིན། དེ་ནས་སྲོང་བཙན་སྒམ་པོས་དགེ་སློང་ཨ་ཀ་ར་མ་ཏི་མངགས་ནས་བལ་ཡུལ་ནས་འཕགས་པ་ལོ་ཀེ་ཤྭར་སྤྱན་དྲངས (ད་ལྟ་པོ་ཏ་ལའི་འཕགས་པ་ལྷ་ཁང་གི་རྟེན་གཙོར་ཡོད) དེ་ནས་རྒྱ་བཟའ་ཝུན་ཤིང་ཀོང་ཇོ་དང་། བལ་བཟའ་ཁྲི་བཙུན་གཉིས་ལྷ་རྗེས་སུ་བཙུན་མོར་བཞེས་ཤིང་། སྔན་ཅིག་ཏུ་ར་ལྷ་ར་མོ་ཆེའི་རྟེན་གཙོ་ཐུབ་དབང་དགུང་ལོ་བརྒྱད་པའི་ཚད་ཇོ་བོ་མི་བསྐྱོད་རྡོ་རྗེ་དང་། གཙུག་ལག་ཁང་གི་རྟེན་གཙོ་ཐུབ་དབང་དགུང་ལོ་བཅུ་གཉིས་ཀྱི་ཚད་ཅན་སངས་རྒྱས་ཤཱཀྱ་མུ་ནེ་རྣམ་གཉིས་གདན་དྲངས། སྐུ་གསུམ་པོ་དེ་ལ་བོད་མི་རྣམས་ཀྱིས་ཇོ་ཤག་རྣམ་གསུམ་ཟེར། རྒྱལ་པོ་སྲོང་བཙན་སྒམ་པོས་བོད་གཅིག་གྱུར་གྱི་བྱ་གཞག་ཆེན་པོ་ལེགས་པར་གྲུབ་ནས་སྤྱི་ལོ633ལོར་ཕུར་རྒྱལ་གྱི་རྒྱལ་ས་ཡར་ཀླུང་ཁུལ་ནས་ལྷ་སར་སྤོས་ཏེ་ལྷ་ས་དམར་པོ་རིའི་སྟེང་དུ་ཕོ་བྲང་བཞེངས་ཤིང་། དེ་ནས་ལྷ་རྗེས་སུ་ལྷ་ས་གཙུག་ལག་ཁང་དང་། ར་མོ་ཆེ། ཁྲ་འབྲུག བྲག་ཡེར་པ་སོགས་ལྷ་ཁང་མང་པོ་བཞེངས། བོད་འབངས་རྣམས་ལ་ལྷ་ཆོས་དགེ་བ་བཅུ་དང་། མི་ཆོས་གཙང་མ་བཅུ་དྲུག་སོགས་ཀྱི་ཁྲིམས་ལུགས་བཟོས་ནས་དམ་པའི་ཆོས་ཀྱི་སྲོལ་གཏོད་པ་ཡིན་ནོ། །

དེ་ནས་བོད་རྒྱལ་གདུང་རབས་སོ་བརྒྱད་པ་ཁྲི་སྲོང་ལྡེ་བཙན་གྱི་དུས་སུ་མཁན་ཆེན་ཞི་བ་འཚོ་དང་། སློབ་དཔོན་པདྨ་འབྱུང་གནས་སོགས་བཞེས

གཉེན་དུ་མ་གདན་དྲངས། མཁན་སློབ་ཆོས་གསུམ་ཐུགས་ཡིད་གཅིག་ཏུ་འདྲེས་ནས་བསམ་ཡས་གཙུག་ལག་ཁང་རྟེན་དང་བརྟེན་པར་བཅས་པ་བཞེངས། སློབ་དཔོན་ཞི་བ་འཚོས་མཁན་པོ་མཛད། འཕགས་ཡུལ་ནས་སྤྱན་དྲངས་པའི་ཙེ་བྲག་སྨྲ་བའི་དགེ་སློང་བཅུ་གཉིས་ཀྱིས་ཁ་སྐོང་བྱས་ཏེ། སྦ་གསལ་སྣང་། སང་ཤི། རྨ་རིན་ཆེན་མཆོག འཁོན་ཀླུའི་དབང་པོ་སྲུང་། པ་གོར་བཻ་རོ་ཙ་ན། ངན་ལམ་རྒྱལ་བ་མཆོག་དབྱངས། ལ་གསུམ་རྒྱལ་བའི་བྱང་ཆུབ་བཅས་མི་བདུན་རབ་ཏུ་བྱུང་བ་དང་བསྙེན་རྫོགས་བྱས། དེ་ནི་བོད་ཀྱི་ལོ་རྒྱུས་ཐོག་གི་རབ་ཏུ་བྱུང་བ་རྣམས་ཀྱི་མེས་པོ་ཡིན་པས་སད་མི་མི་བདུན་ཟེར། འདིའི་གོང་དུ་བསྟན་པའི་དབུ་བརྙེས་པ་ཙམ་ཡིན་ཞིང་། ཆོས་འདུལ་བསྒྱུར་བའི་དུས་འདི་ནས་བཟུང་བོད་དུ་བསྟན་པ་སྔ་དར་གྱི་འགོ་དངོས་སུ་ཚུགས་པ་ཡིན། མཁན་ཆེན་ཞི་བ་འཚོས་རང་གི་ལྟ་བ་གཏན་ལ་འབེབས་པ་དབུ་མ་རྒྱན་རང་འགྲེལ་དང་བཅས་པ་ལྷུགས་སྒོམ་མཛད། ལོ་ཙཱ་བ་རྣམས་ཀྱིས་མདོ་རྒྱུད་དུ་མ་བོད་ཡིག་ཏུ་བསྒྱུར། ལྷག་པར་སློབ་དཔོན་པད་མ་འབྱུང་གནས་ཀྱིས་བོད་དུ་བཞུགས་རིང་གསང་སྔགས་ཀྱི་ཆོས་མང་པོ་གསུངས། འདི་རྣམས་ལ་གསང་སྔགས་རྙིང་མ་ཟེར་ཞིང་། གསང་སྔགས་རྙིང་མ་དང་གསང་སྔགས་གསར་པའི་ཁྱད་པར་འབྱེད་ཚུལ་ལ་ཐོན་ཕྱོན་མཁས་པ་མང་པོའི་དགོངས་ཚུལ་མི་མཐུན་པ་མང་མོད། བསྒྱུར་དུས་ཀྱི་སྔོ་ནས་དབྱེ་བ་དེ་གྲགས་ཆེ་བས་འདིར་ཡང་སཛྙཱ་ཏས་མདོ་སྡེ་ཟ་མ་ཏོག་བསྒྱུར་བ་ནས་སྨྲི་ཏི་པཎྜི་ཏ་བོད་དུ་ཕེབས་པ་ཡན་ལ་བསྒྱུར་བ་རྣམས་གསང་སྔགས་རྙིང་མ་དང་། དུས་རབས་བཅུ་པའི་མཇུག་ཏུ་བོད་ལ་སངས་རྒྱས་ཆོས་ལུགས་བསྐྱར་གསོ་བྱུང་སྐབས་མངའ་རིས་ལོ་ཆེན་རིན་ཆེན་བཟང་པོ་སོགས་ནས་གསང་སྔགས་བསྒྱུར་བ་མན་ཆད་ལ་གསང་སྔགས་གསར་མ་ཞེས་གྲགས་པ་ཡིན། ད་ལྟ་བཀའ་འགྱུར་ནང

ཡོད་པའི་རྒྱུད་སྡེ་རྣམས་ཕལ་ཆེ་བ་གསར་འགྱུར་དུ་གཏོགས་པ་ཡིན།

དེ་ནས་བོད་ཀྱི་རྒྱལ་རབས་ཞེ་གཉིས་པ་ཁྲི་རལ་པ་ཅན་གྱི་དུས་སུ་རྒྱ་ནག་ཐང་གི་རྒྱལ་པོ་དང་གྲོས་མཐུན་དེ་རྒྱ་བོད་མི་འཁྲུགས་མཛའ་བརྩེའི་ཆེད་མནའ་འབྲེལ་རྡོ་རིང་(དབོན་ཞང་རྡོ་རིང་)བཙུགས་ཤིང་། གནམ་ལ་ཉི་ཟླ་ཟུང་གཅིག ས་ལ་བཙན་པོ་དབོན་ཞང་། ཞེས་གྲགས། ཡང་རྒྱལ་པོ་དེའི་དུས་སུ་རྒྱ་གར་གྱི་པཎྜི་ཏ་མང་པོ་དང་། ལོ་ཙཱ་བ་སྐ་ཅོག་ཞང་གསུམ་སོགས་གདན་འཛོམས་པར་གྲོས་བྱས་ཏེ་སྐད་གསར་བཅད་ཀྱིས་བསྒྱུར་བཅོས་དག་ཐེར་མཛད་ཅིང་དཀར་ཆག་བཏབ། རབ་ཏུ་བྱུང་བ་རེ་ལ་འབངས་མི་ཁྱིམ་བདུན་རེ་ཕུལ། སྤྱང་བཙན་སྣམ་པོ་དང་། ཁྲི་སྤྱང་ལྡེ་བཙན། ཁྲི་རལ་པ་ཅན་གསུམ་ལ་ཆོས་རྒྱལ་མེས་དབོན་རྣམ་གསུམ་ཞེས་གྲགས་སོ། །

དེ་ནས་བོད་ཀྱི་རྒྱལ་རབས་བཞི་བཅུ་ཞེ་གསུམ་པ་གླང་དར་མས་སྲིད་དབང་བཟུང་སྟེ། སངས་རྒྱས་ཀྱི་བསྟན་པ་ཕྱོགས་ཡོངས་ནས་བསྣུབས། དེ་ནས་བཙན་པོའི་རྒྱལ་རབས་མཇུག་སྒྲིལ་ཏེ་བོད་སིལ་བུར་ཁ་ཐོར། བོད་ཀྱི་རབ་ཏུ་བྱུང་བའི་དང་པོ་སད་མི་མི་བདུན་བྱུང་བ་ནས་བཙན་པོ་གླང་དར་མས་བསྟན་པ་མ་བསྣུབས་ཀྱི་བར་ལ་བསྟན་པ་སྔ་དར་ཟེར། བསྟན་པ་སྔ་དར་ཕྱི་དར་གཉིས་ཀྱི་ཁྱད་པར་འབྱེད་ཚེས་དམ་པའི་ཆོས་འདུལ་བའི་བསྟན་པ་ཁོ་ནས་འབྱེད་དགོས། གླང་དར་མས་བསྟན་པ་བསྣུབས་པ་ཡང་འདུལ་བའི་བསྟན་པ་ཡིན།

དེས་ན་བསྟན་པ་སྔ་དར་ལ་སེམས་ཙམ་པའི་ལུགས་འཛིན་པའི་པཎྜི་ཏ་འགའ་ཞིག་བྱོན་མོད་ཀྱང་། གཙོ་བོ་ནི་སློབ་དཔོན་ཞི་བ་འཚོ་དང་། ཀ་མ་ལ་ཤཱི་ལའི་ལུགས་ཡིན་པས་དབུ་མ་རང་རྒྱུད་པའི་ལྟ་བ་ཉིད་དར་ཆེ་འོ་ཞེས་གསུངས།

ས་བཅད་གཉིས་པ། བསྟན་པ་ཕྱི་དར་བཤད་པ།

བསྟན་པ་ཕྱི་དར་བྱུང་ཚུལ་ལ་སྟོད་སྨད་གཉིས་ལས། བསྟན་པའི་མེ་རོ་སྨད་ནས་གསོས་ཚུལ་ནི། གླང་དར་མས་བསྟན་པ་བསྣུབས་པའི་དུས་སུ་ཆུ་བོ་རིའི་སྒོམ་གྲྭ་ནས་གཡོ་དགེ་འབྱུང་དང་གཙང་རབ་གསལ། སྨ་ཤཱཀྱ་མུ་ནེ་གསུམ་བཞུགས་པས། བཙུན་པའི་ཆ་ལུགས་ཅན་གྱིས་མདའ་གཞུ་ཁྱེར་ནས་རི་དྭགས་གསོད་པར་འགྲོ་བ་མཐོང་སྟེ་ལོ་རྒྱུས་དྲིས་པས། དར་མས་བསྟན་པ་བསྣུབས་པའི་ལོ་རྒྱུས་བརྗོད་པ་ན། མཁས་པ་མི་གསུམ་གྱིས་འདུལ་བ་ལས་ཚོགས་ལ་སོགས་པ་དཔེ་ཆ་དྲེལ་རྒྱབ་གསུམ་ཁྱེར་ནས་མངའ་རིས་བརྒྱུད་ཧོར་བསྐོར་ཏེ་མདོ་སྨད་དུ་གནས་གཞི་བྱས་ནས་བཞུགས་ནས་བླ་ཆེན་དགོངས་པ་རབ་གསལ་རབ་ཏུ་བྱུང་སྟེ་མི་རིང་བར་བསྙེན་པར་རྫོགས། དེ་ནས་བསམ་ཡས་ཀྱི་མངའ་བདག་ཡེ་ཤེས་རྒྱལ་མཚན་གྱིས་བསྐུ་མེས་ཚུལ་ཁྲིམས་ཤེས་རབ་སོགས་དབུས་གཙང་མི་བཅུ་མདོ་ཁམས་སུ་བཏང་བ་དེ་དག་བླ་ཆེན་དགོངས་པ་རབ་གསལ་ལས་རབ་ཏུ་བྱུང་ནས་བསྟན་པ་ཕྱི་དར་གྱི་འགོ་ཚུགས། བསྟན་པ་ཕྱི་དར་འགོ་ཚུགས་པའི་དུས་ཚོད་ལ་མི་འདྲ་བ་ཆེར་མེད་ཀྱང་། དར་མས་བསྟན་པ་བསྣུབས་པའི་དུས་ལ་མི་མཐུན་པ་བྱུང་བས། བསྟན་པ་སྔ་དར་ནུབ་ནས་ཕྱི་དར་མ་ཚུགས་བར་ལོ་དོན་བརྒྱད་སོང་ངོ་ཞེས་པ་དང་། དེ་གཉིས་བར་ལོ་བརྒྱ་དང་སོ་བདུན་སོང་བ་སོགས་མི་འདྲ་བ་འགའ་བྱུང་། དབུས་གཙང་མི་བཅུ་པོ་དེ་དག་རིམ་པར་དབུས་སུ་ཕྱིན་ཏེ་འདུལ་བ་འཆད་ཉན་གནང་ནས་དགེ་འདུན་གྱི་སྡེ་ཚུགས།

བསྟན་པའི་མེ་རོ་སྟོད་ནས་གསོས་ཚུལ་ནི། སྐབས་དེར་བོད་དུ་ཆོས་ལོག་སྤྱིལ་མཁན་མང་པོ་བྱུང་བས་མངའ་རིས་ཀྱི་རྒྱལ་པོ་ལྷ་བླ་མ་ཡེ་ཤེས་འོད་

ཀྱིས་ཆོས་ཁྲིམས་བཙན་པར་གཏུགས་ཆེད། རིན་ཆེན་བཟང་པོ་སོགས་ཁྲིའུ་རིག་པ་རྣོ་བ་ཉི་ཤུ་རྩ་གཅིག་རྒྱ་གར་དུ་ཆོས་སློབ་པར་བཏང་། པཎྜི་ཏ་དྷརྨ་པཱ་ལ་སྤྱན་དྲངས་ནས་དམ་པའི་ཆོས་འདུལ་བ་འཆད་ཉན་བྱས། དེའི་སློབ་མ་པཱ་ལ་རྣམ་གསུམ་བྱུང་། དེ་དག་ལས་ཞང་ཞུང་བ་རྒྱལ་བའི་ཤེས་རབ་ཀྱིས་སྡོམ་པ་བླངས། དེ་དག་ནས་བརྒྱུད་པ་ལ་སྟོད་འདུལ་བ་ཞེས་གྲགས། ལོ་ཆེན་རིན་ཆེན་བཟང་པོ་རྒྱ་གར་དུ་པཎྜི་ཏ་བདུན་ཅུ་ལྷག་ཙམ་ལས་ཆོས་ཞུས་ཏེ་ཕྱི་ནང་གི་རིག་པ་ཀུན་ལ་བྱང་ཆུབ་པར་གྱུར་ནས་མདོ་རྒྱུད་མང་པོ་བོད་དུ་བསྒྱུར། བསྟན་པ་ཕྱི་དར་སྐབས་རྒྱ་དཔེ་བསྒྱུར་པ་དེ་ནས་འགོ་ཚུགས། ཁོང་གིས་བསྒྱུར་བའི་མདོ་རྒྱུད་ཀྱི་གཞུང་རྣམས་བོད་ཀྱི་མཁས་པ་ཆེན་པོ་ཀུན་གྱིས་ཚད་མར་འཛིན་པ་ཞིག་ཡིན།

ས་བཅད་གསུམ་པ། བོད་དར་གྲུབ་མཐའ་སོ་སོའི་བྱུང་བ་མདོ་ཙམ་བཤད་པ།

༡. བོན་པོའི་གྲུབ་མཐའ།

བོན་ཆོས་ནི་སངས་རྒྱས་ཀྱི་བསྟན་པ་བོད་ལ་མ་དར་གོང་ནས་ཡོད་པའི་གནའ་བོའི་ཆོས་ལུགས་ཤིག་རེད། ལུགས་འདིའི་སྟོན་པ་གཤེན་རབ་མི་བོ་ཆེ་ཡིན། བོན་གཞུང་ལས་བསྐལ་པ་འདི་ལ་ཚེ་ལོ་དཔག་མེད་ནས་བཅུ་པའི་བར་སྟོན་པ་བཅོ་བརྒྱད་བྱུང་བའི་ནང་ནས་ཚེ་ལོ་བརྒྱ་པའི་དུས་སུ་བྱུང་བའི་སྟོན་པ་གཤེན་རབ་ཡིན་ལ། གཤེན་རབ་ཀྱི་འཁྲུངས་ལོའི་སྐོར་ལ《མདོ་གཟེར་མིག》སོགས་ཀྱི་ནང་གཤེན་རབ་མི་བོ་ཆེ་དང་དུས་མཉམ་པའི་སྟོང་ཆེ་འཕྲུལ་གྱི་རྒྱལ་པོ་སོགས་ཀྱི་མཚན་འཁོད་པ་ལྟར་ན་སྤྱི་ལོའི་དུས་རབས་མ་ཚུགས་གོང་གི་ལོ་དྲུག་བརྒྱ་ཡས་མས་ཞིག་ལ་ཞང་ཞུང་གི་ཡུལ་འོལ་མོ་ལུང་རིང་དུ་འཁྲུངས།

སངས་རྒྱས་ཤཱཀྱ་ཐུབ་པ་དང་དུས་མཚུངས་སུ་བྱུང་ཞེས་ཀྱང་ཟེར། གང་ལྟར་མཐུ་དང་རྫུ་འཕྲུལ་བསམ་གྱིས་མ་ཁྱབ་པ་ཞིག་བྱུང་བའི་སྟོན་པ་འདིས་མངའ་རིས་འོན་མདའ་གསེར་ཁང་རྩེ་བྱ་བར་བོན་ཆོས་སྤེལ་ནས་དབུས་སུ་དར། བོན་ཆོས་དེ་ཡང་ཐོག་མར་ཡར་ལྷ་གསོལ་བ། མར་འདྲེ་དང་སྲི་གནོན་པ། ཚུར་གཡང་བཀུག་པ། ཕར་གླུད་གཏོང་བ། རྩིས་འདེབས་པས་ཐ་ཕྱིའི་ལམ་སྟོན་པ། མོ་འདེབས་པས་ལེགས་ཉེས་བླང་དོར་བྱེད་པ། ནད་གསོ་བས་ཚེའི་བར་ཆད་སེད་པ། འདས་མཆོད་བྱེད་པ་སོགས་གདོད་མའི་ཆོས་ལུགས་ནས་རིམ་བཞིན་གཞུང་ལུགས་དང་ལྟ་སྤྱོད། ཚོ་ག ཉམས་ལེན། གཏོ་ཐབས་སོགས་ཆ་ཚང་བའི་བོན་གྱི་གྲུབ་མཐའ་ཞིག་ཏུ་གྱུར། ལྷག་དོན་ཕྱིས་ཀྱི་ལོ་རྒྱུས་འཕོ་འགྱུར་གྱི་དུས་རིམ་ནང་བན་བོན་གྱི་ལྟ་སྒོམ་སྤྱོད་གསུམ་གྱི་གཞུང་ལུགས་མང་པོ་ཕན་ཚུན་མཉམ་བསྲེས་ཀྱིས་ཆོས་ལ་བོན་འདྲེས་བོན་ལ་ཆོས་འདྲེས་པའི་སྣང་ཚུལ་ཞིག་ཏུ་གྱུར་ཏེ། གཡུང་དྲུང་བོན་གྱི་བཀའ་འགྱུར་དང་བསྟན་འགྱུར་ཆ་ཚང་བ་ཞིག་ཆགས་པར་མངོན། སྤྱིར་བོན་ལ་བོན་སྐྱ་དར་དང་བོན་ཕྱི་དར་གཉིས་སུ་འབྱེད་དོ། ། བོན་གྱི་དགོན་པ་ཆེ་གྲས་ནི་ཕྱི་དར་སྐབས་སུ་དབུས་གཙང་དུ་བོན་གྱི་བླ་མ་ཤེས་རབ་རྒྱལ་མཚན་གྱིས་སྤྱི་ལོ་1406ལོར་གཡུང་དྲུང་བོན་གྱི་གདན་ས་ཆེན་མོ་སྨན་རི་དགོན་ཕྱག་བཏབ། དེ་རྗེས་བོན་གྱི་བླ་མ་ཟླ་བ་རྒྱལ་མཚན་གྱིས་སྤྱི་ལོ་1835ལོར་གཙང་སྟག་གྲུ་ཁའི་བྱང་དུ་རུ་ལག་གཡུང་དྲུང་གླིང་དགོན་པ་ཕྱག་བཏབ། དེ་མིན་མདོ་ཁམས་ཕྱོགས་སུའང་སྣང་ཞིག་དགོན་པ་ལ་སོགས་དགོན་པ་མང་པོ་ཡོད།

༡. རྙིང་མའི་གྲུབ་མཐའ།

བོད་དུ་སངས་རྒྱས་ཆོས་ལུགས་ཀྱི་གྲུབ་མཐའ་ཐོག་མ་དེ་རྙིང་མའི་གྲུབ

མཐའ་ཡིན་ཞིང་། རྙིང་མའི་ཆོས་ལུགས་ནི་བོད་ཀྱི་གནའ་རབས་ཀྱི་སངས་རྒྱས་ཆོས་ལུགས་ཤིག་ཡིན་ཞིང་། རྙིང་མ་ཞེས་པའི་དོན་ཡང་མདོ་ཕྱོགས་ཀྱི་བསྟན་པར་སྔ་ཕྱིའི་དབར་དབྱེ་བ་མ་མཆིས་ཀྱང་གསང་སྔགས་ཀྱི་བསྟན་པར་རྙིང་མ་དང་གསར་མའི་ཁྱད་པར་ནི་གོང་སྨོས་བཞིན་གསང་སྔགས་བསྒྱུར་དུས་ཀྱིས་འབྱེད་དགོས་ཤིང་། སྨྲྀཏས་མདོ་སྡེ་ཛ་མ་ཏོག་བསྒྱུར་བ་ནས་སྨྲྀ་ཏི་པཎྜི་ཏ་བོད་དུ་ཕེབས་ནས་བསྒྱུར་བ་ཡན་ལ་རྙིང་མ་ཞེས་བརྗོད་པ་ཡིན། བསྟན་པ་ཕྱི་དར་གྱི་དུས་སུ་དར་བའི་གསང་སྔགས་གསར་མའི་གྲུབ་མཐའ་ཁག་ལས་ལོ་གསུམ་བརྒྱ་ལྷག་ཙམ་གྱིས་སྔ་བས་ན་མིང་དུ་རྙིང་མའི་ཆོས་ལུགས་ཞེས་ཐོགས། འོན་ཀྱང་ཆོས་ལུགས་འདི་རྒྱལ་པོ་སྲོང་བཙན་སྒམ་པོའི་དུས་སུ་ཐོར་བུ་ཙམ་བྱུང་མོད་ཀྱང་། རྒྱ་ཆེ་བ་ནི་རྒྱལ་པོ་ཁྲི་སྲོང་ལྡེ་བཙན་གྱི་སྐབས་ནས་ཡིན་པས་སློབ་དཔོན་པདྨ་འབྱུང་གནས་ཀྱིས་སྤེལ་བར་མཛད། བཻ་རོ་ཙ་ན་ལ་སོགས་པ་བརྒྱུད་འཛིན་མང་དུ་བྱུང་། དེ་རྗེས་བསྟན་པ་ཕྱི་དར་སྐབས་ཟུར་ཆེན་ཟུར་ཆུང་སོགས་ཀྱིས་དར་ཞིང་རྒྱས་པར་མཛད་པ་ཡིན།

སློབ་དཔོན་པདྨ་འབྱུང་གནས་ཀྱི་ལྟ་བ་མཐར་ཐུག་དེ་དབུ་མ་ཐལ་འགྱུར་བའི་ལྟ་བ་ཡིན་ནའང་སྐབས་དེ་དུས་བོད་ཀྱི་ལྟ་སྤྱོད་ཀྱི་འཆད་ཉན་དར་བར་སྤེལ་མཁན་ནི་སློབ་དཔོན་ཆེན་པོ་ཞི་བ་འཚོ་ཡིན་པས་ཆོས་རྒྱལ་ཁྲི་སྲོང་ལྡེ་བཙན་གྱིས་ཀྱང་བོད་ཀྱི་ལྟ་སྤྱོད་རྣམས་མཁན་ཆེན་བོདྷི་སཏྭའི་ལུགས་བཞིན་གྱིས་ཤིག་ཅེས་ཁྲིམས་བསྒྲགས་པ་ལྟར་མཁན་ཆེན་ནི་ཀླུ་སྒྲུབ་ཀྱི་རྗེས་འབྲང་གི་ཤིང་རྟ་ཆེན་མོ་རྗོད་མེད་ཡིན་པས། སྐབས་དེ་དུས་སེམས་ཙམ་པའི་ལུགས་འཛིན་པའི་པཎྜི་ཏ་འགའ་བྱོན་མོད་ཀྱང་གཙོ་བོ་ཀླུ་སྒྲུབ་ཀྱི་ལུགས་མཛད་ཅིང་དེ་ལས་ཀྱང་རྣལ་འབྱོར་སྤྱོད་པའི་དབུ་མ་རང་རྒྱུད་པའི་ལུགས་ཇི་ལྟ་བ་བཞིན་མཛད་པར་མངོན་ནོ། །

གསང་སྔགས་རྙིང་མའི་ཆོས་ཀྱི་སྙིང་པོ་ནི་མན་ངག་རྫོགས་པ་ཆེན་པོ་ཞེས་པ་དེ་ཡིན་ཞིང་། དེ་ལ་ནང་གསེས་ཀྱིས་དབྱེ་ན། སེམས་སྡེ། ཀློང་སྡེ། མན་ངག་གི་སྡེ་བཅས་གསུམ་དང་། རྙིང་མའི་ཆོས་ལ་བརྒྱུད་པ་མི་འདྲ་བའི་སྒོ་ནས་གསུམ་སྟེ། རིང་བརྒྱུད་བཀའ་མ། ཉེ་བརྒྱུད་གཏེར་མ། ཟབ་མོ་དག་སྣང་གི་བརྒྱུད་པ་བཅས་སོ། །

རྙིང་མའི་དགོན་པ་གྲགས་ཆེ་བ་ནི་ལྷོ་ཁ་ས་ཁུལ་གྱི་བསམ་ཡས་གཙུག་ལག་ཁང་དང་། རྡོ་རྗེ་བྲག སྨིན་གྲོལ་གླིང་སོགས་དང་། ཁམས་ཁུལ་དུ་རྫོགས་ཆེན་དགོན། ཀ་ཐོག་དགོན། དཔལ་ཡུལ་དགོན་སོགས་ཡོད།

༣. བཀའ་གདམས་པའི་གྲུབ་མཐའ།

བཀའ་གདམས་པ་ཞེས་པ་ནི། སྟོན་པ་སངས་རྒྱས་ཀྱི་བཀའ་ལས་ཡིག་འབྲུ་གཅིག་ཀྱང་མ་ལུས་པར་གང་ཟག་གཅིག་གི་འཚང་རྒྱ་བའི་གདམས་ངག་ཏུ་གོ་བས་ན་བཀའ་གདམས་པ་ཞེས་བརྗོད། 1040ལོར་ཇོ་བོ་རྗེ་དཔལ་ལྡན་ཨ་ཏི་ཤ་བོད་དུ་ཕེབས་ནས་གྲུབ་མཐའ་འདིའི་དབུ་བརྙེས། སྤྱི་ལོ1057ལོར་ཁོང་གི་སློབ་མ་འབྲོམ་སྟོན་རྒྱལ་བའི་འབྱུང་གནས་ཀྱིས་རྭ་སྒྲེང་དགོན་པ་བཏབ་ནས་གནས་གཞིས་བཟུང་སྟེ་གྲུབ་མཐའ་འདིའི་སྲོལ་གཏོད། པོ་ཏོ་བ་དང་། སྤྱན་སྔ་བ། ཕུ་ཆུང་བ་བཅས་སྐུ་མཆེད་གསུམ་དང་། རྔོག་ལེགས་པའི་ཤེས་རབ། ཁུ་སྟོན་བརྩོན་འགྲུས་གཡུང་དྲུང་སོགས་ཀྱིས་དར་ཞིང་རྒྱས་པར་མཛད། ཇོ་བོ་རྗེ་བོད་དུ་ཕེབས་ནས་བོད་ཀྱི་ཆོས་ཟང་ཟིང་སྣ་ཚོགས་པ་རྣམས་ལ། མདོ་སྔགས་གཉིས་འགལ་མེད་ཉམས་སུ་ལེན་ཤེས་པ་བྱུང་། བཀའ་གདམས་པའི་ལྟ་སྤྱོད་ཟུང་དུ་འབྲེལ་བའི་གདམས་ངག་གི་རྒྱལ་པོའམ་རྩ་གཞུང་ནི་སྐྱེས་བུ་གསུམ་གྱི་ལམ་གྱི་རིམ་པ་སྟོན་པའི་གཞུང་《བྱང་ཆུབ་ལམ་གྱི་སྒྲོན་མེ་》ཡིན།

མཉམ་མེད་ཇོ་བོ་རྗེ་ནི་དཔལ་ལྡན་དབུ་མ་ཐལ་འགྱུར་བའི་ལྟ་བ་གཙོ་བོར་འཛིན་པ་ལམ་སྒྲོན་རྩ་འགྲེལ་དང་དབུ་མའི་མན་ངག་རྩ་འགྲེལ་སོགས་ལས་ཤེས་ཤིང་། སྐབས་འགར་ཚོགས་ཆོས་སུ་རྟོག་གེ་འབར་བའང་ལན་མང་གསུངས་ཡོད། ཕྱིས་འབྲོམ་སྟོན་པས་ཀྱང་ཇོ་བོ་རྗེ་ལ་སློབ་དཔོན་ཟླ་བ་གྲགས་པའི་ལུགས་ཀྱི་རྟོགས་པ་ཕུལ་བས་ཇོ་བོ་རྗེ་ཐུགས་དགྱེས་ནས་ཕྱག་ཐུགས་ཁར་ཐལ་མོ་སྦྱར། ངོ་མཚར་ཆེ། ད་ལྟ་རྒྱ་གར་ཤར་ཕྱོགས་ན་ལྟ་བ་འདི་ཁོ་ན་འཛིན་ཞེས་གསུངས་སོ། ། དེ་ལྟར་འབྲོམ་སྟོན་པའི་ཐུགས་སྲས་དགེ་བཤེས་པོ་ཏོ་བ་སོགས་བཀའ་གདམས་སྐུ་མཆེད་གསུམ་དུ་གྲགས་པ་རྣམས་ཀྱང་དབུ་མའི་ལྟ་བ་ཟླ་གྲགས་ལུགས་དང་མཐུན་ཤས་ཆེ་བར་འགྱུར་ཞིང་། རྔོག་ལོ་ཆེན་པོ་ཡབ་སྲས་ནི་སློབ་དཔོན་ལེགས་ལྡན་འབྱེད་དང་ཟླ་བའི་ཞབས་སོགས་ཀྱི་གཞུང་ཁུངས་སུ་དྲངས་པ་མང་དུ་སྣང་ནའང་ལྟ་བ་སྐྱོང་ཚུལ་ཞི་བ་འཚོ་ཡབ་སྲས་དང་མཐུན་ཤས་ཆེ་བར་སྣང་ངོ་ཞེས་གསུངས།

བཀའ་གདམས་པའི་ཆོས་ལ་བརྒྱུད་པ་མི་འདྲ་བ་གསུམ་སྟེ། བཀའ་གདམས་གཞུང་པའི་བརྒྱུད་པ། མན་ངག་པའི་བརྒྱུད་པ། ལམ་རིམ་པའི་བརྒྱུད་པ་གསུམ་མོ། བཀའ་གདམས་པའི་དགོན་པ་གྲགས་ཆེ་བ་ནི། ར་སྒྲེང་དང་། གསང་ཕུ། གཙང་ལ་སྟར་ཐང་། དྭགས་པོའི་བྱ་ཡུལ་དགོན། རྒྱ་མ་རིན་ཆེན་སྒང་སོགས་ཡོད། མདོར་ན་རྙིང་མ་བ་ལས་གཞན་བཀའ་བརྒྱུད་པ་དང་། ས་སྐྱ་བ། དགེ་ལུགས་པ་ཐམས་ཅད་ཀྱི་མདོ་ཕྱོགས་ལས་བརྩམས་པའི་གྲུབ་མཐའི་རྩ་བ་ནི་ཇོ་བོ་རྗེ་ཨ་ཏི་ཤ་ལ་བརྟེན་ནས་དར་བའི་བཀའ་གདམས་པའི་གྲུབ་མཐའ་ལས་སོ་སོར་གྱེས་པ་ཡིན་ཞིང་། དགེ་ལུགས་པ་ལ་བཀའ་གདམས་གསར་མ་ཞེས་པའི་ཐ་སྙད་ཀྱང་བྱེད་དེ། དུས་རབས་བཅོ་ལྔ་པའི་མགོར་རྗེ་ཙོང་ཁ་པས་བཀའ་གདམས་པའི་ཆོས་ལུགས་བསྐྱར་དུ་དར་སྤེལ

གཏོང་གནང་མཛད་པ་ནས་བཀའ་གདམས་པ་དང་དགེ་ལུགས་པའི་ཆོས་བརྒྱུད་གཅིག་ཏུ་འདྲེས་པར་གསུངས་སོ། །

༩. ས་སྐྱ་བའི་གྲུབ་མཐའ།

ས་སྐྱ་བ་ཞེས་པ་ནི་གནས་ཀྱི་མིང་ལ་བརྟེན་ནས་གྲུབ་མཐའི་མིང་བྱུང་བ་ཡིན་ཏེ། ཇོ་བོ་རྗེ་དབུས་སུ་ཕེབས་སྐབས་ལུང་བསྟན་པ་ལྟར། སྤྱི་ལོ་1073ལོར་འཁོན་དཀོན་མཆོག་རྒྱལ་པོས་དཔོན་པོ་རིའི་ས་དཀར་གྱི་དབུས་ཕྱོགས་སུ་དགོན་པ་བཏབ་པས་ས་སྐྱ་དགོན་ཞེས་པ་བྱུང་། དེའི་ཆོས་ལུགས་ལའང་ས་སྐྱའི་ཆོས་ལུགས་ཞེས་པའི་མིང་ཐོགས། གྲུབ་མཐའ་འདིའི་སྲོལ་འཁོན་དཀོན་མཆོག་རྒྱལ་པོས་གཏོད། ས་ཆེན་ཀུན་དགའ་སྙིང་པོ་སོགས་གོང་མ་རྣམ་ལྔས་དར་རྒྱས་སུ་བཏང་། གོང་མ་རྣམ་ལྔ་ནི། ཀུན་དགའ་སྙིང་པོ། བསོད་ནམས་རྩེ་མོ། གྲགས་པ་རྒྱལ་མཚན་གསུམ་ལ་དཀར་པོ་རྣམ་གསུམ་དང་། ས་པཎ་ཀུན་དགའ་རྒྱལ་མཚན་དང་། འགྲོ་མགོན་ཆོས་འཕགས་གཉིས་ལ་དམར་པོ་རྣམ་གཉིས་ཟེར། དུས་ཕྱིས་ས་སྐྱ་བའི་ཆོས་བརྒྱུད་འཛིན་པའི་གཙོ་བོ་ལ་མདོ་ཕྱོགས་ཀྱི་བསྟན་འཛིན་གཡག་རོང་གཉིས་སྟེ། གཡག་ཕྲུག་སངས་རྒྱས་དཔལ་དང་། རོང་སྟོན་ཤཱཀྱ་རྒྱལ་མཚན་གཉིས། སྔགས་ཕྱོགས་ལ་ངོར་རྫོང་གཉིས་ཏེ། ངོར་པ་ཀུན་དགའ་བཟང་པོ་དང་རྫོང་པ་ཀུན་དགའ་རྣམ་རྒྱལ་གཉིས་ཞེས་གྲགས། ས་སྐྱ་པའི་ཆོས་ཀྱི་སྙིང་པོར་གྱུར་པ་ནི་གསུང་ངག་རིན་པོ་ཆེ་ལམ་འབྲས་ཡིན་ཅིང་། དེའི་བརྒྱུད་པ་ནི་བླ་སྒྲུབ་ཀྱི་སློབ་མ་ཤཱཀྱ་བཤེས་གཉེན་ལས་རིམ་པར་བརྒྱུད་དེ་འབྲོག་མི་ལོ་ཙཱ་བ་ཤཱཀྱ་ཡེ་ཤེས་ཀྱིས་གསན། དེ་ལས་འཁོན་དཀོན་མཆོག་རྒྱལ་པོས་གསན་ཏེ་དར་བའོ། །

ས་སྐྱ་བའི་ཆོས་ཀྱི་སྙིང་པོར་གྱུར་པའི་གསུང་ངག་རིན་པོ་ཆེ་ལམ་འབྲས་ནང་

ལུགས་ཀྱི་ལྟ་བ་ནི་རབ་ཏུ་མི་གནས་པའི་དབུ་མ་པའི་ལུགས་ཡིན་པས། ས་སྐྱ་བའི་གྲུབ་མཐའི་ལྟ་བ་ཙོ་མ་དེ་དབུ་མ་ཐལ་འགྱུར་བའི་ལྟ་བ་ཡིན། འོན་ཀྱང་རྗེས་འབྲང་རྣམས་ཀྱི་གསུངས་ཚུལ་ལ་མཐའ་གཅིག་ཏུ་མ་ངེས་ཏེ། ཆོས་ཉན་པ་པོའི་ཁམས་དང་མོས་པ་སོགས་ལ་བལྟོས་ནས་ཆོས་གསུང་སྐབས་ཁ་ཤས་ཀྱི་གསུངས་སྣངས་དབུ་མ་རང་རྒྱུད་པ་ཡིན་པ་ལྟ་བུ། ཁ་ཤས་ཀྱི་གསུངས་སྣངས་སེམས་ཙམ་པ་ཡིན་པ་ལྟ་བུ། ཁ་ཤས་ཀྱི་གསུངས་སྣངས་ནི་དབུ་མ་ཐལ་འགྱུར་བ་ཡིན་པ་ལྟ་བུ་སྣ་ཚོགས་ཤིག་ཡོད་པར་སྣང་། ས་སྐྱའི་དགོན་པ་གྲགས་ཆེ་བ་ནི། ས་སྐྱ་དགོན་དང་། འཕན་པོའི་ན་ལེནྡྲ་དགོན་པ། གོང་དཀར་ཆོས་སྡེ། ཨེ་ཝཾ་དགོན། ཁམས་སྡེ་དགེ་དགོན་སོགས་ཡོད།

༥ . བཀའ་བརྒྱུད་པའི་གྲུབ་མཐའ།

བཀའ་བརྒྱུད་ནི་གདམས་ངག་གི་སྒོ་ནས་བཏགས་པ་ཡིན་ཏེ། ཧེ་ཝཱ་པ་ལ་བཀའ་བབས་བཞི་ཡོད་པས་དེའི་བརྒྱུད་པ་འཛིན་མཁན་ལ་བརྗོད་པ་ཡིན། རྒྱལ་བ་རྡོ་རྗེ་འཆང་གིས་གསུངས་པའི་གསང་སྔགས་ཀྱི་བཀའ་བབ་རྣམས་རྒྱ་གར་གྱི་སློབ་དཔོན་ཏཻ་ལོ་པ་དང་། ནཱ་རོ་པ་ལས་བརྒྱུད་དེ་དར་བ་ཡིན། བོད་དུ་བཀའ་བརྒྱུད་ཐོག་མར་སྤེལ་མཁན་གྲུབ་ཆེན་ཁྱུང་པོ་མཁས་གྲུབ་ནས་བརྒྱུད་པ་ལ་ཤངས་པ་བཀའ་བརྒྱུད་དང་། རྗེ་བྲག་མར་པ་ལོ་ཙཱ་བ་ནས་བརྒྱུད་པ་ལ་དྭགས་པོ་བཀའ་བརྒྱུད་ཅེས་ཁག་གཉིས་གྱེས། རྗེ་བྲག་མར་པ་ལོ་ཙཱ་བ་ཆོས་ཀྱི་བློ་གྲོས་རྒྱ་གར་ལ་ལན་གསུམ་ཙམ། བལ་ཡུལ་ལ་ལན་བཞི་ཙམ་ཕྱིན་ནས་པཎ་ཆེན་ན་རོ་པ་དང་། མངའ་བདག་མཻ་ཏྲི་པ་སོགས་པཎ་གྲུབ་ཀྱི་བླ་མ་མང་པོ་ལས་ཆོས་གསན་པས་ལྷ་བའི་ཆ་ལ་དབུ་སེམས་ཀྱི་གདམས་པའི་རྒྱུན་དུ་མ་ཞིག་ཡོད་པར་སྣང་མོད་ཀྱང་། ལྟ་བའི་སྒྲོ་འདོགས་ཆོད་པའི་བླ་མ་ནི་མཻ་ཏྲི་པ་ཉིད་

ཡིན་པར་གསུངས་པས་མངའ་བདག་མེ་ཏྲི་པ་ནི་དབུ་མ་པ་ཡིན་པར་མ་ཟད་དཔལ་ལྡན་ཟླ་བའི་ལུགས་ཁོ་ན་གཙོ་བོར་མཛད་པ་ཞིག་དང་། པཎ་ཆེན་ན་རོ་པ་ཡང་དཔལ་ལྡན་ཟླ་བའི་ལུགས་འཛིན་པ་ཡིན་པས། བཀའ་བརྒྱུད་མར་མི་དྭགས་གསུམ་གྱི་ལྟ་བ་མཐར་ཐུག་དེ་དབུ་མ་ཐལ་འགྱུར་བ་ཡིན་ནའང་། ཆོས་གསུང་སྐབས་སྐབས་རེ་དབུ་མ་རང་རྒྱུད་པ་ཡིན་པ་ལྟ་བུ། སྐབས་རེ་དབུ་མ་ཐལ་འགྱུར་བ་ཡིན་པ་ལྟ་བུ་སྣ་ཚོགས་གསུངས་ཡོད། ཤངས་པ་བཀའ་བརྒྱུད་པའི་ཐུགས་ཕྱོགས་ཀྱི་བརྒྱུད་པ་དེ་དང་ཡི་དམ་གྱི་ལྷ་སོགས་བཀའ་བརྒྱུད་པ་གཞན་དང་མི་འདྲ་བ་ཅུང་ཡོད་ཀྱང་། ལྟ་བའི་ཆ་རྣམས་བོད་ཀྱི་བཀའ་བརྒྱུད་པ་གཞན་དང་སྤྱིར་གཅིག་མཚུངས་ཡིན་པས་མི་འདྲ་བ་མེད་དོ། །མར་པ་ལོ་ཙཱ་བ་ཆོས་ཀྱི་བློ་གྲོས་ཀྱི་སློབ་བུ་མི་ལ་རས་པ་དང་། མི་ལའི་སློབ་བུ་མཉམ་མེད་དྭགས་པོ་ལྷ་རྗེ་ཡིན། འདི་གསུམ་ལ་མར་མི་དྭགས་གསུམ་ཞེས་ཞུ་སྲོལ་ཡོད། དྭགས་པོ་ལྷ་རྗེས་སྤྱི་ལོ་1121ལོར་དྭགས་ལྷ་སྒམ་པོ་བཏབ་སྟེ། དྭགས་པོ་བཀའ་བརྒྱུད་དར། ཁོང་ནི་དྭགས་པོ་བཀའ་བརྒྱུད་ཀྱི་མེས་པོ་ཡིན། ཤངས་པ་བཀའ་བརྒྱུད་པ་ཕུད་པའི་བཀའ་བརྒྱུད་ཚང་མ་འདི་ནས་དར་བ་ཡིན། བཀའ་བརྒྱུད་ལ་ཆེ་བཞི་ཆུང་བརྒྱད་ཅེས་པའི་ཆེ་བཞི་སྤེལ་མཁན་ཚང་མ་དྭགས་པོ་ལྷ་རྗེའི་སློབ་མ་ཤ་སྟག་ཡིན་ཏེ། ཕག་གྲུ་རྡོ་རྗེ་རྒྱལ་པོས་སྤྱི་ལོ་1158ལོར་གདན་ས་མཐིལ་ཕག་མོ་གྲུའི་དགོན་པ་བཏབ་སྟེ། དེ་ནས་དར་སྤེལ་བྱུང་བ་ལ་ཕག་གྲུ་བཀའ་བརྒྱུད་ཟེར། ཀརྨ་བ་དུས་གསུམ་མཁྱེན་པས་སྤྱི་ལོ་1189ལོར་སྟོད་ལུང་མཚུར་ཕུའི་དགོན་པ་བཏབ་སྟེ། དེ་ནས་དར་སྤེལ་བྱུང་བ་ལ་མཚུར་ཕུ་བཀའ་བརྒྱུད་དང་ཀརྨ་བཀའ་བརྒྱུད་ཟེར། འབའ་རོམ་པ་དར་མ་དབང་ཕྱུག་གིས་སྤྱི་ལོ་1153ལོར་འབའ་རོམ་དགོན་པ་བཏབ་སྟེ་དར་སྤེལ་བྱུང་བ་ལ་འབའ་རོམ་བཀའ་བརྒྱུད་ཟེར། ཞང་འགྲོ་བའི་མགོན་པོས་སྤྱི་ལོ་1175ལོར་

ཚལ་གྱི་དགོན་པ་བཏབ་སྟེ་དར་སྤེལ་བྱུང་བ་ལ་ཚལ་པ་བཀའ་བརྒྱུད་ཟེར། གོང་གསལ་ཕག་གྲུ། ཀརྨ། འབའ་རོམ། ཚལ་པ་བཀའ་བརྒྱུད་བཞི་ལ་བཀའ་བརྒྱུད་ཆེ་བཞི་ཞེས་གྲགས། བཀའ་བརྒྱུད་ཆུང་བརྒྱད་སྤེལ་མཁན་ཚང་མ་ཕག་གྲུའི་སློབ་མ་ཤ་སྟག་ཡིན། སྐྱོབ་པ་འཇིག་རྟེན་མགོན་པོས་སྤྱི་ལོ་1179ལོར་འབྲི་གུང་མཐིལ་གྱི་དགོན་པ་བཏབ་སྟེ་དར་སྤེལ་བྱུང་བ་ལ་འབྲི་གུང་བཀའ་བརྒྱུད་ཟེར། སྟག་ལུང་ཐང་པ་བཀྲ་ཤིས་དཔལ་གྱིས་སྤྱི་ལོ་1180ལོར་སྟག་ལུང་དགོན་པ་བཏབ་སྟེ་དར་སྤེལ་བྱུང་བ་ལ་སྟག་ལུང་བཀའ་བརྒྱུད་ཟེར། ཙ་རི་བ་སྐལ་ལྡན་ཡེ་ཤེས་དང་། དེའི་སློབ་མ་གཡའ་བཟང་ཆོས་རྗེས་སྤྱི་ལོ་1206ལོར་གཡའ་བཟང་གི་དགོན་པ་བཏབ་སྟེ་དར་སྤེལ་བྱུང་བ་ལ་གཡའ་བཟང་བཀའ་བརྒྱུད་ཟེར། རྒྱལ་ཚ་རིན་ཆེན་དགོན་གྱིས་སྤྱི་ལོ་1171ལོར་ཁྲོ་ཕུ་དགོན་པ་བཏབ་སྟེ་དར་སྤེལ་བྱུང་བ་ལ་ཁྲོ་ཕུའི་བཀའ་བརྒྱུད་ཟེར། གླིང་རས་པ་པདྨ་རྡོ་རྗེ་དང་། དེའི་སློབ་མ་འགྲོ་མགོན་གཙང་པ་རྒྱ་རས་ཡེ་ཤེས་རྡོ་རྗེས་སྤྱི་ལོ་1193ལོར་འབྲུག་དགོན་པ་བཏབ་སྟེ་དར་སྤེལ་བྱུང་བ་ལ་འབྲུག་པ་བཀའ་བརྒྱུད་ཟེར། སྨར་ཚང་ཤེས་རབ་སེང་གེས་སྤྱི་ལོ་1167ལོར་ཁམས་སུ་ཤོ་དགོན་པ་བཏབ་སྟེ་དར་སྤེལ་བྱུང་བ་ལ་སྨར་བ་བཀའ་བརྒྱུད་ཟེར། སངས་རྒྱས་ཡེལ་པ་ཡེ་ཤེས་བརྩེགས་ཀྱིས་སྤྱི་ལོ་1171ལོར་ཁམས་སུ་ཡེལ་ཕུག་དགོན་པ་བཏབ་སྟེ་དར་སྤེལ་བྱུང་བ་ལ་ཡེལ་པ་བཀའ་བརྒྱུད་ཟེར། སྟེ་ཕུ་གྱེར་སྒོམ་ཆེན་པོས་སྤྱི་ལོ་1181ལོར་སྟེ་ཕུ་ཤུག་གསེབ་དགོན་པ་བཏབ་སྟེ་དར་སྤེལ་བྱུང་བ་ལ་ཤུག་གསེབ་བཀའ་བརྒྱུད་ཟེར། གོང་གསལ་བརྒྱད་པོ་དེ་ལ་ཆུང་བརྒྱད་ཟེར།

དྭགས་པོ་བཀའ་བརྒྱུད་ཀྱི་ཆུ་འགོ་མར་པ་ལོ་ཙཱ་བའི་ལྟ་བ་ནི་དབུ་མ་ཐལ་འགྱུར་བའི་ལྟ་བ་ཡིན་པས། དེའི་སློབ་མ་དྭགས་པོ་ལྷ་རྗེ་དང་དེ་ལས་གྱེས་པའི་

བཀའ་བརྒྱུད་པ་རྣམས་ཀྱང་ལྟ་བའི་བཞེད་པ་མཐུན་པ་སྣང་ཕྱོགས་རྟེན་འབྲེལ་ལ་གཙིགས་ཆེན་དུ་མཛད་ཅིང་ཆོས་ཀྱི་སྙིང་པོ་ཕྱག་རྒྱ་ཆེན་པོ་ནི་ཆོས་རྣམས་ཀྱི་གནས་ལུགས་མཐར་ཐུག་ལ་བྱེད་དོ། །

ཤངས་པ་བཀའ་བརྒྱུད་ནི་ཁྱུང་པོ་རྣལ་འབྱོར་ཆེན་པོས་སྲོལ་གཏོད་པ་ཡིན། ཁོང་གིས་སྤྱི་ལོ1121ལོར་གཙང་གི་ཤངས་ཁུལ་དུ་ཞོང་ཞོང་དགོན་པ་གཙོ་བོར་བྱས་པའི་དགོན་པ་བརྒྱ་དང་བརྒྱད་བཏབ་ནས་དར་སྤེལ་བྱུང་བ་ལ་ཤངས་པ་བཀའ་བརྒྱུད་ཅེས་གྲགས། ཤངས་ཆོས་གཙོ་བོར་གྱུར་པ་ནི་གསང་བདེ་འཇིགས་གསུམ། ཀྱཻ་རྡོར། མ་ཧཱ་མ་ཡ། ནི་གུའི་ཆོས་དྲུག་སོགས་ཤིན་ཏུ་མང་། ལྟ་བ་ཕྱག་ཆེན་གའུ་མ་ཞེས་པ་བདེ་བ་དང་སྟོང་པ་གའུ་ཁ་སྦྱོར་བ་བཞིན་དབྱེར་མེད་དུ་བསྒོམས་ནས་འོད་གསལ་མངོན་དུ་བྱེད་པའི་གདམས་པའོ། །མཁས་གྲུབ་ཁྱུང་པོ་རྣལ་འབྱོར་པ་དགོངས་པ་གཞན་དོན་དུ་གཤེགས་རྗེས་ལོ་སུམ་བརྒྱ་ཙམ་རིང་གྲུབ་ཐོབ་མང་དུ་བྱུང་སྟེ། ཤངས་པའི་ལུགས་སྲོལ་རྒྱས་པར་མཛད་ཀྱང་། དེང་སང་ནི་ས་དགེ་ཕྱག་གསུམ་གྱི་ནང་དུ་ཐིམ་པ་ལྟར་གྱུར་ཏེ་ཆོས་བརྒྱུད་སྐོར་དུ་འཛིན་པ་མི་སྣང་ངོ་། །

༨. ཞི་བྱེད་པའི་གྲུབ་མཐའ།

ཞི་བྱེད་པ་ཞེས་པ་ནི། ཤེར་ཕྱིན་ཉམས་ལེན་གྱིས་སྲིད་ཞིའི་སྡུག་བསྔལ་ཐམས་ཅད་རབ་ཏུ་ཞི་བར་བྱེད་པའི་ཆ་ནས་ཞི་བྱེད་པ་ཞེས་བརྗོད། གྲུབ་མཐའ་འདི་ནི་རྒྱ་གར་གྱི་གྲུབ་ཆེན་ཕ་དམ་པ་སངས་རྒྱས་ནས་དར་སྤེལ་མཛད། ཁོང་ཀླུ་སྒྲུབ་ཀྱི་སློབ་མ་ཡིན་པ་དང་། ཡང་ཕ་དམ་པ་སངས་རྒྱས་རྗེ་བཙུན་མི་ལ་རས་པ་དང་མཇལ་བ་ཡིན་པར་གྲགས་པས་སྐུ་ཚེ་རིང་པོ་བཞུགས་པ་སྨོས་མེད་ཡིན། གྲུབ་པ་ཐོབ་སྟེ་བོད་དུ་ལན་ལྔ་བྱོན་ཏེ་སློབ་མ་མང་དུ་བསྐྱངས།

ཞི་བྱེད་ཀྱི་ཆོས་ཀྱི་སྙིང་པོར་གྱུར་པ་ནི་ཤེས་རབ་ཀྱི་ཕ་རོལ་དུ་ཕྱིན་པ་ཡུམ་རྒྱས་འབྲིང་བསྡུས་གསུམ་གྱི་དོན་མ་ལུས་པ་ཉམས་སུ་ལེན་པའི་མན་ངག་ཀུན་ལ་མ་གྲགས་པའི་ཁྱད་ཆོས་ཤེས་རབ་ཀྱི་ཕ་རོལ་ཏུ་ཕྱིན་པའི་ལམ་གྱི་རིམ་པ་བྱ་བ་དེ་ཡིན། རྒྱ་གར་གྱི་གྲུབ་ཆེན་ཕ་དམ་པ་སངས་རྒྱས་ནི་དཔལ་མགོན་པོ་ཀླུ་སྒྲུབ་ཀྱི་དངོས་སློབ་ཏུ་གྲགས་པས། ཞི་བྱེད་ཀྱི་ལྟ་བའི་ཁུངས་ནི་ཤེར་ཕྱིན་གྱི་མདོ་ལ་གཏུགས་པར་འདུག་ཅིང་གདམས་ངག་གི་ཡི་གེ་རྣམས་སུ་ཀླུ་སྒྲུབ་ལ་ཚད་མར་འཛིན་པས་ན་ལྟ་བ་མ་གཞི་དབུ་མ་ཐལ་འགྱུར་བའི་ལྟ་བ་ཡིན་ནའང་སློབ་མར་ཆོས་གསུངས་སྐབས་ཁ་ཤས་སེམས་ཙམ་པའི་ལྟ་བའི་ཐོག་ནས་གསུངས་པ་དང་། ཁ་ཤས་དབུ་རང་རྒྱུད་པའི་ལྟ་བའི་ཐོག་ནས་གསུངས་ཡོད། གཅོད་ཀྱི་གདམས་པའི་ཁུངས་ཡང་ཡུམ་རྒྱས་འབྲིང་བསྡུས་གསུམ་དང་མདོ་སྡུད་པ་ལ་ཐུག་པས་ན། མ་ཅིག་ལབ་སྒྲོན་གྱི་གསུང་རྣམས་ཀྱང་ཐལ་འགྱུར་བའི་ལྟ་བའི་ཕྱོགས་དང་མཐུན་ཆབ་ཤིན་ཏུ་ཆེའོ། །ཞི་བྱེད་པའི་ཆོས་སྡེ་གྲགས་ཆེ་བ་ནི་སྐྱེས་མཆོག་བསམ་གཏན་དཔལ་གྱིས་བཏབ་པའི་ཡབ་ཆོས་སྡིང་དང་། སྒོ་མོ་ཆོས་སྡིང་གཉིས་སོ། །དུས་རབས་བཅུ་བཞི་པའི་དུས་མཇུག་ཙམ་ལ་ཆོས་རྒྱུན་ཕལ་ཆེར་ནུབ་པར་གསུངས་སོ། །

ཞི་བྱེད་པའི་ཡ་གྱལ་གཅོད་ལུགས་ཡང་ཕ་དམ་པ་སངས་རྒྱས་ཀྱིས་སྤེལ་བ་ཡིན་ལ། གཅོད་ཅེས་པ་ནི་ཤེར་ཕྱིན་མན་ངག་ལ་བརྟེན་ནས་ཉོན་མོངས་པའི་རྣམ་པར་རྟོག་པ་ཐམས་ཅད་ཀྱི་རྩ་བ་བདག་འཛིན་དེ་ཉིད་དབྱིངས་ཕྱོགས་སུ་གཅོད་པས་ན་དེ་ལྟར་བརྗོད། ཕ་དམ་པ་སངས་རྒྱས་བོད་དུ་ཐེངས་གསུམ་པ་ཕེབས་སྐབས་སྐྱོ་སྟོན་བསོད་ནམས་བླ་མ་དང་། ཡར་ཀླུང་སྨ་ར་སེར་པོ་གཉིས་ལ་གཅོད་ཀྱི་གདམས་པ་གནང་། དེ་ནས་རིམ་བཞིན་བརྒྱུད་པ་ལ་ཕོ་གཅོད་དང་། མོ་གཅོད་གཉིས་སུ་བྱུང་། ཕོ་གཅོད་ནི་ཡར་ཀླུང་སྨ་ར་སེར

ཕྱོགས་རང་གི་ཉེ་གནས་སློབ་པ་སེ་རོང་སོགས་ལ་ཆོས་བརྒྱུད་སྤེལ་བ་རྣམས་ལ་ཕོ་གཙོད་ཟེར། མོ་གཙོད་ནི་ཕ་དམ་པ་སངས་རྒྱས་ཀྱིས་དངོས་སློབ་སྐྱོ་སྟོན་བསོད་ནམས་བླ་མས་མ་གཅིག་ལབ་ཀྱི་སྒྲོན་མ་ལ་གནང་། དེ་ནས་ཆོས་བརྒྱུད་སྤེལ་བ་དེ་ར་མོ་གཙོད་ཟེར། ལབ་སྒྲོན་གྱི་གདམས་པ་འདི་གྲུབ་མཐའ་ཀུན་ལ་དར་ཁྱབ་ཆེ་ཞིང་། དུས་ད་ལྟའང་གདམས་ངག་གི་རྒྱུན་མ་ཉམས་པར་དར་བའོ། །

༧. ཇོ་ནང་པའི་གྲུབ་མཐའ།

ཇོ་ནང་པ་ཞེས་པ་ནི་གནས་ཀྱི་མིང་གིས་བཏགས་པ་ཞིག་ཡིན། གྲུབ་མཐའ་ནི་ཡུ་མོ་མི་བསྐྱོད་རྡོ་རྗེའི་གཞན་སྟོང་གི་ལྟ་བ་ལས་བརྒྱུད་པ་སྟེ། ཕྱིས་ཀུན་སྤངས་ཐུགས་རྗེ་བརྩོན་འགྲུས་ཀྱིས་ཇོ་མོ་ནང་དུ་དགོན་པ་བཏབ། དོལ་བུ་བ་ཤེས་རབ་རྒྱལ་མཚན་གྱིས་ཇོ་ནང་དུ་སྤྱི་ལོ་1330ལོར་སྐུ་འབུམ་མཐོང་གྲོལ་ཆེན་མོ་བཞེངས་པ་དང་། ཇོ་ནང་པའི་ལུགས་ཀྱི་བསྟན་བཅོས《ངེས་དོན་རྒྱ་མཚོ》དང་《བཀའ་བསྡུ་བཞི་པ》སོགས་དུ་མ་བརྩམས་ནས་ལུང་རིགས་ཀྱི་སྒྲུབ་བྱེད་མང་དུ་བཀོད་དེ། གཞན་སྟོང་དོན་དམ་པ་ཞེས་པའི་ཇོ་ནང་གི་གྲུབ་མཐའི་རྐང་བཙུགས། དེ་ནས་ཇོ་ནང་པའི་སློབ་དཔོན་ཆེན་པོ་ཏཱ་ར་ནཱ་ཐས་སྤྱི་ལོ་1608ལོར་ཇོ་ནང་དགོན་པ་དང་ཐག་ཉེ་བར་རྟག་བརྟན་ཕུན་ཚོགས་གླིང་དགོན་པ་ཕྱག་བཏབ་ནས་ཇོ་ནང་ལུགས་ཀྱི་བསྟན་བཅོས་དུ་མའི་དཔར་བསྒྲུབས་ཏེ། ཇོ་ནང་པའི་རིང་ལུགས་དར་ཞིང་རྒྱས་པ་མཛད་དོ། །

རྒྱལ་དབང་ལྔ་པའི་སྐབས་སུ་རྟག་བརྟན་ཕུན་ཚོགས་གླིང་དགེ་ལུགས་པའི་དགོན་པར་བསྒྱུར་ནས་དགའ་ལྡན་ཕུན་ཚོགས་གླིང་ཞེས་བཏགས། ཇོ་ནང་གི་དགོན་པ་གཞན་རྣམས་ཀྱང་དགེ་ལུགས་པར་བསྒྱུར། དེ་ནས་བཟུང་དབུས

གཙང་དུ་གྲུབ་མཐའ་དེ་འཛིན་པའི་སྡེ་རིམ་གྱིས་ཉམས་ནས་མིང་གི་ལྷག་མར་གྱུར། ཡང་དེང་གི་ཆར་མདོ་སྨད་དང་། རྒྱ་པ་མགོ་ལོག་སོགས་ཡུལ་གྲུ་མང་པོར་ཇོ་ནང་པའི་རིང་ལུགས་འཛིན་པའི་དགེ་འདུན་གྱི་སྡེ་མང་དུ་བྱུང་ངོ་། །ཇོ་ནང་པའི་ལྷ་ཁང་གཙོ་བོ་ནི་གཞན་སྟོང་ཆེན་པོའི་ལྷ་ཁང་དེ་ཡིན། ཇོ་ནང་པའི་དགོན་པ་གཙོ་བོ་ནི་གཞིས་རྩེ་ས་ཁུལ་ལྷ་རྩེ་རྫོང་གི་ཇོ་ནང་དགོན་པ་དང་། རྟག་བརྟན་ཕུན་ཚོགས་གླིང་དགོན། རྒྱལ་རྩེ་བརྩེ་ཆེན་དགོན་པ། ཁམས་སུ་ཛམ་ཐང་བསམ་གྲུབ་ནོར་གླིང་དགོན་ལ་སོགས་ཡོད།

༨. དགེ་ལུགས་པའི་གྲུབ་མཐའ།

དགེ་ལུགས་པ་ནི། གདན་སའི་མིང་གིས་བཏགས་པ་སྟེ། རྗེ་ཙོང་ཁ་པ་ཆེན་པོས་སྤྱི་ལོ1409ལོར་དགའ་ལྡན་དགོན་པ་བཏབ་སྟེ་སྐུ་ཚེའི་སྨད་དུ་དེར་བསྟན་ཆགས་པར་བཞུགས་པ་ལ་བརྟེན་ནས་ཁོང་གི་མཚན་ལ་ཆོས་རྗེ་དགའ་ལྡན་པ་ཞེས་ཟེར་ཞིང་། དེའི་རྗེས་སུ་ཞུགས་པའི་ཆོས་ལུགས་ལ་དགའ་ལུགས་པ་ཟེར་ཡང་བརྗོད་བདེ་བའི་དབང་གིས་དགེ་ལུགས་པ་ཞེས་ཐོས། གཞན་ཡང་ཞྭ་སེར་ཅོད་པན་འཆང་བའི་རིང་ལུགས་ཀྱང་ཟེར་ཏེ། སྔོན་བསྟན་པ་ཕྱི་དར་འགོ་ཚུགས་སྐབས་བླ་ཆེན་དགོངས་པ་རབ་གསལ་གྱིས་ཀླུ་མེས་དབུས་གཙང་དུ་ཕྱོན་ཁར་ཞྭ་སེར་པོ་བཞེས་འཕྲོ་ཞིག་གནང་སྟེ་རྗེས་སུ་དྲན་པར་གྱིས་ཞིག་གསུངས་པས་ཀླུ་མེས་ཀྱིས་དབུ་ཞྭ་སེར་པོ་བཞེས། རྗེ་བདག་ཉིད་ཆེན་པོས་ཀྱང་སྔོན་གྱི་འདུལ་འཛིན་ཆེན་པོ་རྣམས་ཀྱི་རྗེས་སུ་འབྲངས་ནས་དབུ་ཞྭ་སེར་པོ་བཞེས། དེ་ནས་ཞྭ་སེར་པའང་ཟེར། རྗེ་བདག་ཉིད་ཆེན་པོ་འདི་ནི། སྤྱི་ལོ1357ལོར་ཤར་ཙོང་ཁའི་ཡུལ་དུ་ཡབ་ད་ར་ཀླུ་འབུམ་དགེ

དང་། ཡུམ་ཤིང་བཟང་ཨ་ཆོས་གཉིས་ཀྱི་སྲས་དྲུག་གི་ནང་ནས་བཞི་པར་འཁྲུངས། དགུང་ལོ་རེ་གསུམ་པ་སྤྱི་ལོ1419ལོར་དགོངས་པ་རྫོགས་ལས་འདས། དགུང་ལོ་གསུམ་ལ་ཀརྨ་རོལ་པའི་རྡོ་རྗེའི་དྲུང་དུ་དགེ་བསྙེན་གྱི་སྡོམ་པ་བཞེས་ནས་མཚན་ཀུན་དགའ་སྙིང་པོ་ཞེས་གསོལ། དགུང་ལོ་བདུན་སོན་དུས་ཆོས་རྗེ་དོན་གྲུབ་རིན་ཆེན་ནས་མཁན་པོ་མཛད་ཅིང་། ཧྭ་དཔོན་གཞོན་ནུ་སེང་གེའི་སློབ་མ་གཞོན་ནུ་བྱང་ཆུབ་ཀྱིས་སློབ་དཔོན་མཛད་དེ་ཁྱིམ་ནས་ཁྱིམ་མེད་པར་རབ་ཏུ་བྱུང་སྟེ། དགེ་ཚུལ་གྱི་བསླབ་སྡོམ་བཞེས་ཤིང་། མཚན་བློ་བཟང་གྲགས་པར་གསོལ། དེ་ནས་དགུང་ལོ་བཅུ་དྲུག་ལོན་པའི་ཚེ་དབུས་གཙང་དུ་ཕྱིན་ཏེ། རྗེ་བཙུན་རེད་མདའ་བ་ལ་སོགས་པའི་བླ་མ་དུ་མར་བསྟེན་ནས་རིག་གནས་དང་བཀའ་པོད་ལྔ་སོགས་ལ་ཐོས་བསམ་སྒོམ་གསུམ་མཐར་ཕྱིན་པར་གནང་བས་མཁས་བཙུན་བཟང་གསུམ་གྱི་མཁས་པའི་གོ་འཕང་བཞེས། མདོ་སྔགས་ཀྱི་བསྟན་པ་ལ་དག་ཐེར་ལེགས་པར་མཛད་པས་བསྟན་པ་འདི་ལ་སྟོན་པ་གཉིས་པ་ཕྱིན་པ་ལྟ་བུ་བྱུང་། སྤྱི་ལོ1402ལོར་དབུས་གཙང་གི་མཁས་པ་དུ་མས་མགྲིན་གཅིག་ཏུ་གསོལ་བ་བཏབ་པ་ལྟར་བྱང་ཆུབ་ལམ་གྱི་རིམ་པ་ཆེན་མོ་ལྟགས་རྩོམ་གནང་། སྤྱི་ལོ1409ལོར་ལྷ་ལྡན་ཚོ་འཕྲུལ་སྨོན་ལམ་ཆེན་མོ་གསར་འཛུགས་མཛད། དགེ་འདུན་བརྒྱད་སྟོང་ལྷག་ཙམ་ལ་བསྙེན་བཀུར་ཞུས། ཇོ་བོ་ཤཱཀྱ་མུ་ནེར་གསེར་གྱི་དབུ་རྒྱན་དང་མི་བསྐྱོད་རྡོ་རྗེ་དང་བཅུ་གཅིག་ཞལ་ལ་དངུལ་གྱི་དབུ་རྒྱན་ཕུལ། སྨོན་ལམ་གྲོལ་ནས་ཡོན་བདག་དང་བུ་སློབ་རྣམས་ཀྱིས་ཞུས་པ་ལྟར་འབྲོག་རི་བོ་ཆེར་ཕྱིན་ནས་ས་གཞི་བྱིན་གྱིས་བརླབས་ཏེ་ལོ་དེ་རང་ལ་རྗེ་ཉིད་ཀྱི་བཀའ་བཞིན་དགའ་ལྡན་རྣམ་པར་རྒྱལ་བའི་གླིང་ཕྱག་འདེབས་པའི་དབུ་ཚུགས། དེ་ནས་བཟུང་སྟེ་དགེ་ལུགས་པའི་གྲུབ་མཐའི་ཐ་སྙད་བྱུང་བ་ཡིན།

རྗེ་བདག་ཉིད་ཆེན་པོ་གནས་དེར་ཞབས་སེན་འཁོད་དེ་ཆོས་ཀྱི་བདུད་རྩིས་གདུལ་བྱ་སྨིན་པར་མཛད། དེ་རྗེས་རྒྱལ་ཚབ་དར་མ་རིན་ཆེན་ནས་བཟུང་དགའ་ལྡན་ཁྲི་པ་གདན་རབས་རིམ་བྱོན་གྱིས་ཆོས་ཀྱི་བདུད་རྩིའི་བཀའ་དྲིན་གྱིས་བསྐྱངས་སོ། །རྗེ་ཙོང་ཁ་པའི་སློབ་མས་གནམ་གྱིས་ས་བཀབ་པ་ལྟར་གྲགས་ཀྱིས་མི་ལང་ལ་དགེ་ལུགས་པའི་དགོན་པ་ཡང་ཆེས་མང་དུ་ཡོད་པ་ལས་གྲགས་ཆེ་བ་རགས་རིམ་ཙམ་བརྗོད་ན། ཏཱ་ལའི་བླ་མ་སྐུ་ཕྲེང་དང་པོ་རྒྱལ་བ་དགེ་འདུན་གྲུབ་ཀྱིས་སྤྱི་ལོ་1447ལོར་བཀྲ་ཤིས་ལྷུན་པོ་ཕྱག་བཏབ། པཎ་ཆེན་སྐུ་ཕྲེང་དང་པོ་མཁས་གྲུབ་དགེ་ལེགས་དཔལ་བཟང་གིས་སྤྱི་ལོ་1418ལོར་རྒྱལ་རྩེ་དཔལ་འཁོར་ཆོས་སྡེ་ཕྱག་བཏབ། འཇམ་དབྱངས་ཆོས་རྗེ་བཀྲ་ཤིས་དཔལ་ལྡན་གྱིས་སྤྱི་ལོ་1416ལོར་འབྲས་སྤུངས་དགོན་པ་ཕྱག་བཏབ། བྱམས་ཆེན་ཆོས་རྗེ་ཤཱཀྱ་ཡེ་ཤེས་ཀྱིས་སྤྱི་ལོ་1419ལོར་སེ་ར་དགོན་པ་ཕྱག་བཏབ། གཞན་ཡང་རྗེ་ཤེས་རབ་སེང་གེས་དཔལ་ལྡན་རྒྱུད་སྨད་བཏབ་ཅིང་། དེའི་སློབ་མ་རྒྱུད་ཆེན་ཀུན་དགའ་དོན་གྲུབ་ཀྱིས་རྒྱུད་སྟོད་ཐུར་དུ་སྐྱོང་གནང་མཛད་པ་སོགས་རྗེ་བདག་ཉིད་ཆེན་པོའི་སློབ་མ་ཡང་སློབ་དང་བཅས་པ་རྣམས་ཀྱིས་དབུས་གཙང་། མངའ་རིས། མདོ་ཁམས། རྒྱ་སོག་ཡུལ་གྲུ་ཀུན་ཏུ་དགོན་སྡེ་མང་དུ་བཞེངས་ནས་རྗེ་བླ་མའི་མདོ་སྔགས་ཟུང་འབྲེལ་གྱི་བསྟན་པ་སྤེལ་བ་བརྗོད་ཀྱིས་མི་ལང་ངོ༎ །

རྗེ་ཐམས་ཅད་མཁྱེན་པའི་རིང་ལུགས་རྗད་དུ་བྱུང་བ་མཉམ་མེད་རི་བོ་དགེ་ལྡན་པའི་གྲུབ་མཐའ་འདི་ཡི་ལྷ་བ་ནི་འཕགས་པ་ཡབ་སྲས་ཀྱི་དགོངས་པའི་ཡང་སྙིང་། དཔལ་ལྡན་ཐལ་འགྱུར་བའི་བཞེད་སྲོལ་དྲི་མ་མེད་པའི་རིང་ལུགས་ལུང་དང་རིགས་པ་དུ་མས་ཆེས་ཤིན་ཏུ་གསལ་བར་བཀྲལ་ཏེ་ཐུན་མོང་གི་སྤྱི་ནོར་ལྟ་བུར་བསྟུལ་བ་འདི་ནི་རི་བོ་དགེ་ལྡན་པའི་ཆོས་བླ་ན་མེད་པ་ཡིན་

ནོ། །

མདོར་ན། བོད་གངས་ཅན་གྱི་ལྗོངས་འདིར། སྤྲུལ་པའི་ཆོས་རྒྱལ་ཡབ་སྲས་རྣམས་ཀྱི་སྐུ་དྲིན་ལས། སངས་རྒྱས་ཀྱི་བསྟན་པ་རིན་པོ་ཆེ་དར་བ་ནས་བཟུང་། རྒྱལ་བློན་བྱང་ཆུབ་སེམས་དཔའ་རྣམས་དང་སྐད་གཉིས་སྨྲ་བའི་ལོ་ཙཱ་བ་བཀའ་དྲིན་ཅན་རྣམས་ཀྱིས་ནོར་དང་ལོངས་སྤྱོད་ལྟ་ཅི་ལུས་དང་སྲོག་ལའང་མི་ལྟ་བའི་དཀའ་སྤྱད་དང་སྡུག་རྡུས། སྙིང་སྟོབས་དང་བརྩོན་པ་དྲག་པོས་རྒྱ་བལ་ཁ་ཆེ་སོགས་ཀྱི་ཡུལ་གྲུ་དུ་མར་ཕྱིན་ཏེ་ཇོད་མེད་ཡོངས་གྲགས་ཀྱི་པཎྜི་ཏ་དང་། གྲུབ་པའི་དབང་ཕྱུག་ཆེན་པོ་དག་མཉེས་པར་བྱས་ཏེ་ཆོས་ཀྱི་གདམས་ངག་མང་དུ་གསན་ཞིང་། བཀའ་དང་དགོངས་འགྲེལ་གྱི་བསྟན་བཅོས་ཇི་སྙེད་ཅིག་བོད་སྐད་དུ་བསྒྱུར་ཏེ་གདན་དྲངས་པ་རྣམས་ལ། མཁས་གྲུབ་ཀྱི་སྐྱེས་བུ་རྣམས་ཀྱིས་རང་རང་གི་རྣམ་དཔྱོད་ཇི་ལྟར་ཡོད་པ་ལས་མདོ་རྒྱུད་བསྟན་བཅོས་དུ་མའི་དགོངས་དོན་ལེགས་པར་བཀྲལ་བ་དང་གདམས་ངག་ཉམས་སུ་བཞེས་པའི་ཉམས་མྱོང་ལྟར། རང་རང་གི་སློབ་བུ་རྣམས་ལ་ཇི་ལྟར་གདམས་པའི་ཚུལ་ལས་གོ་བ་འཚོལ་ལུགས་དང་སྤྱོད་པ་གཙོ་བོར་གྱུར་པའི་གདམས་ངག་ཉམས་སུ་ལེན་ཚུལ་སོགས་གསང་སྔགས་གསར་རྙིང་ལས་བྱུང་བའི་ལྟ་སྒོམ་སྤྱོད་གསུམ་གྱི་རྣམ་གཞག་ལ་བཞེད་ཚུལ་མི་གཅིག་པ་དང་། ཐ་སྙད་སྦྱོར་ཚུལ་མི་འདྲ་བ་སྣ་ཚོགས་ཤིག་བྱུང་བ་ལ་བརྟེན་ནས་གྲུབ་མཐའ་རིགས་མི་འདྲ་བ་དུ་མ་ཞིག་བྱུང་ཞིང་། དེ་དག་ཀྱང་རྙིང་མ་ལྟ་བུ་དུས་ཀྱི་སྒོ་ནས་དང་། བཀའ་གདམས་པ་དང་། བཀའ་བརྒྱུད་པ། ཞི་བྱེད་པ་ལྟ་བུ་ཉམས་སུ་བླངས་བྱའི་ཆོས་ཀྱི་སྒོ་ནས་དང་། དགེ་ལུགས་པ་དང་། ཇོ་ནང་པ། ས་སྐྱ་པ་ལྟ་བུ་གནས་ཀྱི་མིང་ལ་བརྟེན་ནས་གྲུབ་མཐའ་སོ་སོའི་མིང་འདོགས་ལུགས་ཀྱང་སྣ་ཚོགས་པ་ཞིག་བྱུང་ནའང་། གྲུབ་མཐའ་དེ་དག་གི་ནང་དུ། སྐྱབས་འགྲོ

དང་། ཉ་བ་བཀར་བཏགས་ཀྱི་ཕྱུག་རྒྱ་བཞི་ཁས་མི་ལེན་པ་གཅིག་ཀྱང་མེད་པས། ཉ་སྤྱོད་ཀྱི་བཞེད་ཚུལ་འདྲ་མིན་ཅི་རིགས་པ་དེ་དག་ཀྱང་རང་སྡེ་རྩ་བའི་གྲུབ་མཐའ་སྨྲ་བ་བཞི་པོ་གང་རུང་གི་ལུགས་ལས་མི་འདའ་ཞིང་། གཞི་ལམ་འབྲས་གསུམ་གྱི་རྣམ་གཞག་སོགས་རྒྱ་གཞུང་ཅི་རིགས་ལ་བརྟེན་པ་དང་། རང་རང་གི་བླ་མའི་མན་ངག་དང་། ཉམས་མྱོང་། གདུལ་བྱའི་དགོས་དབང་སོགས་ལ་བརྟེན་ནས་འཆད་པ་ཤ་སྟག་ཡིན་པས། མན་ངག་ཟབ་མོའི་གཏེར་དུ་མ་གྱུར་པ་གཅིག་ཀྱང་མེད། དེ་ཕྱིར་རང་ཕྱོགས་ཀྱི་གྲུབ་མཐའ་ལ་ཆགས་པ་དང་། གཞན་ཕྱོགས་ལ་སྡང་བའི་ཉོན་མོངས་ཀྱིས་རྒྱུད་དཀྲུགས་ཏེ་ཆགས་སྡང་ཕྱོགས་ལྷུང་གི་གཏམ་ངན་དང་སྒྲོ་འདོགས་བྱུང་རྒྱལ་དུ་སྨྲ་བ་ནི་ཆོས་ལ་བརྟེན་པའི་སྡིག་པའི་ལས་ཚབས་པོ་ཆེ་བསགས་པས་སྡུག་བསྔལ་གྱི་རྒྱུ་ཁོ་ན་ཡིན་ཏེ། དབུ་མ་སྙིང་པོ་ལས། ཕྱོགས་སུ་ལྷུང་བས་སེམས་གདུང་བས། །ཞི་བ་ནམ་ཡང་རྟོགས་མི་འགྱུར། །ཞེས་དང་། པཎ་ཆེན་བློ་བཟང་ཡེ་ཤེས་ཀྱིས། དབུས་གཙང་མངའ་རིས་བར་གྱི་གྲུབ་པའི་མཐའ། །ཀུན་ཀྱང་རྒྱལ་བསྟན་ཁོ་ན་ཡིན་པས་ན། །ཕྱོགས་ལྷུང་གདོན་གྱིས་སྡང་ཤུགས་མི་མཛད་པར། །དག་སྣང་ནོར་བུའི་འོད་ཀྱིས་ཁྱབ་ན་ལེགས། །ཞེས་གསུངས་སོ། །

བོད་ལྗོངས་སློབ་གྲྭ་ཆེན་མོའི་རིག་གཞུང་སློབ་གླིང་བོད་རིག་པའི་ཚན་ཁག་གི་དགེ་རྒན་ཆེན་མོ་གཞོན་པ་མཁྱེན་རབ་དབང་ཕྱུག་གིས་བོད་རབ་བྱུང་བཅུ་བདུན་པའི་ཤིང་བྱ་སྤྱི་ལོ་༢༠༠༥ཟླ་ཚེས་བཟང་པོ་ལ་གྲུབ་བོ། །

སློབ་གཞི་འདིའི་དཔྱད་གཞིའི་ཡིག་ཆ་ཁག

༡. འཇམ་དབྱངས་བཞད་པ་སྐུ་ཕྲེང་དང་པོ་ངག་དབང་བརྩོན་འགྲུས་ཀྱིས་མཛད་པའི་《གྲུབ་མཐའི་རྣམ་གཞག་ཀུན་བཟང་ཞིང་གི་ཉི་མ་》

༢. འཇམ་དབྱངས་བཞད་པ་སྐུ་ཕྲེང་གཉིས་པ་ཀུན་མཁྱེན་འཇིགས་མེད་དབང་པོས་མཛད་པའི་《གྲུབ་མཐའ་རིན་ཆེན་ཕྲེང་བ་》

༣. རྒྱ་གར་གྱི་སློབ་དཔོན་ལེགས་ལྡན་འབྱེད་ཀྱིས་མཛད་པའི་《རྟོག་གེ་འབར་བ་》

༤. སློབ་དཔོན་ཟླ་བ་གྲགས་པས་མཛད་པའི་《དབུ་མ་འཇུག་པ་》རྩ་འགྲེལ།

༥. ལྕང་སྐྱ་རོལ་པའི་རྡོ་རྗེས་མཛད་པའི་《གྲུབ་མཐའི་རྣམ་གཞག་ཐུབ་བསྟན་ལྷུན་པོའི་མཛེས་རྒྱན་》

༦. ཐུབ་བཀྭན་བློ་བཟང་ཆོས་ཀྱི་ཉི་མས་མཛད་པའི་《ཐུབ་བཀྭན་གྲུབ་མཐའ་》དང་དཀར་བློ་བཟང་འཕྲིན་ལས་ཀྱིས་མཛད་པའི་དེའི་མཆན་འགྲེལ།

༧. ཀློང་ཆེན་རབ་འབྱམས་པས་མཛད་པའི་《ཀློང་ཆེན་གྲུབ་མཐའ་》

༨. བུ་སྟོན་རིན་ཆེན་དོན་གྲུབ་ཀྱིས་མཛད་པའི་《བུ་སྟོན་ཆོས་འབྱུང་》

༩. སྟག་ཚང་ལོ་ཙཱ་བས་མཛད་པའི་《གྲུབ་མཐའ་ཀུན་ཤེས་》ཀྱི་རྩ་འགྲེལ།

༡༠. སུམ་པ་མཁན་ཆེན་ཡེ་ཤེས་དཔལ་འབྱོར་གྱིས་མཛད་པའི་《སུམ་པ་ཆོས་འབྱུང་》

༡༡. ཇོ་ནང་པ་ཏ་ར་ན་ཐས་མཛད་པའི་《རྒྱ་གར་ཆོས་འབྱུང་》

༡༢. བོད་ལྗོངས་རིག་དངོས་དོ་དམ་ཨུ་ཡོན་ལྷན་ཁང་ནས་མཛད་པའི་《གྲུབ་མཐའི་འབྱུང་བ་བརྗོད་པ་》

༡༣. ཤར་ ཡུལ་ ཕྲུན་ ཚོགས་ ཚེ་ རིང་ གིས་ མཛད་ པའི་《ཆོས་ འབྱུང་ མཁས་པའི་དགོངས་རྒྱན་》

༡༤. ཚུ་སྐྱེས་དགེ་འདུན་ བསམ་ གཏན་ གྱིས་ མཛད་ པའི་《བོད་ རྒྱུད་ ནང་བསྟན་ ཤེས་ རིག་ ཆེན་ པོའི་ གཞི་ རྩའི་ རྣམ་ བཤད་ དུས་ རབས་ ཉེར་ གཅིག་ པའི་བློ་གྲོས་པད་མོའི་ཁ་འབྱེད་》

༡༥. མཁས་དབང་ དུང་ དཀར་ བློ་ བཟང་ འཕྲིན་ ལས་ ཀྱི་ གསུང་ འབུམ་《གྲུབ་མཐའི་སྐོར་གྱི་རྣམ་བཤད་》

༡༦. ཀོང་སྤྲུལ་ཡོན་ཏན་རྒྱ་མཚོས་མཛད་པའི་《ཤེས་བྱ་ཀུན་ཁྱབ་》

༡༧. རྗེ་དགེ་འདུན་གྲུབ་ཀྱིས་མཛད་པའི་《ཚད་མ་རིགས་རྒྱན་》

༡༨. ཚལ་ པ་ ཀུན་ དགའ་ རྡོ་ རྗེས་ མཛད་ པའི་《དེབ་ ཐེར་ དམར་ པོ་》དང་དུང་དཀར་བློ་བཟང་འཕྲིན་ལས་ཀྱིས་མཛད་པའི་དེའི་མཆན་འགྲེལ།

༡༩. མི་རིགས་དཔེ་སྐྲུན་ཁང་ནས་དཔེ་སྐྲུན་ མཛད་ པའི་《གངས་ ཅན་རིགས་བརྒྱའི་སྒོ་འབྱེད་ལྡེ་མིག་》

༢༠. བོད་ ལྗོངས་ ནང་ བསྟན་ མཐུན་ ཚོགས་ ནས་ དཔར་ སྐྲུན་ གནང་བའི་《བོད་ལྗོངས་ནང་བསྟན་》གྱི་དུས་དེབ་ཁག

༢༡. རྗེ་བཙུན་བྱམས་པས་གསུངས་པའི་《བྱམས་ཆོས་སྡེ་ལྔ་》

༢༢. སློབ་དཔོན་ཐོགས་མེད་ཀྱིས་མཛད་པའི་《ས་སྡེ་ལྔ་》《སྡོམ་རྣམ་གཉིས་》

༢༣. རྗེ་ཙོང་ཁ་པ་ཆེན་པོས་མཛད་པའི་《རྩ་ཤེས་ཊཱིཀ་ཆེན་》

༢༤. རྒྱལ་ཚབ་དར་མ་རིན་ཆེན་གྱིས་མཛད་པའི་《ཀུན་ བཏུས་ རྣམ་

བཤད་ཆོས་མངོན་རྒྱ་མཚོའི་སྙིང་པོ་》

༢༥. མཁས་གྲུབ་དགེ་ལེགས་དཔལ་བཟང་གིས་མཛད་པའི་《དབུ་མའི་སྟོང་མཐུན་ཆེན་མོ་》

༢༦. མཆིམས་འཇམ་དཔལ་དབྱངས་ཀྱིས་མཛད་པའི་《མངོན་པ་མཛོད་ཀྱི་འགྲེལ་བཤད་མངོན་པའི་རྒྱན་》

༢༧. དཔའ་བོ་གཙུག་ལག་འཕྲེང་བས་མཛད་པའི་《ཆོས་འབྱུང་མཁས་པའི་དགའ་སྟོན་》

༢༨. འགོས་ལོ་གཞོན་ནུ་དཔལ་གྱིས་མཛད་པའི་《དེབ་ཐེར་སྔོན་པོ་》

༢༩. རྗེ་བཙུན་གྲགས་པ་རྒྱལ་མཚན་གྱིས་མཛད་པའི་《ས་སྐྱའི་གདུང་རབས་རིན་ཆེན་བང་མཛོད་》

༣༠. སྡེ་སྲིད་སངས་རྒྱས་རྒྱ་མཚོས་མཛད་པའི་《ཆོས་འབྱུང་བཻཌཱུརྻ་སེར་པོ་》

༣༡. དཔལ་ཚུལ་གྱིས་མཛད་པའི་《གཡུང་དྲུང་བོན་གྱི་བསྟན་འབྱུང་ཕྱོགས་བསྡུས་》

༄༅། །གྲུབ་མཐའ།

སྒྲིག་རྩོམ་པ།	མཁྱེན་རབ་དབང་ཕྱུག
རྩོམ་སྒྲིག་འགན་འཁུར་བ།	ཀང་བཙུགས།
མདུན་ཤོག་མཛེས་འཆོས།	ལི་ཧྲིང་།
པར་གཞི་སྒྲིག་མཁན།	སྒྲོན་མོ།
དཔེ་སྐྲུན་འགྲེམས་སྤེལ།	བོད་ལྗོངས་མི་དམངས་དཔེ་སྐྲུན་ཁང་། (ལྷ་ས་གླིང་སྐོར་བྱང་ལམ་སྒོ་ཨང་20པ)
པར་འདེབས་ཚན་པ།	ལྷ་ས་གྲོང་ཁྱེར་མིང་ཤིན་པར་འདེབས་ཚད་ཡོད་ཀུང་སི།
རྡེབ་ཚད།	850 × 1168 1/32
དཔར་ཤོག	6
ཡིག་གྲངས།	ཁྲི10. 1
དཔར་གཞི།	2009ལོའི་ཟླ7པར་པར་གཞི1བསྒྲིགས།
དཔར་ཐེངས།	2020ལོའི་ཟླ10པར་པར་ཐེངས7བཏབ།
དཔར་གྲངས།	21,501 – 26,500
དཔེ་རྟགས།	ISBN978 – 7 – 223 – 02686 – 4
རིན་གོང་སྒོར།	11.00